电网企业财税疑难案例分析

主　编：邹　伟

副主编：李海群　赵忠平

中国财经出版传媒集团

中国财政经济出版社

图书在版编目（CIP）数据

电网企业财税疑难案例分析／邹伟主编．-- 北京：中国财政经济出版社，2021.11
ISBN 978-7-5223-0821-0

Ⅰ.①电… Ⅱ.①邹… Ⅲ.①电力工业－工业企业－财税－案例－中国 Ⅳ.①F426.61

中国版本图书馆 CIP 数据核字（2021）第 197214 号

责任编辑：陈志伟　　　　责任校对：张　凡
封面设计：卜建辰　　　　责任印制：史大鹏

中国财政经济出版社 出版

URL：http：//www.cfeph.cn
E-mail：cfeph@cfemg.cn

社址：北京市海淀区阜成路甲 28 号　邮政编码：100142
营销中心电话：010-88191522
天猫网店：中国财政经济出版社旗舰店
网址：https：//zgczjjcbs.tmall.com
北京时捷印刷有限公司印刷　各地新华书店经销
成品尺寸：170 mm×240 mm　16 开　20.5 印张　308 000 字
2021 年 11 月第 1 版　2021 年 11 月北京第 1 次印刷
定价：78.00 元
ISBN 978-7-5223-0821-0
（图书出现印装问题，本社负责调换，电话：010-88190548）
本社图书质量投诉电话：010-88190744

编委会

前言

改革开放特别是党的十八大以来，我国坚持全面深化改革，充分发挥经济体制改革的牵引作用，不断完善社会主义市场经济体制。与之相适应的税收体制改革不断深化，税收新政层出不穷，一个基本适应我国经济社会发展水平的税收制度正在逐步建立和完善。在这一改革大背景下，由于税收改革力度较大，税收政策变化较快，减税降费涉及面广，新兴业务不断涌现，对企业税务管理，尤其是对企业涉税业务的操作处理提出了新的更高的要求，企业财务人员迫切需要接收税收业务操作处理上的实务指导。正是基于这样的现实需求，我们组织编写了《电网企业财税疑难案例分析》一书，以助企业财务人员特别是电网行业的财务人员一臂之力。

本书在业务范围上实现了电网行业业务的全覆盖，在内容安排上涉及增值税、企业所得税、个人所得税、房产税、印花税、城镇土地使用税、车辆购置税、车船税、契税、耕地占用税、城市维护建设税和教育费附加等税费的操作处理实务。其中：

（1）增值税部分从征税行为、适用税率、进项抵扣、简易计税、税收优惠和发票管理等方面，对173个涉税业务问题进行了全方位的解答；

（2）企业所得税部分从收入项目、费用项目、资产项目、税收优惠等方面，对154个涉税业务问题进行了全面的解答；

（3）个人所得税部分从工资薪金、劳务报酬、社保年金、税收优惠等方面，对98个涉税业务问题进行了详尽的解答；

（4）房产税、城镇土地使用税、车辆购置税和车船税、契税、耕地占用税、城建税和教育费附加等税费部分，对75个涉税业务问题分别进行了解答。

本书在编写体例上，运用一问一答的方式，对电网企业所涉及的500个财税疑难案例进行了解释。在解释涉税业务问题时，首先列举了与涉税业务问题有关的税收法规和政策文件的具体条文，然后对照税收法规的规定和税收政策的精神进行阐述，得出涉税业务问题的正确结论，明确操作处理的要求。叙述方法条理清楚，一目了然，便于读者阅读、理解、掌握和运用。

本书在编写过程中，相关部门和单位积极配合并给予了大力支持，在此一并表示诚挚的谢意。囿于编者的学识和水平，书中难免存在疏漏和不足，敬请广大读者批评指正。

编者

2021年6月

目　录

第一章　增值税

一、征税行为

1. 转让金融商品销售额的确认

某电力设备公司转让持有的金融商品，销售额如何确认?

答：根据《财政部 国家税务总局关于全面推开营业税改征增值税试点的通知》(财税〔2016〕36号）附件2《营业税改征增值税试点有关事项的规定》第一条第三款的规定，“金融商品转让，按照卖出价扣除买入价后的余额为销售额。转让金融商品出现的正负差，按盈亏相抵后的余额为销售额。若相抵后出现负差，可结转下一纳税期与下期转让金融商品销售额相抵，但年末时仍出现负差的，不得转入下一个会计年度。金融商品转让，不得开具增值税专用发票。”

根据上述规定，确定金融商品转让的销售额为卖出价扣除买入价后的余额，若相抵后出现负差，可结转下一纳税期与下期转让金融商品销售额相抵，若年末时仍出现负差的，不得转入下一个会计年度。

2. 融资租赁的增值税处理

某供电公司2020年通过融资租赁承租某设备，合同期满付清租金后，按照残值购入该设备，请问该项业务的增值税应当如何缴纳?

答：根据《财政部 国家税务总局关于全面推开营业税改征增值税试点的通知》(财税〔2016〕36号）附件1后附《销售服务、无形资产、不动产注释》规定，“(六）现代服务。5. 租赁服务。租赁服务，包括融资租赁服务和经营租赁服务。（1）融资租赁服务，是指具有融资性质和所有权转移特点的租赁活动。即出租人根据承租人所要求的规格、型号、性能等条件购入有形动产或者不动产租赁给承租人，合同期内租赁物所有权属于出租人，承租人只拥有使用权，合同期满付清租金后，承租人有权按照残值购入租赁物，以拥有其所有权。不论出租人是否将租赁物销售给承租人，均属于融资租赁。”

根据上述规定，融资租赁业务中，出租方应按照现代服务中的“租赁服务”缴纳增值税，即由出租方向某供电公司开具“租赁服务”、税率为13%的增值税发票，若开具增值税专用发票，某供电公司可予以抵扣。

3. 融资性售后回租的增值税处理

某供电公司2020年将现有某资产出售给融资租赁公司并与其签订租赁合同，请问供电公司的该项业务增值税应当如何缴纳?

答:《国家税务总局关于融资性售后回租业务中承租方出售资产行为有关税收问题的公告》（国家税务总局公告〔2010〕13号）第一条规定，根据现行增值税和营业税有关规定，融资性售后回租业务中承租方出售资产的行为，不属于增值税和营业税征收范围，不征收增值税和营业税。

《财政部 国家税务总局关于全面推开营业税改征增值税试点的通知》（财税〔2016〕36号）附件1《营业税改征增值税试点实施办法》第二十七条第（六）项规定，购进的贷款服务进项税额不得从销项税额中抵扣。后附《销售服务、无形资产、不动产注释》第一条第（五）项第1点规定，贷款是指将资金贷与他人使用而取得利息收入的业务活动。各种占用、拆借资金取得的收入，包括金融商品持有期间（含到期）利息（保本收益、报酬、资金占用费、补偿金等）收入、信用卡透支利息收入、买入返售金融商品利息收入、融资融券收取的利息收入，以及融资性售后回租、押汇、罚息、票据贴现、转贷等业务取得的利息及利息性质的收入，按照贷款服务缴纳增值税。融资性售后回租，是指承租方以融资为目的，将资产出售给从事融资性售后回租业务的企业后，从事融资性售后回租业务的企业将该资产出租给承租方的业务活动。

综上所述，某供电公司在融资性售后回租业务中出售资产的行为不征收增值税，支付融资费用取得的“贷款服务”增值税专用发票对应的进项税额不得抵扣。

4. 闲置物资跨省无偿划转是否缴纳增值税

某供电公司将自有物资划转给临省供电公司，请问划转该部分物资需要缴纳增值税吗?

答：根据《中华人民共和国增值税暂行条例实施细则》（财政部 国家税务总局令第50号）第四条规定，“单位或者个体工商户的下列行为，视同销售货物：

……

（八）将自产、委托加工或者购进的货物无偿赠送其他单位或者个人。”

根据上述规定，某供电公司将自有物资跨省无偿划转物资属于视同销售行为，需要缴纳增值税。

5. 销售专用设备收取的押金是否缴纳增值税

某电力设备公司2020年2月销售一套专用设备，相关专用设备特殊包装，收取包装物押金，请问该押金是否需要缴纳增值税?

答：根据《国家税务总局关于〈印发增值税若干具体问题的规定〉的通知》（国税发〔1993〕154号）第二条第（一）项规定：纳税人为销售货物而出租出借包装物收取的押金，单独记账核算的，不并入销售额征税。但对因逾期未收回包装物不再退还的押金，应按所包装货物的适用税率征收增值税。

根据《国家税务总局关于取消包装物押金逾期期限审批后有关问题的通知》（国税函〔2004〕827号）规定：纳税人为销售货物出租出借包装物而收取的押金，无论包装物周转使用期限长短，超过1年（含1年）以上仍不退还的均并入销售额征税。

根据《国家税务总局关于增值税若干征管问题的通知》（国税发〔1996〕155号）第一条规定：对增值税一般纳税人（包括纳税人自己或代其他部门）向购买方收取的价外费用和逾期包装物押金，应视为含税收入，在征税时换算成不含税收入并入销售额计征增值税。

根据上述规定，公司收到的押金，因逾期未收回包装物不再退还押金的，需并入销售额缴纳增值税，若超过1年（含1年）以上仍不退还的，无论包装物使用期限长短，均并入销售额征收增值税。

6. 个税手续费返还收入是否需要缴纳增值税

某供电公司2020年收到税务机关返还的个税手续费收入，请问该手续费收入是否需要缴纳增值税?

答：根据《财政部 国家税务总局关于全面推开营业税改征增值税试点的通知》（财税〔2016〕36号）附件1后附《销售服务、无形资产、不动产注释》第一条第（六）项第八点规定，商务辅助服务，包括企业管理服务、经纪代理服务、人力资源服务、安全保护服务。……（2）经纪代理服务，是指各类经纪、中介、代理服务。包括金融代理、知识产权代理、货物运输代理、代理报关、法律代理、房地产中介、职业中介、婚姻中介、代理记账、拍卖等。

纳税人收到个税手续费返还收入应属于增值税征税范围，按照“商务辅助服务——经纪代理服务”缴纳增值税。

7. 为员工提供的班车服务是否缴纳增值税

某电力设备制造公司为员工上下班提供了班车服务，请问该项服务是否需要缴纳增值税?

答：根据《营业税改征增值税试点实施办法》（财税〔2016〕36号附件1）第十条规定，“销售服务、无形资产或者不动产，是指有偿提供服务、有偿转让无形资产或者不动产，但属于下列非经营活动的情形除外：

（一）行政单位收取的同时满足以下条件的政府性基金或者行政事业性收费。

1. 由国务院或者财政部批准设立的政府性基金，由国务院或者省级人民政府及其财政、价格主管部门批准设立的行政事业性收费；

2. 收取时开具省级以上（含省级）财政部门监（印）制的财政票据；

3. 所收款项全额上缴财政。

（二）单位或者个体工商户聘用的员工为本单位或者雇主提供取得工资的服务。

（三）单位或者个体工商户为聘用的员工提供服务。

（四）财政部和国家税务总局规定的其他情形。”

根据上述规定，公司为员工提供的上下班班车服务属于非营业活动，按照规定非营业活动中提供的交通运输服务不属于提供应税服务，不征收增值税。

8. 转让房屋（不含自建）如何缴纳增值税

某供电公司为一般纳税人，于2020年1月出售自用房产，房产购入时间为2016年4月1日，请问是否可以按照简易计税方法计算缴纳增值税？

答：根据《营业税改征增值税试点有关事项的规定》（财税〔2016〕36号附件2）第一条第（八）项第1点规定，“一般纳税人销售其2016年4月30日前取得（不含自建）的不动产，可以选择适用简易计税方法，以取得的全部价款和价外费用减去该项不动产购置原价或者取得不动产时的作价后的余额为销售额，按照5%的征收率计算应纳税额。纳税人应按照上述计税方法在不动产所在地预缴税款后，向机构所在地主管税务机关进行纳税申报。”

根据上述规定，房产购入时间为2016年4月1日，增值税一般纳税人可以选择简易办法计算缴纳增值税，应纳税额=（全部价款和价外费用-原价）÷（1+5%）×5%。若不动产与机构所在地不在同一县（市），公司应按照上述计税方法在不动产所在地预缴税款后，向机构所在地主管税务机关进行纳税申报。

9. 赠送小礼品是否需要缴纳增值税

某供电公司在2020年10月购置了一批小礼品，在下月居民电费缴纳的客户中随机赠送，请问小礼品是否需要缴纳增值税？

答：根据《增值税暂行条例实施细则》（财政部 国家税务总局第50号令）第四条第（八）项规定，“单位或者个体工商户将自产、委托加工或者购进的货物无偿赠送其他单位或者个人的行为，视同销售货物。”

根据上述规定，由于居民电费为政府定价，定价中未包含小礼品的价值，因此，在销售居民电费的业务中赠送小礼品，应当视同销售货物，缴纳增值税。

10. 金融商品持有期间取得的非保本收益是否缴增值税

某电力设备公司2020年持有某金融商品期间取得的非保本收益，是否需要缴纳增值税？

答：根据《财政部 国家税务总局关于全面推开营业税改征增值税试点的通知》（财税〔2016〕36号）附件1后附《销售服务、无形资产、不动产注释》规定，“（五）金融服务。1. 贷款服务。贷款，是指将资金贷与他人使用而取得利息收入的业务活动。各种占用、拆借资金取得的收入，包括金融商品持有期间（含到期）利息（保本收益、报酬、资金占用费、补偿金等）收入、信用卡透支利息收入、买入返售金融商品利息收入、融资融券收取的利息收入，以及融资性售后回租、押汇、罚息、票据贴现、转贷等业务取得的利息及利息性质的收入，按照贷款服务缴纳增值税。”

根据《关于明确金融 房地产开发 教育辅助服务等增值税政策的通知》（财税〔2016〕140号）第一条规定：《销售服务、无形资产、不动产注释》（财税〔2016〕36号）第一条第（五）项第1点所称“保本收益、报酬、资金占用费、补偿金”，是指合同中明确承诺到期本金可全部收回的投资收益。金融商品持有期间（含到期）取得的非保本的上述收益，不属于利息或利息性质的收入，不征收增值税。

根据上述规定，某电力设备公司持有某金融商品期间取得的非保本收益，不需要缴纳增值税。

11. 企业获得拆迁补偿款是否需要缴纳增值税

某电网公司因市区规划需要拆迁，政府向其支付拆迁补偿款，主要涉及土地使用权、房屋所有权的补偿等。请问企业取得的补偿款是否需要缴纳增值税？

答：根据《营业税改征增值税试点过渡政策》（财税〔2016〕36号附件

3）第一条第（三十七）项规定，“土地所有者出让土地使用权和土地使用者将土地使用权归还给土地所有者免征增值税。”

根据《财政部 国家税务总局关于明确无偿转让股票等增值税政策的公告》（财政部 国家税务总局公告2020年第40号）第三条规定，土地所有者依法征收土地，并向土地使用者支付土地及其相关有形动产、不动产补偿费的行为，属于《营业税改征增值税试点过度政策的规定》（财税〔2016〕36号印发）第一条第三十七款规定的土地使用者将土地使用权归还给土地所有者的情形。

根据上述规定，企业获得土地使用权、房屋所有权的补偿款免征增值税。

12. 因资产重组分立出的不动产是否需要缴纳增值税

某电网公司于2019年5月31日之前公告分立，采取存续分立的方式将电网公司一分为二，存续的企业作为某电力设备公司，拟分立出去的企业作为某电力信息技术公司，分立出去的资产仅为一栋房产。对于上述资产重组分立出的不动产，是否需要缴纳增值税?

答：根据《财政部 国家税务总局关于全面推开营业税改征增值税试点的通知》（财税〔2016〕36号）附件2《营业税改征增值税试点有关事项的规定》第一条第（二）项第5点规定：在资产重组过程中，通过合并、分立、出售、置换等方式，将全部或者部分实物资产以及与其相关联的债权、负债和劳动力一并转让给其他单位和个人，其中涉及的不动产、土地使用权转让行为不征增值税。

根据上述规定，企业因分立出的房产如若符合上述规则情形的，不征收增值税。

13. 食堂收取搭伙费是否缴纳增值税

某集体企业与供电公司签订食堂搭伙协议，供电公司食堂收取的搭伙费是否需要缴纳增值税?

答：根据《国务院关于废止〈中华人民共和国营业税暂行条例〉和修改〈中华人民共和国增值税暂行条例〉的决定》（中华人民共和国国务院令第

691号）第一条规定，“在中华人民共和国境内销售货物或者提供加工、修理修配劳务（以下简称劳务），销售服务、无形资产、不动产以及进口货物的单位和个人，为增值税的纳税人，应当依照本条例缴纳增值税。”

根据《财政部 税务总局关于支持新型冠状病毒感染的肺炎疫情防控有关税收政策的公告》（财政部 税务总局公告2020年第8号）第五条规定，对纳税人提供公共交通运输服务、生活服务，以及为居民提供必需生活物资快递收派服务取得的收入，免征增值税。生活服务、快递收派服务的具体范围，按照《销售服务、无形资产、不动产注释》（财税〔2016〕36号印发）执行。根据财税〔2016〕36号文附件，生活服务，是指为满足城乡居民日常生活需求提供的各类服务活动。包括文化体育服务、教育医疗服务、旅游娱乐服务、餐饮住宿服务、居民日常服务和其他生活服务。财政部 税务总局公告2020年第8号文第六条规定，本公告自2020年1月1日起实施，截止日期视疫情情况另行公告。

根据《财政部 税务总局关于支持疫情防控保供等税费政策实施期限的公告》（财政部 税务总局公告2020年第28号）：《财政部 税务总局关于支持新型冠状病毒感染的肺炎疫情防控有关税收政策的公告》（财政部税务总局公告2020年第8号）规定的税费优惠政策，执行至2020年12月31日。

根据上述规定，食堂收取搭伙费属于供电企业对外经营，需要缴纳增值税。但疫情期间，食堂经营属于生活服务，在上述规定的时间内收取的搭伙费免征增值税。

14. 以货币投资收取的固定利润或保底利润如何缴纳增值税

某电力设备公司以货币投资收取的固定利润或保底利润如何缴纳增值税?

答：根据《财政部 国家税务总局关于全面推开营业税改征增值税试点的通知》（财税〔2016〕36号）附件1后附《销售服务、无形资产、不动产注释》规定：“（五）金融服务。1. 贷款服务。以货币资金投资收取的固定利润或者保底利润，按照贷款服务缴纳增值税。”

根据上述规定，以货币投资收取的固定利润或保底利润应按照金融服务中的“贷款服务”缴纳增值税。

15. 保险公司的理赔收入是否缴纳增值税

某供电公司2020年8月由于台风等不可抗力因素导致部分变压器损坏，根据协议保险公司对此赔偿500万元，请问企业获得保险公司的理赔收入是否需要缴纳增值税?

答：根据《财政部 国家税务总局关于全面推开营业税改征增值税试点的通知》（财税〔2016〕36号）附件2《营业税改征增值税试点有关事项的规定》第一条第（二）项第1点规定，“被保险人获得的保险赔付为不征收增值税项目。”

根据上述规定，企业获得保险公司的理赔收入，不征收增值税。

16. 向购货方收取的各种价外费用是否缴纳增值税

某供电公司2020年收取客户随电费发生的违约金、滞纳金、逾期（超过合同约定时间）未退还的电费保证金以及向个人收取的电力设施损害赔偿费是否需要纳增值税?

答：根据《国务院关于废止〈中华人民共和国营业税暂行条例〉和修改〈中华人民共和国增值税暂行条例〉的决定》（中华人民共和国国务院令第691号）第六条规定，“销售额为纳税人销售货物或者应税劳务向购买方收取的全部价款和价外费用，但是不包括收取的销项税额。”

根据《中华人民共和国增值税暂行条例实施细则》（财政部 国家税务总局第50号令）第十二条规定，“条例第六条第一款所称价外费用，包括价外向购买方收取的手续费、补贴、基金、集资费、返还利润、奖励费、违约金、滞纳金、延期付款利息、赔偿金、代收款项、代垫款项、包装费、包装物租金、储备费、优质费、运输装卸费以及其他各种性质的价外收费。”

根据《电力产品增值税征收管理办法》（国家税务总局令第10号）第三条规定，“电力产品增值税的计税销售额为纳税人销售电力产品向购买方收取的全部价款和价外费用，但不包括收取的销项税额。价外费用是指纳税人销售电力产品在目录电价或上网电价之外向购买方收取的各种性质的费用。供电企业收取的电费保证金，凡逾期（超过合同约定时间）未退还的，一律并入价外费用缴纳增值税。”

根据上述规定，随电费发生的违约金、滞纳金以及逾期未退还的保证金属于收取电费的价外费用，需要缴纳增值税。收取个人的电力设施损害赔偿费不属于价外费用，不属于增值税的应税项目。

17. 合同约定免租期是否需要视同销售缴纳增值税

某电力实业公司2020年将办公楼第2层出租，租赁双方签订的租赁合同中约定有一个月的免租期，主要是承租方企业用来装修，请问免租期是否需要按照视同提供应税服务计算缴纳增值税?

答：根据《国家税务总局关于土地价款扣除时间等增值税征管问题的公告》(国家税务总局公告2016年第86号）第七条规定，“纳税人出租不动产，租赁合同中约定免租期的，不属于《营业税改征增值税试点实施办法》(财税〔2016〕36号文件印发）第十四条规定的视同销售服务。”

根据上述规定，办公楼免租期不需要按照视同销售服务缴纳增值税。

18. 出借建筑施工设备并配备操作人员如何缴纳增值税

某电力设备公司将建筑施工设备出租给某企业，该企业要求配备一名专业技术操作人员，请问电力设备公司应当如何缴纳增值税?

答：根据《关于明确金融 房地产开发 教育辅助服务等增值税政策的通知》(财税〔2016〕140号）第十六条：纳税人将建筑施工设备出租给他人使用并配备操作人员的，按照“建筑服务”缴纳增值税。

根据上述规定，电力公司出借建筑施工设备并配备操作人员应按照“建筑服务”缴纳增值税。

19. 捐赠扶贫货物是否缴纳增值税

某供电公司每年捐赠援藏物资及地方扶贫货物，请问是否需要缴纳增值税?

答：根据《财政部 税务总局 国务院扶贫办关于扶贫货物捐赠免征增值

税政策的公告》（财政部 税务总局 国务院扶贫办公告2019年第55号）的规定，“自2019年1月1日至2022年12月31日，对单位或者个体工商户将自产、委托加工或购买的货物通过公益性社会组织、县级及以上人民政府及其组成部门和直属机构，或直接无偿捐赠给目标脱贫地区的单位和个人，免征增值税。在政策执行期限内，目标脱贫地区实现脱贫的，可继续适用上述政策。”

根据上述规定，“目标脱贫地区”包括832个国家扶贫开发工作重点县、集中连片特困地区县（新疆阿克苏地区6县1市享受片区政策）和建档立卡贫困村。明确当地“目标脱贫地区”具体范围，属于范围内的捐赠扶贫货物不需要缴纳增值税。

20. 抵消服务是否需要缴纳增值税

某电力技术公司2020年6月1日起将其800平方米的办公室免费提供给某电力物资公司使用5年，同时物资公司将1000万元借给电力技术公司免息5年，请问电力技术公司和物资公司的两项业务是否都需要缴纳增值税?

答：根据《国务院关于废止〈中华人民共和国营业税暂行条例〉和修改〈中华人民共和国增值税暂行条例〉的决定》（中华人民共和国国务院令第691号）第一条规定，“在中华人民共和国境内销售货物或者提供加工、修理修配劳务，销售服务、无形资产、不动产以及进口货物的单位和个人，为增值税的纳税义务人（以下简称纳税人），应当依照本条例缴纳增值税。”

根据上述规定，无偿提供办公场所以及免息两项业务均作购销处理，应分别开具合法的票据，缴纳增值税。

21. 收到的稳岗补贴是否需要缴纳增值税

某供电公司收到政府发放的稳岗补贴，是否需要缴纳增值税?

答：根据《人力资源社会保障部 财政部 国家发展和改革委员会 工业和信息化部关于失业保险支持企业稳定岗位有关问题的通知》（人社部发〔2014〕76号）规定，“政府对采取有效措施不裁员、少裁员，稳定就业岗位的企业，由失业保险基金给予稳定岗位补贴（以下简称‘稳岗补贴’）。”所以稳岗补贴其实是国家用失业保险资金给予企业的一种特殊性质财政补助资金。

根据《国家税务总局关于取消增值税扣税凭证认证确认期限等增值税征管问题的公告》（国家税务总局公告2019年第45号）第七条规定，“纳税人取得的财政补贴收入，与其销售货物、劳务、服务、无形资产、不动产的收入或者数量直接挂钩的，应按规定计算缴纳增值税。纳税人取得的其他情形的财政补贴收入，不属于增值税应税收入，不征收增值税。”

根据上述规定，稳岗补贴的发放与人相关，与产品无关，一般是按照不超过企业及其职工上年度实际缴纳失业保险费总额的50%给予稳岗补贴，因此不属于增值税应税行为，不需要缴纳增值税。

22. 企业收到疫情期间的复工补贴是否需要缴纳增值税

某电力设备公司疫情期间收到地方政府复工补贴，请问企业收到该项补贴是否需要缴纳增值税?

答：根据《国家税务总局关于取消增值税扣税凭证认证确认期限等增值税征管问题的公告》（国家税务总局公告2019年第45号）第七条规定，“纳税人取得的财政补贴收入，与其销售货物、劳务、服务、无形资产、不动产的收入或者数量直接挂钩的，应按规定计算缴纳增值税。纳税人取得的其他情形的财政补贴收入，不属于增值税应税收入，不征收增值税。”

根据上述规定，政府为了帮助减少疫情对公司财务状况的消极影响发放复工补贴，不属于增值税应税行为，不需要缴纳增值税。

23. 企业购买口罩捐赠给疫情重灾区是否需要缴纳增值税

某供电公司购买一批口罩通过红十字会捐赠给疫情重灾区，请问是否需要缴纳增值税?

答：根据《财政部 税务总局关于支持新型冠状病毒感染的肺炎疫情防控有关捐赠税收政策的公告》（财政部 税务总局公告2020年第9号）第三条规定，单位和个体工商户将自产、委托加工或购买的货物，通过公益性社会组织和县级以上人民政府及其部门等国家机关，或者直接向承担疫情防治任务的医院，无偿捐赠用于应对新型冠状病毒感染的肺炎疫情的，免征增值税、消费税、城市维护建设税、教育费附加、地方教育附加。第五条规定，本公告自2020年1月1日起施行，截止日期视疫情情况另行公告。

根据《财政部 税务总局关于支持疫情防控保供等税费政策实施期限的公告》（财政部 税务总局公告2020年第28号）：《财政部 税务总局关于支持新型冠状病毒感染的肺炎疫情防控有关捐赠税收政策的公告》（财政部 税务总局公告2020年第9号）规定的税费优惠政策，执行至2020年12月31日。

根据上述规定，在文件有效期内，某供电公司购买口罩通过红十字会捐赠给疫情重灾区，免征增值税。

24. 向疫情隔离点人员无偿提供餐食是否需要缴纳增值税

某供电公司食堂2020年春节前购买了一批食材，突然遭遇疫情，企业自发组织人员制作餐食，无偿供应给集中隔离点的工作人员和隔离人员食用，这部分免费提供的餐食是否需要视同销售缴纳增值税?

答：根据《营业税改征增值税试点实施办法》（财税〔2016〕36号附件1）第十四条规定，“下列情形视同销售服务、无形资产或者不动产：

（一）单位或者个体工商户向其他单位或者个人无偿提供服务，但用于公益事业或者以社会公众为对象的除外。

（二）单位或者个人向其他单位或者个人无偿转让无形资产或者不动产，但用于公益事业或者以社会公众为对象的除外。

（三）财政部和国家税务总局规定的其他情形。”

根据上述规定，向防疫一线工作人员和隔离人员无偿提供餐食，属于无偿提供餐饮服务用于公益事业或者以社会公众为对象，无须视同销售，不缴纳增值税。

25. 疫情期间无偿提供建筑服务是否需要缴纳增值税

某电力建筑公司2020年为抗击新冠肺炎疫情，参与改建方舱医院，无偿提供了建筑设计、建筑施工等服务，是否需要缴纳增值税?

答：根据《财政部 国家税务总局关于全面推开营业税改征增值税试点的

通知》（财税〔2016〕36号）附件1《营业税改征增值税试点实施办法》第十四条规定，“下列情形视同销售服务、无形资产或者不动产：

（一）单位或者个体工商户向其他单位或者个人无偿提供服务，但用于公益事业或者以社会公众为对象的除外。

（二）单位或者个人向其他单位或者个人无偿转让无形资产或者不动产，但用于公益事业或者以社会公众为对象的除外。

（三）财政部和国家税务总局规定的其他情形。”

根据上述规定，企业在抗击疫情过程中为改建方舱医院无偿提供的建筑设计、建筑施工等服务，属于无偿提供服务用于公益事业或者以社会公众为对象，无须视同销售，不缴纳增值税。

26. 收取同一法人所属的分支机构贷款利息是否需要缴纳增值税

某供电公司成立有三家营业执照的分公司，所有业务都是以总公司名义承接和开具发票，从未以任何分公司名义对外签订合同开展业务。总公司内设“资金结算中心”，用来开展内部各成员之间资金往来结算、资金调拨、运筹，以降低资金成本、提高资金使用效益；因个别分公司经营需要，资金结算中心向其提供贷款服务并收取利息，请问同一法人下的资金结算中心收取分公司的贷款利息是否要缴纳增值税？（未使用统借统贷模式，结算中心收分公司利息，通常要高于同期银行贷款利率。）

答：根据《营业税改征增值税试点实施办法》（财税〔2016〕36号附件1）附《销售服务、无形资产、不动产注释》规定“（五）金融服务。1. 贷款服务。贷款，是指将资金贷与他人使用而取得利息收入的业务活动。各种占用、拆借资金取得的收入，包括金融商品持有期间（含到期）利息（保本收益、报酬、资金占用费、补偿金等）收入、信用卡透支利息收入、买入返售金融商品利息收入、融资融券收取的利息收入，以及融资性售后回租、押汇、罚息、票据贴现、转贷等业务取得的利息及利息性质的收入，按照贷款服务缴纳增值税。”

根据上述规定，营改增后，集团资金池业务也不例外，收取利息的一方发生将资金贷与他人使用而取得利息收入的应该按照金融服务中的“贷款服务”缴纳增值税，购进贷款服务的一方不得抵扣进项税。

27. 以不动产和土地使用权进行股权投资是否视同销售缴纳增值税

某电网公司是一般纳税人，2018 年将购入的位于同一市（区）的房屋和土地投资入股某电力物资公司，取得物资公司 50% 股权，请问该电网公司以不动产和土地使用权换取了股权是否应缴纳增值税？

答：根据《财政部 国家税务总局关于全面推开营业税改征增值税试点的通知》（财税〔2016〕36 号）第十四条规定，“单位或个体工商户向其他单位或个人无偿提供服务、单位或个人（含个体工商户）向其他单位或个人无偿转让无形资产或不动产，除用于公益事业或以社会公众对象外，需视同销售征收增值税。”

根据《国家税务总局关于发布〈纳税人转让不动产增值税征收管理暂行办法〉的公告》（国家税务总局公告 2016 年第 14 号）第三条第（五）项规定，“一般纳税人转让其 2016 年 5 月 1 日后取得（不含自建）的不动产，适用一般计税方法，以取得的全部价款和价外费用为销售额计算应纳税额。纳税人应以取得的全部价款和价外费用扣除不动产购置原价或者取得不动产时的作价后的余额，按照 5% 的预征率向不动产所在地主管地税机关预缴税款，向机构所在地主管国税机关申报纳税。”

根据上述规定，企业以不动产或土地使用权对外进行股权投资，属于以不动产、土地使用权为代价取得股权的有偿转让行为，应按销售无形资产、不动产处理。企业以不动产和土地使用权对外投资需视同销售，可以开具增值税专用发票。

28. 将多收的货款转入营业外收入是否按价外费用征收增值税

某电力实业公司在 2020 年自查时发现应收账款科目有贷方余额，经查发现系多收某科技公司货款造成，因无法退回转入营业外收入，该电力实业公司是否需要按照价外费用缴纳增值税？

答：根据《国务院关于废止〈中华人民共和国营业税暂行条例〉和修改〈中华人民共和国增值税暂行条例〉的决定》（中华人民共和国国务院令第 691 号）第六条规定，“销售额为纳税人发生应税销售行为收取的全部价款和价外费用，但是不包括收取的销项税额。”

根据《中华人民共和国增值税暂行条例实施细则》（财政部 国家税务总局第50号令）第十二条规定，“条例第六条第一款所称价外费用，包括价外向购买方收取的手续费、补贴、基金、集资费、返还利润、奖励费、违约金、滞纳金、延期付款利息、赔偿金、代收款项、代垫款项、包装费、包装物租金、储备费、优质费、运输装卸费以及其他各种性质的价外收费。但下列项目不包括在内：

（一）受托加工应征消费税的消费品所代收代缴的消费税。

（二）同时符合以下条件的代垫运输费用：

1. 承运部门的运输费用发票开具给购买方的；

2. 纳税人将该项发票转交给购买方的。

（三）同时符合以下条件代为收取的政府性基金或者行政事业性收费：

1. 由国务院或者财政部批准设立的政府性基金，由国务院或者省级人民政府及其财政、价格主管部门批准设立的行政事业性收费；

2. 收取时开具省级以上财政部门印制的财政票据；

3. 所收款项全额上缴财政。

（四）销售货物的同时代办保险等而向购买方收取的保险费，以及向购买方收取的代购买方缴纳的车辆购置税、车辆牌照费。”

根据上述规定，电力实业公司需将多收的货款按照“其他各种性质价外费用”计征增值税。

29. 房地产企业将开发产品转为固定资产后再销售如何缴纳增值税

某集团系国家电网的全资子公司，主要经营房地产开发与销售，2016年5月30日在临市开发一批商铺，2016年底开发完成，企业采用一般计税方法，2017年5月其中90%的商铺已销售完毕，剩余有10套商铺尚未售出，企业将该10套商铺登记在自己名下。3年后，该商区房产价格上涨，企业决定将该10套商铺再出售，应当如何缴纳增值税？

答：房地产公司将自建开发产品转为固定资产使用后再对外出售，应区别情况处理：

（1）如果转为固定资产并办理房屋产权登记，按《纳税人转让不动产增值税征收管理暂行办法》（国家税务总局2016年14号）执行：

①“一般纳税人转让其2016年4月30日前自建的不动产，可以选择适用简易计税方法计税，以取得的全部价款和价外费用为销售额，按照5%的征收率计算应纳税额。纳税人应按照上述计税方法向不动产所在地主管地税机关预缴税款，向机构所在地主管国税机关申报纳税。”

应预缴税款＝（全部价款＋价外费用）÷（1＋5%）×5%

应纳税额＝（全部价款＋价外费用）÷（1＋5%）×5%

②“一般纳税人转让其2016年4月30日前自建的不动产，选择适用一般计税方法计税的，以取得的全部价款和价外费用为销售额计算应纳税额。纳税人应以取得的全部价款和价外费用，按照5%的预征率向不动产所在地主管地税机关预缴税款，向机构所在地主管国税机关申报纳税。”

应预缴税款＝（全部价款＋价外费用）÷（1＋5%）×5%

应纳税额＝（全部价款＋价外费用）÷（1＋9%）×9%－进项税额－预缴税款

③“一般纳税人转让其2016年5月1日后自建的不动产，适用一般计税方法，以取得的全部价款和价外费用为销售额计算应纳税额。纳税人应以取得的全部价款和价外费用，按照5%的预征率向不动产所在地主管地税机关预缴税款，向机构所在地主管国税机关申报纳税。”

应预缴税款＝（全部价款＋价外费用）÷（1＋5%）×5%

应纳税额＝（全部价款＋价外费用）÷（1＋9%）×9%－进项税额－预缴税款

④小规模纳税人转让其自建的不动产，以取得的全部价款和价外费用为销售额，按照5%的征收率计算应纳税额。除其他个人之外的小规模纳税人，应向不动产所在地主管地税机关预缴税款，向机构所在地主管国税机关纳税申报。

应预缴税款＝（全部价款＋价外费用）÷（1＋5%）×5%

应预缴税款＝（全部价款＋价外费用）÷（1＋5%）×5%

⑤以上自建的时间按照《建筑工程施工许可证》上注明的开工日期确定，施工许可证上未注明开工日期的，按照建筑工程承包合同注明的开工日期确定。

（2）如果转为固定资产未办理产权登记，实际对外销售时，仍按销售开发产品执行。若该项目属于房地产老项目可选择简易计税方法，取得预收账款按3%征收率预缴增值税，房地产交付结转收入时按5%的征收率办理纳税申报。

应预缴税款 = 预收账款 ÷ （1 +5%） ×3%

应纳税额 = （全部价款 + 价外费用） ÷ （1 +5%） ×5% – 预缴税款

选择一般计税方法的，取得预收账款按3%征收率预缴增值税，房产交付结转收入时按照9%的税率办理纳税申报。

应预缴税款 = 预收账款 ÷ （1 +9%） ×3%

应纳税额 = （全部价款和价外费用 – 分摊的土地出让金） ÷ （1 +9%） ×9% – 进项税额 – 预缴税款

若为房地产新项目，按照一般计税方法处理。

根据上述规定，企业对尚未出售的商铺已经办理权属登记，并采用一般计税方法，销售时应当以取得的全部价款和价外费用为销售额计算应纳税额。在临市应预缴税款 = （全部价款 + 价外费用） ÷ （1 +5%） ×5%。在机构所在地应纳税额 = （全部价款 + 价外费用） ÷ （1 +9%） ×9% – 进项税额 – 预缴税款。

30. 房地产开发企业代收的办证费、契税、印花税等代收转付费用是否属于价外费用

某集团系国家电网的全资子公司，主要经营房地产开发与销售，在经营业务中为不动产买受人代收的办证费、契税、印花税等代收转付费用是否属于价外费用需要缴纳增值税?

答：根据《营业税改征增值税试点实施办法》（财税〔2016〕36号附件1）第三十七条规定，“第三十七条 销售额，是指纳税人发生应税行为取得的全部价款和价外费用，财政部和国家税务总局另有规定的除外。价外费用，是指价外收取的各种性质的收费，但不包括以下项目：

（一）代为收取并符合本办法第十条规定的政府性基金或者行政事业性收费。

（二）以委托方名义开具发票代委托方收取的款项。”

根据上述规定，企业为不动产买受人代收转付，并以不动产买受人名义

取得票据的办证费、契税、印花税等代收转付费用不属于价外费用的范围，因此无须缴纳增值税。

31. 异地施工是否需预缴税金

某电网公司下属建筑业企业为一般纳税人，去外地施工，请问是否需要到当地预缴税金?

答：根据《国家税务总局关于发布〈纳税人跨县（市、区）提供建筑服务增值税征收管理暂行办法〉的公告》（国家税务总局公告2016年第17号）第五条规定，“纳税人跨县（市、区）提供建筑服务，按照以下公式计算应预缴税款：

（一）适用一般计税方法计税的，应预缴税款=（全部价款和价外费用-支付的分包款）÷（1+11%）×2%

（二）适用简易计税方法计税的，应预缴税款=（全部价款和价外费用-支付的分包款）÷（1+3%）×3%

纳税人取得的全部价款和价外费用扣除支付的分包款后的余额为负数的，可结转下次预缴税款时继续扣除。

纳税人应按照工程项目分别计算应预缴税款，分别预缴。”

第十二条规定，“纳税人跨县（市、区）提供建筑服务，按照本办法应向建筑服务发生地主管国税机关预缴税款而自应当预缴之月起超过6个月没有预缴税款的，由机构所在地主管国税机关按照《中华人民共和国税收征收管理法》及相关规定进行处理。”

根据《财政部 税务总局关于调整增值税税率的通知》（财税〔2018〕32号）第一条规定，“纳税人发生增值税应税销售行为或者进口货物，原适用17%和11%税率的，税率分别调整为16%、10%。”

根据《财政部 税务总局 海关总署关于深化增值税改革有关政策的公告》（财政部 税务总局 海关总署公告2019年第39号）第一条规定，“增值税一般纳税人（以下称纳税人）发生增值税应税销售行为或者进口货物，原适用16%税率的，税率调整为13%；原适用10%税率的，税率调整为9%。”

根据上述规定，企业去异地施工需要在项目所在地预缴税款。适用一般计税方法计税的，应预缴税款=（全部价款和价外费用-支付的分包款）÷

(1+9%)×2%，超过6个月没有预缴税款的，由机构所在地主管国税机关按照《中华人民共和国税收征收管理法》及相关规定进行处理。

32. 支付建筑企业奖励款能否冲减增值税应税收入

某电网公司2020年5月转让一块土地给子公司建写字楼，合同总价1000万元。签订合同时，子公司支付合同价款的70%，即700万元给电网公司，待写字楼完工后，再支付剩余的300万元，电网公司收到款项的同时开出了相应的发票。电网公司为了提前收回款项与子公司约定，若写字楼能提前1个月完工并付清尾款，电网公司愿意作为奖励返还80万元给子公司。请问返还给子公司80万元的奖励款是否可以开具红字发票冲减收入?

答：根据《中华人民共和国增值税暂行条例实施细则》（财政部 国家税务总局令第50号）第十一条规定，小规模纳税人以外的纳税人（以下称一般纳税人）因销售货物退回或者折让而退还给购买方的增值税额，应当从当期的销项税额中扣减；因销售折让、中止或者退回而收回的增值税额，应当从当期的进项税额中扣减。一般纳税人销售货物或应税劳务，开具增值税专用发票后，发生开票有误或者销售折让、中止、退回等情形的，应当按照国家税务总局的规定开具红字增值税专用发票；未按照规定开具红字增值税专用发票的，增值税额不得从销项税额中扣减。

根据上述规定，企业返还子公司的80万元奖励可以作为销售折扣冲减收入，按规定开具红字增值税专用发票后，方可冲减当期收入并扣减。

33. 销售建筑材料同时提供建筑服务如何缴纳增值税

某集团系国家电网的全资子公司，是建筑安装工程企业，请问该企业销售建筑材料同时提供建筑服务应当如何缴纳增值税?

答：根据《国家税务总局关于进一步明确营改增有关征管问题的公告》（国家税务总局公告2017年第11号）第一条规定，“纳税人销售活动板房、机器设备、钢结构件等自产货物的同时提供建筑、安装服务，不属于《营业税改征增值税试点实施办法》（财税〔2016〕36号文件印发）第四十条规定的混合销售，应分别核算货物和建筑服务的销售额，分别适用不同的税率或者征收率。”

《国家税务总局关于明确中外合作办学等若干增值税征管问题的公告》（国家税务总局公告2018年第42号）第六条规定，“一般纳税人销售自产机器设备的同时提供安装服务，应分别核算机器设备和安装服务的销售额，安装服务可以按照甲供工程选择适用简易计税方法计税。一般纳税人销售外购机器设备的同时提供安装服务，如果已经按照兼营的有关规定，分别核算机器设备和安装服务的销售额，安装服务可以按照甲供工程选择适用简易计税方法计税。”

根据上述规定，企业销售建筑材料同时提供建筑服务的，可在销售合同中分别注明销售材料价款和提供建筑服务价款，分别按照销售货物和提供服务缴纳增值税。

34. 建筑劳务分包缴纳增值税需注意哪些问题

某电力工程安装公司是一般纳税人，生产、销售产品的同时提供建筑安装劳务，同时，该公司将建筑劳务分包给其他单位或个人。请问：

（1）该公司的建筑劳务分包给其他单位或个人后，是否可以扣除分包款后的金额计算缴纳增值税？

（2）如果将建筑劳务分包给个人（自然人），该个人是否可以到税务局申请开具增值税专用发票？

（3）对于分包单位，如果月销售额低于10万元，免征增值税，即只能开具增值税普通发票，则受票方是否无法抵扣该部分进项税额？

答：根据《国家税务总局关于国内旅客运输服务进项税抵扣等增值税征管问题的公告》（国家税务总局公告2019年第31号）第七条：关于建筑服务分包款差额扣除的规定。纳税人提供建筑服务，按照规定允许从其取得的全部价款和价外费用中扣除的分包款，是指支付给分包方的全部价款和价外费用。

根据《国家税务总局关于发布〈纳税人跨县（市、区）提供建筑服务增值税征收管理暂行办法〉的公告》（国家税务总局公告2016年第17号）第四条，纳税人跨县（市、区）提供建筑服务，按照以下规定预缴税款：

（一）一般纳税人跨县（市、区）提供建筑服务，适用一般计税方法计税的，以取得的全部价款和价外费用扣除支付的分包款后的余额，按照2%的预征率计算应预缴税款。

（二）一般纳税人跨县（市、区）提供建筑服务，选择适用简易计税方法计税的，以取得的全部价款和价外费用扣除支付的分包款后的余额，按照3%的征收率计算应预缴税款。

（三）小规模纳税人跨县（市、区）提供建筑服务，以取得的全部价款和价外费用扣除支付的分包款后的余额，按照3%的征收率计算应预缴税款。

根据《国家税务总局关于营业税改征增值税委托地税局代征税款和代开增值税发票的通知》（税总函〔2016〕145号）第一条第二款，“纳税人销售其取得的不动产和其他个人出租不动产，申请代开发票的，由代征税款的地税局代开增值税专用发票或者增值税普通发票。”

根据《国家税务总局关于小规模纳税人免征增值税政策有关征管问题的公告》（国家税务总局公告2019年第4号）第一条规定，“小规模纳税人发生增值税应税销售行为，合计月销售额未超过10万元（以1个季度为1个纳税期的，季度销售额未超过30万元，下同）的，免征增值税。小规模纳税人发生增值税应税销售行为，合计月销售额超过10万元，但扣除本期发生的销售不动产的销售额后未超过10万元的，其销售货物、劳务、服务、无形资产取得的销售额免征增值税。”

根据上述规定，（1）该公司将建筑劳务分包给单位和个人后，仅就生产、销售产品取得的收入缴纳增值税，销售额不得扣除分包款，但分包方开具的增值税专用发票，可以作进项抵扣。（2）仅当其他个人出租不动产时，才可以申请地税机关代开增值税专用发票。其他个人（自然人）提供建筑劳务，不得申请代开增值税专用发票。（3）分包方免征增值税的，只能开具增值税普通发票，此时，受票方不得抵扣进项税额。

35. 集团内资金无偿划转是否要缴纳增值税?

某供电公司2020年6月将5亿元资金拨付给10家全资子公司使用，未签订借款合同，也不收取利息。这种情况是否缴纳增值税?

答：根据《财政部 国家税务总局关于全面推开营业税改征增值税试点的通知》（财税〔2016〕36号）附件1《营业税改征增值税试点实施办法》第

十四条规定，“下列情形视同销售服务、无形资产或者不动产：

单位或者个体工商户向其他单位或者个人无偿提供服务，但用于公益事业或者以社会公众为对象的除外。”

根据《财政部 税务总局关于明确养老机构免征增值税等政策的通知》（财税〔2019〕20号）第三条规定，“自2019年2月1日至2020年12月31日，对企业集团内单位（含企业集团）之间的资金无偿借贷行为，免征增值税。”

根据上述规定，供电公司自2020年6月至2020年12月集团企业内部的资金无偿借贷行为，免征增值税；2020年12月31日以后企业需要根据同期同类银行贷款利率计算出调拨资金的利息收入并缴纳增值税。

36. 电网公司向发电企业收取的过网费如何缴纳增值税

某电网公司向发电企业收取的过网费，应当按照什么税目缴纳增值税?

答：根据《国务院关于废止〈中华人民共和国营业税暂行条例〉和修改〈中华人民共和国增值税暂行条例〉的决定》（中华人民共和国国务院令第691号）第一条规定，“在中华人民共和国境内销售货物或者加工、修理修配劳务（以下简称劳务），销售服务、无形资产、不动产以及进口货物的单位和个人，为增值税的纳税人，应当依照本条例缴纳增值税。”

根据《国家税务总局关于电网公司过网费收入征收增值税问题的批复》（国税函〔2004〕607号）规定，鉴于电网公司利用自身电网为发电企业输送电力过程中，需要利用输变电设备进行调压，属于提供加工劳务。根据《中华人民共和国增值税暂行条例》有关规定，电网公司向发电企业收取的过网费，应当征收增值税，不征收营业税。

根据上述规定，电网公司向发电企业收取的过网费属于提供加工劳务，应按提供加工劳务税目征收增值税。

37. 延期付息对于增值税纳税义务的影响

某电网公司向某电力设备公司进行债权投资，合同约定电力设备公司按月付息。受疫情影响，电力设备公司申请延期付息，电网公司是否按原合同来确认增值税纳税义务？延期付息申请及电网公司内部的会议纪要决议，可否视为原合同的补充协议从而在实际收息月份确认增值税纳税义务？

答：根据《财政部 国家税务总局关于全面推开营业税改征增值税试点的通知》（财税〔2016〕36号）附件1《营业税改征增值税试点实施办法》的规定："第四十五条 增值税纳税义务、扣缴义务发生时间为：

（一）纳税人发生应税行为并收讫销售款项或者取得索取销售款项凭据的当天；先开具发票的，为开具发票的当天。

收讫销售款项，是指纳税人销售服务、无形资产、不动产过程中或者完成后收到款项。

取得索取销售款项凭据的当天，是指书面合同确定的付款日期；未签订书面合同或者书面合同未确定付款日期的，为服务、无形资产转让完成的当天或者不动产权属变更的当天。"

根据上述规定，某电网公司向某电力设备公司进行债权投资，合同约定按月付息，增值税纳税义务发生时间与合同约定的付款日期紧密相连。在双方延期履约的情况下，如果双方按原有合同继续履行，增值税纳税义务必然也要按照原有的合同继续履行，从而造成企业未按时申报缴纳增值税，会产生相应的滞纳金，甚至面临行政处罚的风险。因此，建议双方保持积极沟通，及时签订补充协议，或对原合同进行变更，则可按变更后的新合同约定来确认增值税纳税义务发生时间。

38. 结构性存款利息收入是否缴纳增值税

某电网公司闲置的资金在银行办理了结构性存款，结构性存款利息收入是否缴纳增值税？

答：根据《关于进一步规范商业银行结构性存款业务的通知》（银保监办发〔2019〕204号）第一条："结构性存款是指商业银行吸收的嵌入金融衍生产品的存款，通过与利率、汇率、指数等的波动挂钩或者与某实体的信用情况挂钩，使存款人在承担一定风险的基础上获得相应的收益。"

《财政部 国家税务总局关于全面推开营业税改征增值税试点的通知》（财税〔2016〕36号）附件1后附《销售服务、无形资产、不动产注释》规定，"（五）金融服务。1. 贷款服务。贷款，是指将资金贷与他人使用而取得利息收入的业务活动。各种占用、拆借资金取得的收入，包括金融商品持有期间（含到期）利息（保本收益、报酬、资金占用费、补偿金等）收入、信用卡透支利息收入、买入返售金融商品利息收入、融资融券收取的利息收入，以及融资性售后回租、押汇、罚息、票据贴现、转贷等业务取得的利息及利息性质的收入，按照贷款服务缴纳增值税。”

《关于明确金融 房地产开发 教育辅助服务等增值税政策的通知》（财税〔2016〕140号）第一条规定《销售服务、无形资产、不动产注释》（财税〔2016〕36号）第一条第（五）项第1点所称“保本收益、报酬、资金占用费、补偿金”，是指合同中明确承诺到期本金可全部收回的投资收益。金融商品持有期间（含到期）取得的非保本的上述收益，不属于利息或利息性质的收入，不征收增值税。

依据上述规定，结构性存款若合同中明确承诺到期保本收益，取得的利息收入，计入“财务费用”核算，按“贷款服务”计缴增值税；若不保本，取得的收益，计入“投资收益”核算，不征收增值税。

39. 取得报废车辆补贴收入是否缴纳增值税

某电力工程设计公司购买的车辆已达到使用年限，按照国家的规定报废，将报废的车辆交给车管所，车管所按照财政规定给予一笔补贴，企业取得的该补贴是否需要缴纳增值税?

答：根据《国家税务总局关于取消增值税扣税凭证认证确认期限等增值税征管问题的公告》（国家税务总局公告2019年第45号）第七条规定，“纳税人取得的财政补贴收入，与其销售货物、劳务、服务、无形资产、不动产的收入或者数量直接挂钩的，应按规定计算缴纳增值税；纳税人取得的其他情形的财政补贴收入，不属于增值税应税收入，不征收增值税。”

根据上述规定，企业取得报废车辆补贴收入属于与其销售货物、劳务、服务、无形资产、不动产的收入或者数量无直接关系的财政补贴，不征收增值税。

40. 企业之间债权转让的收益是否需要缴纳增值税

某电力检修公司借款给某电力工程设计公司1000万元，现检修公司把此债权平价转让给某电力实业公司，请问是否缴增值税?

答：根据《国务院关于废止〈中华人民共和国营业税暂行条例〉和修改〈中华人民共和国增值税暂行条例〉的决定》（中华人民共和国国务院令第691号）第一条规定，“在中华人民共和国境内销售货物或者加工、修理修配劳务（以下简称劳务），销售服务、无形资产、不动产以及进口货物的单位和个人，为增值税的纳税人，应当依照本条例缴纳增值税。”

《财政部 国家税务总局关于全面推开营业税改征增值税试点的通知》（财税〔2016〕36号）附件1《营业税改征增值税试点实施办法》后附的《销售服务、无形资产、不动产注释》规定，“（五）金融服务。4. 金融商品转让。金融商品转让，是指转让外汇、有价证券、非货物期货和其他金融商品所有权的业务活动。其他金融商品转让包括基金、信托、理财产品等各类资产管理产品和各种金融衍生品的转让。”

金融衍生品（derivatives），是指一种金融合约，其价值取决于一种或多种基础资产或指数，合约的基本种类包括远期、期货、掉期（互换）和期权。金融衍生品还包括具有远期、期货、掉期（互换）和期权中一种或多种特征的混合金融工具。

根据上述规定，非债券的债权转让不属于资产管理产品，从金融衍生品的定义可以看出，非债券的债权转让，不属于金融商品转让，不属于增值税征税范围。因此，企业转让非债券的债权不涉及增值税。

41. 计征房产税的租金收入是否为不含增值税收入

某电网公司出租房产时，计征房产税的租金收入是否为不含增值税收入?

答：根据《财政部 国家税务总局关于营改增后契税 房产税 土地增值税 个人所得税计税依据问题的通知》（财税〔2016〕43号）第二条规定，房产出租的，计征房产税的租金收入不含增值税。

根据上述规定，房产出租时，计征房产税的租金收入不含增值税，免征增值税的，租金收入不扣减增值税额。

42. 工程预收款如何预缴增值税

某电网公司用户工程一般在施工前要求先收预收款，按税法规定，提供建筑服务收到预收款时按预征率预缴增值税，请问应该如何预缴增值税？

答：根据《财政部 税务总局关于建筑服务等营改增试点政策的通知》（财税〔2017〕58号）第三条的规定：纳税人提供建筑服务取得预收款，应在收到预收款时，以取得的预收款扣除支付的分包款后的余额，按照本条第三款规定的预征率预缴增值税。适用一般计税方法计税的项目预征率为2%，适用简易计税方法计税的项目预征率为3%。

《国家税务总局关于发布〈纳税人跨县（市、区）提供建筑服务增值税征收管理暂行办法〉的公告》（国家税务总局公告2016年第17号）第三条规定，纳税人跨县（市、区）提供建筑服务，应按照财税〔2016〕36号文件规定的纳税义务发生时间和计税办法，向建筑服务发生地主管国税机关预缴税款，向机构所在地主管国税机关申报纳税。第十条规定，对跨县（市、区）提供的建筑服务，纳税人应自行建立预缴税款台账，区分不同县（市、区）和项目逐笔登记全部收入、支付的分包款、已扣除的分包款、扣除分包款的发票号码、已预缴税款以及预缴税款的完税凭证号码等相关内容，留存备查。

《国家税务总局关于进一步明确营改增有关征管问题的公告》（国家税务总局公告2017年第11号）第三条规定，纳税人在同一地级行政区范围内跨县（市、区）提供建筑服务，不适用《纳税人跨县（市、区）提供建筑服务增值税征收管理暂行办法》（国家税务总局公告2016年第17号印发）。

根据上述规定，公司如果是在同一地级行政区范围内跨县（市、区）提供建筑服务收到预收款应当在机构所在地预缴增值税，如果是在不同地级行政区范围内跨县（市、区）提供建筑服务收到预收款应该在建筑服务发生地预缴增值税。适用一般计税方法计税的项目预征率为2%，适用简易计税方法计税的项目预征率为3%。

43. 善意取得增值税专用发票是否应交滞纳金

某电网公司向外省的一家企业购买货物，取得了增值税专用发票并进行了抵扣，过了三个月后发现此企业被税务机关认定为走逃企业，请问该电网公司是否需要缴纳滞纳金?

答：根据《国家税务总局关于纳税人善意取得虚开增值税专用发票已抵扣税款加收滞纳金问题的批复》（国税函〔2007〕1240号）规定，纳税人善意取得虚开的增值税专用发票指购货方与销售方存在真实交易，且购货方不知取得的增值税专用发票是以非法手段获得的。纳税人善意取得虚开的增值税专用发票，如能重新取得合法、有效的专用发票，准许其抵扣进项税款；如不能重新取得合法、有效的专用发票，不准其抵扣进项税款或追缴其已抵扣的进项税款。

纳税人善意取得虚开的增值税专用发票被依法追缴已抵扣税款的，不属于税收征收管理法第三十二条“纳税人未按照规定期限缴纳税款”的情形，不适用该条“税务机关除责令限期缴纳外，从滞纳税款之日起，按日加收滞纳税款万分之五的滞纳金”的规定。

根据上述规定，公司如果属于善意取得增值税专用发票的情形，不需要缴纳滞纳金。

44. 各政府性基金手续费收入是否需要缴纳增值税

某网省供电公司2020年收到财政部拨付当年度国家重大水利工程建设基金手续费收入，请问该手续费收入是否需要缴纳增值税?

答：根据《财政部 国家税务总局关于全面推开营业税改征增值税试点的通知》（财税〔2016〕36号）附件1后附的《销售服务、无形资产、不动产注释》第一条第（六）项第八点规定，商务辅助服务，包括企业管理服务、经纪代理服务、人力资源服务、安全保护服务。……（2）经纪代理服务，是指各类经纪、中介、代理服务。包括金融代理、知识产权代理、货物运输代理、代理报关、法律代理、房地产中介、职业中介、婚姻中介、代理记账、拍卖等。企业在代扣代缴个人所得税时取得了收入（手续费），属于有偿提供服务，应按照“商务辅助服务——经纪代理服务”缴纳增值税。

根据上述规定，纳税人收到财政部拨付国家重大水利工程建设基金手续费收入应属于增值税征税范围，应缴纳增值税。

45. 异地出租不动产未按规定预缴应承担哪些法律责任

某电网公司未按照规定向不动产所在地主管税务机关预缴税款而自应当预缴之月起6个月内没有预缴税款的，但某电网公司已按规定在机构所在地申报纳税的，不动产所在地主管税务机关能否要求企业补缴应预缴的税款?如果要求预缴会造成纳税人重复缴纳税款；如果不要求预缴，则不动产所在地财政是否会受到影响？具体应如何处理?

答：《纳税人提供不动产经营租赁服务增值税征收管理暂行办法》（国家税务总局公告2016年第16号）第十三条规定，“纳税人出租不动产，按照本办法规定应向不动产所在地主管国税机关预缴税款而自应当预缴之月起超过6个月没有预缴税款的，由机构所在地主管国税机关按照《中华人民共和国税收征收管理法》及相关规定进行处理。纳税人出租不动产，未按照本办法规定缴纳税款的，由主管税务机关按照《中华人民共和国税收征收管理法》及相关规定进行处理。”

（1）不动产所在地税务机关可以要求纳税人按规定补缴应预缴的税款，同时，纳税人在机构所在地应纳税额中扣减补缴的预缴税款。

（2）《国家税务总局关于全面推开营业税改征增值税试点后增值税纳税申报有关事项的公告》（国家税务总局公告2016年第13号）第三条规定，“纳税人跨县（市）提供建筑服务、房地产开发企业预售自行开发的房地产项目、纳税人出租与机构所在地不在同一县（市）的不动产，按规定需要在项目所在地或不动产所在地主管国税机关预缴税款的，需填写《增值税预缴税款表》。”即纳税人对于《增值税预缴税款表》有法定的如实填报义务，如果应填报未填报，则可根据具体情形按《中华人民共和国税收征收管理法》第六十二、六十三、六十四条处理。

根据上述规定，企业出租不动产，应当按照规定在预缴之月起6个月内向不动产所在地主管国税机关预缴税款，同时，企业可在机构所在地应纳税额中扣减补缴的预缴税款。

46. 无偿转让股票应如何缴纳增值税

某电网公司 A 所持股票的买入价为 10 元，6 月 30 日无偿转让给电网公司 B，当日股票的公允价值为 20 元；12 月 31 日，B 将该股票以 30 元的价格售出。请问 A 和 B 发生的上述行为各应如何缴纳增值税？

答：根据《财政部 税务总局关于明确无偿转让股票等增值税政策的公告》（财政部 税务总局公告 2020 年第 40 号）第一条规定，“纳税人无偿转让股票时，转出方以该股票的买入价为卖出价，按照‘金融商品转让’计算缴纳增值税；在转入方将上述股票再转让时，以原转出方的卖出价为买入价，按照‘金融商品转让’计算缴纳增值税。”

根据上述规定，6 月 30 日 A 公司无偿转让股票时，A 公司以该股票的买入价为卖出价（即 10 元）计算缴纳增值税；12 月 31 日 B 公司再转让时，以 A 公司的卖出价为买入价（即 10 元）计算缴纳增值税。

二、适用税率

47. 供电公司取得的并网费增值税适用税率的确定

某供电企业利用自身输变电设备，对并入电网的企业自备电厂生产的电力产品进行电压调节，调压后需要向企业按电量收取一定数额的服务费。请问供电企业为企业提供的这类服务应如何确定增值税的适用税率？

答：根据《国家税务总局关于供电企业收取并网服务费征收增值税问题的批复》（国税函〔2009〕641 号）规定，“供电企业利用自身输变电设备对并入电网的企业自备电厂生产的电力产品进行电压调节，属于提供加工劳务。根据《中华人民共和国增值税暂行条例》和《中华人民共和国营业税暂行条例》有关规定，对于上述供电企业进行电力调压并按电量向电厂收取的并网服务费，应当征收增值税，不征收营业税。”

根据《财政部 税务总局 海关总署关于深化增值税改革有关政策的公告》（财政部 税务总局 海关总署公告 2019 年第 39 号）第一条规定，“增值税一般纳税人（以下称纳税人）发生增值税应税销售行为或者进口货物，原适用

16%税率的，税率调整为13%；原适用10%税率的，税率调整为9%。”第九条规定，“本公告自2019年4月1日起执行。”

根据上述规定，供电企业利用自身输变电设备对并入电网的企业自备电厂生产的电力产品进行电压调节，属于提供加工劳务。应当按照“提供加工修理修配劳务”，开具13%税率的增值税发票。

48. 如何按纳税义务发生时间来确定发票的税率

某供电公司在2018年7月签订的建筑类合同，合同约定税率为10%，合同未约定完工时间，2019年11月该建筑业务验收完工，并支付合同款10万元，请问此类业务应当取得税率为多少的发票?

答：根据《财政部 税务总局关于建筑服务等营改增试点政策的通知》（财税〔2017〕58号）第三条的规定，“纳税人提供建筑服务取得预收款，应在收到预收款时，以取得的预收款扣除支付的分包款后的余额，按照本条第三款规定的预征率预缴增值税。”

根据《财政部 税务总局关于调整增值税税率的通知》（财税〔2018〕32号）第一条的规定，“纳税人发生增值税应税销售行为或者进口货物，原适用17%和11%税率的，税率分别调整为16%、10%。”

根据《财政部 税务总局 海关总署关于深化增值税改革有关政策的公告》（财政部 税务总局 海关总署公告2019年第39号）第一条的规定，“增值税一般纳税人（以下称纳税人）发生增值税应税销售行为或者进口货物，原适用16%税率的，税率调整为13%；原适用10%税率的，税率调整为9%。”第九条规定，“本公告自2019年4月1日起执行。”

根据上述规定，提供建筑服务取得预收款，应在收到预收款时确认纳税义务发生时间，实际支付价款时间为2019年11月，应取得税率为9%的发票。

49. 施工企业提供的办公大楼外墙修补和养护服务税率的确定

某集体企业下属施工企业提供的办公大楼外墙的修补和养护服务应当开具税率为多少的发票?

答：根据《财政部 国家税务总局关于全面推开营业税改征增值税试点的通知》（财税〔2016〕36号）附件1《营业税改征增值税试点实施办法》后附《销售服务、无形资产、不动产注释》第一条第（四）项第3点规定，“修缮服务，是指对建筑物、构筑物进行修补、加固、养护、改善，使之恢复原来的使用价值或者延长其使用期限的工程作业。”

根据上述规定，施工企业提供的办公大楼外墙的修补和养护服务应当开具9%的“建筑服务”增值税发票。

50. 租车并配备驾驶员业务的税率如何确定

某供电公司2020年和某汽车公司签订包车服务合同，请问此类业务应当取得的发票税率为多少？

答：根据《财政部 国家税务总局关于全面推开营业税改征增值税试点的通知》（财税〔2016〕36号）附件1《营业税改征增值税试点实施办法》后附《销售服务、无形资产、不动产注释》第一条第（一）项规定，“交通运输服务，是指利用运输工具将货物或者旅客送达目的地，使其空间位置得到转移的业务活动。”第一条第（六）项第5点规定，“经营租赁服务，是指在约定时间内将有形动产或者不动产转让他人使用且租赁物所有权不变更的业务活动。”

根据上述规定，公司不仅提供车辆，同时配备驾驶人员，按出车次数结算运行台班费，符合陆路运输服务的规定，应按“交通运输服务”9%税率缴纳增值税。若公司仅提供车辆，而不配备驾驶人员，不承担运输过程中的任何费用，只收取固定租赁费的，则符合有形动产租赁的规定，应按“有形动产租赁”13%税率缴纳增值税。

51. 提供车辆停放服务的增值税处理

某电力设备公司2020年7月将自有的办公楼停车场对外开放，收取车辆停放服务费，请问该业务实际应开具税率为多少的发票？

答：根据《财政部 国家税务总局关于全面推开营业税改征增值税试点的通知》（财税〔2016〕36号）附件1《营业税改征增值税试点实施办法》后

附《销售服务、无形资产、不动产注释》第一条第（六）项第5点规定，“租赁服务，包括融资租赁服务和经营租赁服务。经营租赁服务，是指在约定时间内将有形动产或者不动产转让他人使用且租赁物所有权不变更的业务活动。按照标的物的不同，经营租赁服务可分为有形动产经营租赁服务和不动产经营租赁服务。将建筑物、构筑物等不动产或者飞机、车辆等有形动产的广告位出租给其他单位或者个人用于发布广告，按照经营租赁服务缴纳增值税。”

根据上述规定，办公楼停车场租赁属于销售“租赁服务——不动产租赁服务”，应开具9%税率的增值税发票。

52. 供电公司的初装费如何缴纳增值税

某供电公司向用户收取的初装费按什么税目缴纳增值税?

答：根据《营业税改征增值税试点有关事项的规定》（财税〔2016〕36号）附件1《营业税改征增值税试点实施办法》后附《销售服务、无形资产、不动产注释》第一条第（四）项第2点规定，“安装服务，是指生产设备、动力设备、起重设备、运输设备、传动设备、医疗实验设备以及其他各种设备、设施的装配、安置工程作业，包括与被安装设备相连的工作台、梯子、栏杆的装设工程作业，以及被安装设备的绝缘、防腐、保温、油漆等工程作业。固定电话、有线电视、宽带、水、电、燃气、暖气等经营者向用户收取的安装费、初装费、开户费、扩容费以及类似收费，按照安装服务缴纳增值税。”

根据上述规定，初装费按“建筑服务——安装服务”缴纳增值税，应当开具9%税率的增值税发票。

53. 授课培训费应当取得增值税发票的税率

某供电公司邀请某机构会计讲课老师为本单位财务人员授课培训，请问该项服务应当取得的发票税率为多少?

答：根据《财政部 国家税务总局关于全面推开营业税改征增值税试点的通知》（财税〔2016〕36号）附件1《营业税改征增值税试点实施办法》附《销售服务、无形资产、不动产注释》第一条第（七）项第2点规定，“教育医疗服务，包括教育服务和医疗服务。教育服务，是指提供学历教育服务、非学历教育服务、教育辅助服务的业务活动。非学历教育服务，包括学前教育、各类培训、演讲、讲座、报告会等。”

根据上述规定，企业邀请某机构会计讲课老师为本单位财务人员授课培训属于“非学历教育服务”，应当取得6%税率的增值税发票。

54. 兼营业务税率的确定

某供电公司2021年1月与某物业管理有限公司签订绿化管理合同，合同约定物业公司提供公共绿地的养护和管理服务，包含公共绿地、景观的养护及植物摆租服务，均取得6%税率服务费发票，请问取得的发票是否有税务风险?

答：根据《营业税改征增值税试点实施办法》（财税〔2016〕36号）附件1《营业税改征增值税试点实施办法》后附《销售服务、无形资产、不动产注释》第一条第（六）项第5点规定、第一条第（七）项第6点规定，“经营租赁服务，是指在约定时间内将有形动产或者不动产转让他人使用且租赁物所有权不变更的业务活动。按照标的物的不同，经营租赁服务可分为有形动产经营租赁服务和不动产经营租赁服务。”“其他生活服务，是指除文化体育服务、教育医疗服务、旅游娱乐服务、餐饮住宿服务和居民日常服务之外的生活服务。”

根据《营业税改征增值税试点实施办法》（财税〔2016〕36号附件1）第三十九条的规定，“纳税人兼营销售货物、劳务、服务、无形资产或者不动产，适用不同税率或者征收率的，应当分别核算适用不同税率或者征收率的销售额；未分别核算的，从高适用税率。”

根据《营业税改征增值税试点有关事项的规定》第一条第（一）项的规定，“试点纳税人销售货物、加工修理修配劳务、服务、无形资产或者不动产适用不同税率或者征收率的，应当分别核算适用不同税率或者征收率的销售额，未分别核算销售额的，按照以下方法适用税率或者征收率：

1. 兼有不同税率的销售货物、加工修理修配劳务、服务、无形资产或者不动产，从高适用税率。

2. 兼有不同征收率的销售货物、加工修理修配劳务、服务、无形资产或者不动产，从高适用征收率。

3. 兼有不同税率和征收率的销售货物、加工修理修配劳务、服务、无形资产或者不动产，从高适用税率。”

根据上述规定，植物摆租服务属于购进“有形动产租赁服务”，适用税率13%；绿化养护属于购进“生活服务——其他生活服务”，适用税率为6%。企业应当分别核算，取得对应税率的发票。

55. 园林绿化养护增值税发票

某供电公司欲将公司园区内草坪和树木种植、后期养护承包给一家个体工商户（小规模纳税人），该个体工商户为农业生产者，跨地区经营，执照经营范围：花草苗木种植，开具0%税率发票。请问，该免税农户超出其经营范围提供后期养护服务，供电公司将取得怎样的合规发票？

答：根据《财政部 国家税务总局关于全面推开营业税改征增值税试点的通知》（财税〔2016〕36号）附件1《营业税改征增值税试点实施办法》附《销售服务、无形资产、不动产注释》第一条第（七）项第6点规定，“其他生活服务，是指除文化体育服务、教育医疗服务、旅游娱乐服务、餐饮住宿服务和居民日常服务之外的生活服务。”

根据上述规定，该免税农户超出其经营范围提供后期养护服务，企业应当取得税率为3%的增值税发票。

56. 技术开发类业务税率的确定

某供电公司委托外部开发一项新技术，请问该项业务应当取得的发票税率为多少？

答：根据《财政部 国家税务总局关于全面推开营业税改征增值税试点的通知》（财税〔2016〕36号）附件1《营业税改征增值税试点实施办法》附《销售服务、无形资产、不动产注释》第一条第（六）项规定，“现代服务，是指围绕制造业、文化产业、现代物流产业等提供技术性、知识性服务的业务活动。包括研发和技术服务、信息技术服务、文化创意服务、物流辅助服务、租赁服务、鉴证咨询服务、广播影视服务、商务辅助服务和其他现代服务。研发和技术服务，包括研发服务、合同能源管理服务、工程勘察勘探服务、专业技术服务。（1）研发服务，也称技术开发服务，是指就新技术、新产品、新工艺或者新材料及其系统进行研究与试验开发的业务活动。”

根据上述规定，技术开发类业务属于购进“现代服务中——研发和技术服务”，应取得6%税率的增值税发票。

57. 企业为员工购买保险的税率确定

某电力建筑公司2020年11月1日给员工购买了团体意外险，请问企业应当向保险公司取得发票的税率为多少?

答：根据《财政部 国家税务总局关于全面推开营业税改征增值税试点的通知》（财税〔2016〕36号）附件1《营业税改征增值税试点实施办法》后附《销售服务、无形资产、不动产注释》第一条第（五）项规定，“金融服务，是指经营金融保险的业务活动。包括贷款服务、直接收费金融服务、保险服务和金融商品转让。3. 保险服务，是指投保人根据合同约定，向保险人支付保险费，保险人对于合同约定的可能发生的事故因其发生所造成的财产损失承担赔偿保险金责任，或者当被保险人死亡、伤残、疾病或者达到合同约定的年龄、期限等条件时承担给付保险金责任的商业保险行为。包括人身保险服务和财产保险服务。人身保险服务，是指以人的寿命和身体为保险标的的保险业务活动。财产保险服务，是指以财产及其有关利益为保险标的的保险业务活动。”

根据上述规定，企业为员工购买保险属于购进“金融服务——保险服务”，应取得6%税率的增值税发票。

58. 软件开发服务的税率确定

某供电公司购进一工程核算系统软件服务，应当取得什么税率增值税发票?

答：根据《财政部 国家税务总局关于全面推开营业税改征增值税试点的通知》（财税〔2016〕36号）附件1《营业税改征增值税试点实施办法》后附《销售服务、无形资产、不动产注释》第一条第（六）项规定，“现代服务，是指围绕制造业、文化产业、现代物流产业等提供技术性、知识性服务的业务活动。包括研发和技术服务、信息技术服务、文化创意服务、物流辅助服务、租赁服务、鉴证咨询服务、广播影视服务、商务辅助服务和其他现代服务。2. 信息技术服务，是指利用计算机、通信网络等技术对信息进行生产、收集、处理、加工、存储、运输、检索和利用，并提供信息服务的业务活动。包括软件服务、电路设计及测试服务、信息系统服务、业务流程管理服务和信息系统增值服务。（1）软件服务，是指提供软件开发服务、软件维护服务、软件测试服务的业务活动。”

根据上述规定，供电公司购进工程核算系统软件服务属于“现代服务——信息技术服务——软件服务”，应取得6%税率的增值税发票。

三、进项抵扣

59. 购进的国内旅客运输服务进项税额如何抵扣

某供电公司员工2020年3月28日乘高铁出差至北京，2020年4月2日返程，取得了注明该员工身份信息、乘车日期分别为2020年3月28日和2020年4月2日的两张高铁车票，请问其进项税额是否可以计算抵扣？

答：根据《财政部 税务总局 海关总署关于深化增值税改革有关政策的公告》（财政部 税务总局 海关总署公告2019年第39号）第六条规定，“纳税人购进国内旅客运输服务，其进项税额允许从销项税额中抵扣。（一）纳税人未取得增值税专用发票的，暂按照以下规定确定进项税额：3. 取得注明旅客身份信息的铁路车票的，为按照下列公式计算的进项税额：铁路旅客运输进项税额=票面金额÷（1+9%）×9%。”第九条规定，“本公告自2019年4月1日起执行。”

根据上述规定，公司取得的高铁车票，可计算抵扣进项税额，铁路旅客运输进项税额=票面金额÷（1+9%）×9%。

60. 滴滴打车费发票的进项税额能否抵扣

某供电公司员工公务出差取得滴滴电子发票，请问其进项税额是否可以抵扣？

答：根据《营业税改征增值税试点实施办法》（财税〔2016〕36号）附件1《营业税改征增值税试点实施办法》后附《销售服务、无形资产、不动产注释》第一条第（一）项规定，“交通运输服务，是指利用运输工具将货物或者旅客送达目的地，使其空间位置得到转移的业务活动。包括陆路运输服务、水路运输服务、航空运输服务和管道运输服务。”

根据《财政部 税务总局 海关总署关于深化增值税改革有关政策的公告》（财政部 税务总局 海关总署公告2019年第39号）第六条规定，“纳税人购进国内旅客运输服务，其进项税额允许从销项税额中抵扣。（一）纳税人未取得增值税专用发票的，暂按照以下规定确定进项税额：1. 取得增值税电子普通发票的，为发票上注明的税额。”

根据上述规定，公司取得滴滴打车电子发票进项税可以抵扣，进项税额为电子发票上注明的税额。

61. 出租车卷票、手撕客票进项税额能否抵扣

某供电公司员工公务出差取得出租车卷票、手撕客票，请问可以抵扣进项税额吗？

答：根据《财政部 税务总局 海关总署关于深化增值税改革有关政策的公告》（财政部 税务总局 海关总署公告2019年第39号）第六条的规定，纳税人购进国内旅客运输服务，其进项税额允许从销项税额中抵扣。（一）纳税人未取得增值税专用发票的，暂按照以下规定确定进项税额：

1. 取得增值税电子普通发票的，为发票上注明的税额；

2. 取得注明旅客身份信息的航空运输电子客票行程单的，按照下列公式计算进项税额：航空旅客运输进项税额 =（票价 + 燃油附加费）÷（1 + 9%）×9%；

3. 取得注明旅客身份信息的铁路车票的，为按照下列公式计算的进项税额：

铁路旅客运输进项税额 = 票面金额 ÷（1 + 9%）×9%；

4. 取得注明旅客身份信息的公路、水路等其他客票的，按照下列公式计算进项税额：

公路、水路等其他旅客运输进项税额＝票面金额÷（1＋3%）×3%。

根据上述规定，一般纳税人购进国内旅客运输服务，除取得增值税专用发票和增值税电子普通发票外，需凭注明旅客身份信息的航空运输电子客票行程单、铁路车票以及公路、水路等其他客票抵扣进项税额，未注明旅客身份信息的其他票证（手写无效），暂不允许作为扣税凭证。公司取得出租车卷票、手撕客票未注明旅客身份信息，故不得抵扣进项税额。

62. 航空运输电子客票行程单、火车票、船票进项税额的处理

某供电公司员工 2021 年 1 月发生的公务差旅活动未能提交增值税专用发票和增值税电子普通发票，但提交了航空运输电子客票行程单、火车票、船票等报销单据，请问如何计算抵扣进项税额?

答：根据《财政部 税务总局 海关总署关于深化增值税改革有关政策的公告》（财政部 税务总局 海关总署公告 2019 年第 39 号）第六条的规定，“纳税人购进国内旅客运输服务，其进项税额允许从销项税额中抵扣。（一）纳税人未取得增值税专用发票的，暂按照以下规定确定进项税额：

1. 取得增值税电子普通发票的，为发票上注明的税额；

2. 取得注明旅客身份信息的航空运输电子客票行程单的，为按照下列公式计算进项税额：

航空旅客运输进项税额＝（票价＋燃油附加费）÷（1＋9%）×9%；

3. 取得注明旅客身份信息的铁路车票的，为按照下列公式计算的进项税额：

铁路旅客运输进项税额＝票面金额÷（1＋9%）×9%；

4. 取得注明旅客身份信息的公路、水路等其他客票的，按照下列公式计算进项税额：

公路、水路等其他旅客运输进项税额＝票面金额÷（1＋3%）×3%。”

根据上述规定，员工发生国内旅客运输服务，取得注明旅客身份信息的航空运输电子客票行程单、铁路车票、公路、水路等其他客票可计算抵扣进项税额。航空旅客运输进项税额＝（票价＋燃油附加费）÷（1＋9%）×9%，铁路旅客运输进项税额＝票面金额÷（1＋9%）×9%，公路、水路等其他旅客运输进项税额＝票面金额÷（1＋3%）×3%。

63. 取得旅行社代订机票手续费电子普通发票能否抵扣进项税

某供电公司员工公务出差由旅行社代订机票，取得旅行社代订机票手续费电子普通发票，请问其进项税额能否抵扣?

答：根据《财政部 国家税务总局关于全面推开营业税改征增值税试点的通知》(财税〔2016〕36号）附件1《营业税改征增值税试点实施办法》后附《销售服务、无形资产、不动产注释》第一条第（六）项第8点规定，商务辅助服务，包括企业管理服务、经纪代理服务、人力资源服务、安全保护服务。

根据《财政部 税务总局 海关总署关于深化增值税改革有关政策的公告》(财政部 税务总局 海关总署公告2019年第39号）第六条第（一）项规定，纳税人购进国内旅客运输服务，其进项税额允许从销项税额中抵扣。纳税人未取得增值税专用发票的，暂按照以下规定确定进项税额：1. 取得增值税电子普通发票的，为发票上注明的税额。

根据上述规定，委托旅行社代订机票，取得的电子普通发票，属于购进“现代服务——商务辅助服务”，不属于购进国内旅客运输服务，企业取得上述电子普通发票，不可抵扣进项税；若取得专用发票，符合抵扣条件的则可以进行进项税额抵扣。

64. 退票费、改签费进项税额能否抵扣

某供电公司员工因出差计划取消，由此产生了航空代理公司退票费，取得了6%税率的增值税普通发票，请问其进项税额能否抵扣?

答：《财政部 税务总局 海关总署关于深化增值税改革有关政策的公告》(财政部 税务总局 海关总署公告2019年第39号）第六条规定，“纳税人购进国内旅客运输服务，其进项税额允许从销项税额中抵扣。（一）纳税人未取得增值税专用发票的，暂按照以下规定确定进项税额：1. 取得增值税电子普通发票的，为发票上注明的税额；2. 取得注明旅客身份信息的航空运输电子客票行程单的，为按照下列公式计算进项税额：航空旅客运输进项税额 =（票价 + 燃油附加费）÷（1 + 9%）×9%。”

根据上述规定，允许抵扣进项税额的国内旅客运输服务凭证，除增值税专用发票外，只限于增值税电子普通发票和注明旅客身份信息的航空运输电子客票行程单、铁路车票、公路、水路等其他客票，不包括增值税普通发票。因此，企业取得飞机票改签费增值税普通发票不得抵扣进项税额。

65. 购进国际旅客运输服务进项税额能否抵扣

某供电公司员工赴德国考察学习取得航空运输电子客票行程单，请问其进项税额是否可以计算抵扣？

答：根据《财政部 税务总局 海关总署关于深化增值税改革有关政策的公告》（财政部 税务总局 海关总署公告2019年第39号）第六条的规定，“纳税人购进国内旅客运输服务，其进项税额允许从销项税额中抵扣。”

根据《跨境应税行为适用增值税零税率和免税政策的规定》（财税〔2016〕36号附件4）第一条的规定，“中华人民共和国境内（以下称境内）的单位和个人销售的下列服务和无形资产，适用增值税零税率：（一）国际运输服务。”

根据上述规定，国际旅客运输服务适用增值税零税率或免税政策，公司购进的国际旅客运输服务，不能抵扣进项税额。

66. 通行费发票进项税额能否抵扣

某供电公司支付高速公路通行费并取得国税监制的纸质通行费发票，请问能否计算抵扣进项税额？

答：根据《财政部 国家税务总局关于租入固定资产进项税额抵扣等增值税政策的通知》（财税〔2017〕90号）第七条规定：自2018年1月1日起，纳税人支付的道路、桥、闸通行费，按照以下规定抵扣进项税额：

（一）纳税人支付的道路通行费，按照收费公路通行费增值税电子普通发票上注明的增值税额抵扣进项税额。

2018年1月1日至6月30日，纳税人支付的高速公路通行费，如暂未能取得收费公路通行费增值税电子普通发票，可凭取得的通行费发票（不含财政票据，下同）上注明的收费金额按照下列公式计算可抵扣的进项税额：

高速公路通行费可抵扣进项税额 = 高速公路通行费发票上注明的金额 ÷（1 + 3%）×3%；

2018 年 1 月 1 日至 12 月 31 日，纳税人支付的一级、二级公路通行费，如暂未能取得收费公路通行费增值税电子普通发票，可凭取得的通行费发票上注明的收费金额按照下列公式计算可抵扣进项税额：

一级、二级公路通行费可抵扣进项税额 = 一级、二级公路通行费发票上注明的金额 ÷（1 + 5%）×5%；

（二）纳税人支付的桥、闸通行费，暂凭取得的通行费发票上注明的收费金额按照下列公式计算可抵扣的进项税额：

桥、闸通行费可抵扣进项税额 = 桥、闸通行费发票上注明的金额 ÷（1 + 5%）×5%。

根据上述规定，自 2018 年 1 月 1 日起，纳税人支付的道路（包括高速公路和一级、二公路）通行费，可以按增值税电子普通发票上注明的增值税额抵扣进项税额；高速公路通行费，从 2018 年 7 月 1 日起必须按电子普通发票上的税额进项抵扣，取得纸质票据不得抵扣；一级、二级公路通行费，从 2019 年 1 月 1 日起必须按电子普通发票上的税额进项抵扣，取得纸质票据不得抵扣；桥、闸通行费，电子发票尚未确定施行时间，仍以纸质发票计算抵扣，可抵扣金额为通行费发票上注明的金额 ÷（1 + 5%）×5%。

67. 取得 ETC 充值的通行费电子发票能否抵扣进项税额

某供电公司 2020 年 3 月为公司的车辆统一办理了 ETC 卡充值，请问充值取得的通行费增值税电子普通发票能否抵扣进项税额？

答：根据《交通运输部 财政部 国家税务总局 国家档案局关于收费公路通行费电子票据开具汇总等有关事项的公告》（交通运输部公告 2020 年第 24 号）第二条的规定，“（一）收费公路通行费增值税电子普通发票（以下简称通行费电子发票）。通行费电子发票包括左上角标识‘通行费’字样且税率栏次显示适用税率或征收率的通行费电子发票（以下简称征税发票）以及左上角无‘通行费’字样，且税率栏次显示‘不征税’的通行费电子发票（以下简称不征税发票）。客户通行经营性收费公路，由经营管理者开具征税发票，可按规定用于增值税进项抵扣；客户采取充值方式预存通行费，可由 ETC 客户服务机构开具不征税发票，不可用于增值税进项抵扣。（二）收费公路通行费财政票据（电子）（以下简称通行费财政电子票据）。客户通行政府还贷公路，由经营管理者开具财政部门统一监制的通行费财政电子票据。通行费财政电子票据先行选择部分地区进行试点。试点期间，非试点地区暂时开具不征税发票。试点完成后，在全国范围内全面实行通行费财政电子票据。”第五条规定：“（一）ETC 后付费客户索取通行费电子票据的，通过经营性公路的部分，在服务平台取得由经营管理者开具的征税发票；通过政府还贷公路的部分，在服务平台取得由经营管理者开具的通行费财政电子票据。（二）ETC 预付费客户可以自行选择在充值后索取不征税发票或待实际发生通行交易后索取通行费电子票据。客户在充值后索取不征税发票的，在服务平台取得由 ETC 客户服务机构全额开具的不征税发票；实际发生通行交易后，ETC 客户服务机构和收费公路经营管理者均不再向其开具通行费电子票据。客户在充值后未索取不征税发票，在实际发生通行交易后索取电子票据的，参照本条第（一）项 ETC 后付费客户执行。”

根据上述规定，企业在充值后取得的左上角无“通行费”字样，且税率栏次显示“不征税”的通行费电子发票不可抵扣进项税；企业在实际发生通行费用后取得左上角标识“通行费”字样，且税率栏次显示适用税率或征收率的通行费电子发票，进项税额可抵扣。

68. 购买团体意外险的进项税额能否抵扣

某电力建筑公司按照建委要求为施工人员购买团体意外保险，取得的保险费增值税专用发票能否抵扣进项税额?

答：根据《营业税改征增值税试点实施办法》（财税〔2016〕36 号附件 1）第二十七条规定，“下列项目的进项税额不得从销项税额中抵扣：（一）用于简易计税方法计税项目、免征增值税项目、集体福利或者个人消费的购进货物、加工修理修配劳务、服务、无形资产和不动产。其中涉及的固定资产、无形资产、不动产，仅指专用于上述项目的固定资产、无形资产（不包括其他权益性无形资产）、不动产。”

根据《中华人民共和国企业所得税法实施条例》（中华人民共和国国务院令第 512 号）第三十六条的规定，“除企业依照国家有关规定为特殊工种职工支付的人身安全保险费和国务院财政、税务主管部门规定可以扣除的其他商业保险费外，企业为投资者或者职工支付的商业保险费不得扣除。”

根据上述规定，购买的团体意外险如果是特殊工种职工的人身安全保险费，其取得的专用发票进项税额可以抵扣；如果是管理岗位的意外险则属于集体福利，则其进项税额不得抵扣。

69. 购买防暑降温饮品的进项税额能否抵扣

某供电公司于2020年8月为部分在高温场所工作的员工准备了一些绿豆汤、绿茶等清凉饮品。请问企业取得的进项税额发票能否抵扣进项税额?

答：根据《企业所得税税前扣除办法》（国税发〔2000〕84号）第五十四条的规定，“纳税人实际发生的合理的劳动保护支出，可以扣除。劳动保护支出是指确因工作需要为雇员配备或提供工作服、手套、安全保护用品、防暑降温用品等所发生的支出。”

根据《关于规范社会保险缴费基数有关问题的通知》（劳社险中心函〔2006〕60号）第四条第（三）项，“劳动保护的各种支出。包括：工作服、手套等劳动保护用品，解毒剂、清凉饮料，以及按照国务院1963年7月19日劳动部等七单位规定的范围对接触有毒物质、矽尘作业、放射线作业和潜水、沉箱作业，高温作业等五类工种所享受的由劳动保护费开支的保健食品待遇。”

根据上述规定，企业为员工在高温工作场所准备清凉饮品，属于劳动保护费，取得的增值税专用发票可以抵扣进项税额。

70. 会务费发票能否抵扣进项税额

某电力信息科技公司员工参加集团内部组织的培训会议，取得会务费增值税专用发票，请问进项税额是否可以抵扣?

答：根据《营业税改征增值税试点实施办法》（财税〔2016〕36号附件1）第二十七条的规定，“下列项目的进项税额不得从销项税额中抵扣：（一）用于简易计税方法计税项目、免征增值税项目、集体福利或者个人消费的购进货物、加工修理修配劳务、服务、无形资产和不动产。其中涉及的固定资产、无形资产、不动产，仅指专用于上述项目的固定资产、无形资产（不包括其他权益性无形资产）、不动产。”

根据以上规定，会议费能否抵扣，应该视情况而定，若为营销活动发生的会议费，可以抵扣进项税额；若为公司组织员工会议学习发生的会议费，属于职工教育经费，可以抵扣进项税额；若为福利性质会议，属于职工福利费，不得抵扣进项税额。

71. 包含餐费的会议费发票进项税额的处理

某供电公司举行大型会议，取得的会务费发票中将餐费金额开具在同一张增值税专用发票中，请问进项税额如何处理？

答：根据《营业税改征增值税试点实施办法》（财税〔2016〕36号附件1）第二十七条的规定，“下列项目的进项税额不得从销项税额中抵扣：（一）用于简易计税方法计税项目、免征增值税项目、集体福利或者个人消费的购进货物、加工修理修配劳务、服务、无形资产和不动产。其中涉及的固定资产、无形资产、不动产，仅指专用于上述项目的固定资产、无形资产（不包括其他权益性无形资产）、不动产。（六）购进的旅客运输服务、贷款服务、餐饮服务、居民日常服务和娱乐服务。”

根据《财政部 税务总局 海关总署关于深化增值税改革有关政策的公告》（财政部 税务总局 海关总署公告2019年第39号）第六条的规定，“（二）《营业税改征增值税试点实施办法》（财税〔2016〕36号印发）第二十七条第（六）项和《营业税改征增值税试点有关事项的规定》（财税〔2016〕36号印发）第二条第（一）项第5点中‘购进的旅客运输服务、贷款服务、餐饮服务、居民日常服务和娱乐服务’修改为‘购进的贷款服务、餐饮服务、居民日常服务和娱乐服务’。”

根据以上规定，若会务费与餐费分别开票，取得会务费增值税专用发票可以抵扣进项税额；若会务费与餐费统开具项目为会务费的增值税专用发票，则存在涉税风险，建议公司重新取得分项票据或者分别开具的增值税专用发票与增值税普通发票。

72. 企业食堂、员工宿舍生活用电能否抵扣进项税额

某电力实业公司2021年3月用电总价20000元，其中：生产用电的电价为18000元，食堂、集体宿舍用电的电价是2000元。电力公司开具的增值税专用发票，电价20000元，税额2600元，价税合计22600元。请问企业食堂、集体宿舍用电取得增值税专用发票，进项税额是否可以抵扣?

答：根据《营业税改征增值税试点实施办法》（财税〔2016〕36号附件1）第二十七条的规定，“下列项目的进项税额不得从销项税额中抵扣：（一）用于简易计税方法计税项目、免征增值税项目、集体福利或者个人消费的购进货物、加工修理修配劳务、服务、无形资产和不动产。其中涉及的固定资产、无形资产、不动产，仅指专用于上述项目的固定资产、无形资产（不包括其他权益性无形资产）、不动产。”

根据以上规定，食堂、集体宿舍用电属于集体福利，相应的进项税部分不得抵扣，应作进项税额转出处理。

73. 企业班车租赁费能否抵扣进项税额

某电力技术公司为了员工上下班方便，与班车租赁公司签订的是汽车租赁并配备司机的合同，租入车辆用于接送员工上下班，取得“租赁服务”13%税率的增值税专用发票，请问企业该项目的进项税额能否抵扣?

答：根据《营业税改征增值税试点实施办法》（财税〔2016〕36号附件1）第二十七条的规定，“下列项目的进项税额不得从销项税额中抵扣：（一）用于简易计税方法计税项目、免征增值税项目、集体福利或者个人消费的购进货物、加工修理修配劳务、服务、无形资产和不动产。其中涉及的固定资产、无形资产、不动产，仅指专用于上述项目的固定资产、无形资产（不包括其他权益性无形资产）、不动产。”

根据《财政部 国家税务总局关于全面推开营业税改征增值税试点的通知》（财税〔2016〕36号）附件1《营业税改征增值税试点实施办法》后附《销售服务、无形资产、不动产注释》第一条第（一）项规定，“交通运输服务，是指利用运输工具将货物或者旅客送达目的地，使其空间位置得到转移

的业务活动。”第一条第（六）项第5点规定，“经营租赁服务，是指在约定时间内将有形动产或者不动产转让他人使用且租赁物所有权不变更的业务活动。”

根据上述规定，企业为员工提供免费班车服务，与班车租赁公司签订的汽车租赁并配备司机的合同，符合陆路运输服务的规定，应当取得“交通运输服务”9%税率的增值税发票，租入车辆用于接送员工上下班属于集体福利，其进项税额不得从销项税额中抵扣。

74. 租入绿化苗木进项税额能否抵扣

某供电公司租入绿化苗木取得增值税专用发票，请问进项税额能否抵扣?

答：根据《营业税改征增值税试点实施办法》（财税〔2016〕36号附件1）第二十七条的规定，“下列项目的进项税额不得从销项税额中抵扣：（一）用于简易计税方法计税项目、免征增值税项目、集体福利或者个人消费的购进货物、加工修理修配劳务、服务、无形资产和不动产。其中涉及的固定资产、无形资产、不动产，仅指专用于上述项目的固定资产、无形资产（不包括其他权益性无形资产）、不动产。”

根据上述规定，公司租入绿化苗木，若摆放于生产、经营场所，不属于上述不可抵扣项目，其进项税额可以抵扣；若摆放于员工宿舍、食堂等福利部门，属于集体福利，其进项税额不得抵扣。

75. 购买用于企业内部职工食堂的炊具设备能否抵扣进项税额

某电网公司2021年3月5日购买用于企业内部职工食堂的炊具设备能否抵扣进项税额?

答：根据《营业税改征增值税试点实施办法》（财税〔2016〕36号附件1）第二十七条的规定，“下列项目的进项税额不得从销项税额中抵扣：（一）用于简易计税方法计税项目、免征增值税项目、集体福利或者个人消费的购进货物、加工修理修配劳务、服务、无形资产和不动产。其中涉及的固定资产、无形资产、不动产，仅指专用于上述项目的固定资产、无形资产（不包括其他权益性无形资产）、不动产。”

根据上述规定，用于企业内部职工食堂的炊具设备属于集体福利，所以不能抵扣进项税额。

76. 企业为员工租赁住房取得的专票能否抵扣进项税额

某电力发展公司 2021 年 3 月租入房屋作为员工宿舍并取得增值税专用发票，请问其进项税额能否抵扣？

答：根据《营业税改征增值税试点实施办法》（财税〔2016〕36 号附件 1）第二十七条规定："下列项目的进项税额不得从销项税额中抵扣：（一）用于简易计税方法计税项目、免征增值税项目、集体福利或者个人消费的购进货物、加工修理修配劳务、服务、无形资产和不动产。其中涉及的固定资产、无形资产、不动产，仅指专用于上述项目的固定资产、无形资产（不包括其他权益性无形资产）、不动产。"

根据《财政部 国家税务总局关于租入固定资产进项税额抵扣等增值税政策的通知》（财税〔2017〕90 号）第一条规定，"自 2018 年 1 月 1 日起，纳税人租入固定资产、不动产，既用于一般计税方法计税项目，又用于简易计税方法计税项目、免征增值税项目、集体福利或者个人消费的，其进项税额准予从销项税额中全额抵扣。"

根据上述规定，企业租入房屋仅作为员工宿舍使用，该进项税额不得抵扣。

77. 企业购买茶叶能否抵扣进项税额

某电网公司购入放在公司茶水间给员工喝的茶叶，取得发票之后能否抵扣进项税额？

答：《财政部 国家税务总局关于全面推开营业税改征增值税试点的通知》（财税〔2016〕36 号）附件 1《营业税改征增值税试点实施办法》第二十七条规定，"下列项目的进项税额不得从销项税额中抵扣：（一）用于简易计税方法计税项目、免征增值税项目、集体福利或者个人消费的购进货物、加工修理修配劳务、服务、无形资产和不动产。其中涉及的固定资产、无形资产、不动产，仅指专用于上述项目的固定资产、无形资产（不包括其他权益性无形资产）、不动产。”

根据上述规定，企业购买茶叶如果用于集体福利如发放给职工、用于交际应酬如赠送给客户、或者用于个人消费等情况，取得增值税专用发票其进项税额不能抵扣。

78. 住宿费超标准部分的进项税额如何处理

某供电公司按规定取得住宿费专用发票，但住宿费金额超过国网公司差旅费住宿标准，请问超出部分的进项税额如何处理?

答：《中华人民共和国增值税暂行条例》（中华人民共和国国务院令第538号）第八条规定，“纳税人购进货物、劳务、服务、无形资产、不动产支付或者负担的增值税额，为进项税额。”

根据上述规定，进项税额定义强调是“纳税人购进”，则超标准的住宿费不是企业负担的支出，也就不属于一般纳税人的“购进货物、劳务、服务、无形资产、不动产支付或者负担的增值税额”，所以取得的住宿费专用发票先全额抵扣，然后超标准部分的住宿费增值税额再作进项税转出处理。

79. 取得员工培训用书发票能否抵扣进项税额

某电网公司购买了一批用于职工培训用的书，取得了增值税专用发票，其进项税额是否可以抵扣?

答：根据《营业税改征增值税试点实施办法》（财税〔2016〕36号附件1）第二十七条的规定：“下列项目的进项税额不得从销项税额中抵扣：（一）用于简易计税方法计税项目、免征增值税项目、集体福利或者个人消费的购进货物、加工修理修配劳务、服务、无形资产和不动产。其中涉及的固定资产、无形资产、不动产，仅指专用于上述项目的固定资产、无形资产（不包括其他权益性无形资产）、不动产。”

根据上述规定，企业购入的图书用于员工提升业务技能，属于职工教育经费支出，不属于上述规定的不可抵扣项目。因此，该图书的进项税额可以抵扣。

80. 购进货物运输途中合理损毁能否抵扣进项税额

某供电公司购入一批货物取得增值税专用发票，但运输途中发生部分合理损耗，请问该货物的进项税额能否抵扣？

答：根据《营业税改征增值税试点实施办法》（财税〔2016〕36号附件1）第二十八条的规定，“非正常损失，是指因管理不善造成货物被盗、丢失、霉烂变质，以及因违反法律法规造成货物或者不动产被依法没收、销毁、拆除的情形。”

根据上述规定，运输途中发生部分合理损耗，不属于公司管理不善造成的非正常损失，进项税额可以抵扣。

81. 向贷款方支付的相关费用能否抵扣进项税额

某供电公司接受贷款服务向贷款方支付的与该笔贷款直接相关的投融资顾问费、手续费、咨询费等费用，请问进项税额能否抵扣？

答：根据《营业税改征增值税试点实施办法》（财税〔2016〕36号）附件1《营业税改征增值税试点实施办法》后附《销售服务、无形资产、不动产注释》第二十七条规定，“下列项目的进项税额不得从销项税额中抵扣：（六）购进的旅客运输服务、贷款服务、餐饮服务、居民日常服务和娱乐服务。”

根据《营业税改征增值税试点有关事项的规定》（财税〔2016〕36号附件2）第二条第（一）项第5点规定，“纳税人接受贷款服务向贷款方支付的与该笔贷款直接相关的投融资顾问费、手续费、咨询费等费用，其进项税额不得从销项税额中抵扣。”

根据《财政部 税务总局 海关总署关于深化增值税改革有关政策的公告》（财政部 税务总局 海关总署公告2019年第39号）第六条规定，“（二）《营业税改征增值税试点实施办法》（财税〔2016〕36号印发）第二十七条第（六）项和《营业税改征增值税试点有关事项的规定》（财税〔2016〕36号印发）第二条第（一）项第5点中‘购进的旅客运输服务、贷款服务、餐饮服务、居民日常服务和娱乐服务’修改为‘购进的贷款服务、餐饮服务、居民日常服务和娱乐服务’。”

根据上述规定，企业接受贷款服务向贷款方支付的与该笔贷款直接相关的投融资顾问费、手续费、咨询费等费用，进项税额不得抵扣。

82. 银行手续费（非贷款相关）能否抵扣进项税额

某供电公司支付给银行的账户管理费、支票等相关手续费取得增值税专用发票，请问进项税额能否抵扣?

答：根据《营业税改征增值税试点实施办法》（财税〔2016〕36号附件1）第二十七条规定：下列项目的进项税额不得从销项税额中抵扣：（六）购进的旅客运输服务、贷款服务、餐饮服务、居民日常服务和娱乐服务。

根据《营业税改征增值税试点实施办法》（财税〔2016〕36号附件1）后附《销售服务、无形资产、不动产注释》第一条第（五）项第2点规定：直接收费金融服务。直接收费金融服务，是指为货币资金融通及其他金融业务提供相关服务并且收取费用的业务活动。包括提供货币兑换、账户管理、电子银行、信用卡、信用证、财务担保、资产管理、信托管理、基金管理、金融交易场所（平台）管理、资金结算、资金清算、金融支付等服务。

根据《财政部 税务总局 海关总署关于深化增值税改革有关政策的公告》（财政部 税务总局 海关总署公告2019年第39号）第六条规定：（二）《营业税改征增值税试点实施办法》（财税〔2016〕36号印发）第二十七条第（六）项和《营业税改征增值税试点有关事项的规定》（财税〔2016〕36号印发）第二条第（一）项第5点中“购进的旅客运输服务、贷款服务、餐饮服务、居民日常服务和娱乐服务”修改为“购进的贷款服务、餐饮服务、居民日常服务和娱乐服务”。

根据上述规定，公司发生的“直接收费金融服务”的费用，如账户函证费、资信证明费用、账户管理费、支票等相关手续费，取得增值税专用发票可以进项税额抵扣。

83. 用于简易计税项目的材料进项税额能否抵扣

某电力建筑公司对外承接甲供工程项目，在工程实际建设中有部分辅材甲方无法提供，由电力建筑公司提供，请问购买的这部分辅材进项税额能否抵扣?

答：根据《营业税改征增值税试点实施办法》（财税〔2016〕36号附件1）第二十七条规定，“下列项目的进项税额不得从销项税额中抵扣：（一）用于简易计税方法计税项目、免征增值税项目、集体福利或者个人消费的购进货物、加工修理修配劳务、服务、无形资产和不动产。其中涉及的固定资产、无形资产、不动产，仅指专用于上述项目的固定资产、无形资产（不包括其他权益性无形资产）、不动产。”

根据《营业税改征增值税试点有关事项的规定》（财税〔2016〕36号附件2）第一条第（七）项第2点规定，“一般纳税人为甲供工程提供的建筑服务，可以选择适用简易计税方法计税。甲供工程，是指全部或部分设备、材料、动力由工程发包方自行采购的建筑工程。”

根据上述规定，甲供工程若采用的是简易计税方法计税，则公司提供辅材进项税额不得抵扣。

84. 购入农产品的进项税额抵扣处理

某电力实业公司下属酒店采购农产品用于餐饮服务，取得农产品收购发票或者销售发票，请问进项税额的抵扣如何处理?

答：根据《营业税改征增值税试点实施办法》（财税〔2016〕36号附件1）第二十五条第（三）项规定：购进农产品，除取得增值税专用发票或者海关进口增值税专用缴款书外，按照农产品收购发票或者销售发票上注明的农产品买价和13%的扣除率计算的进项税额。计算公式为：进项税额 = 买价 × 扣除率。买价，是指纳税人购进农产品在农产品收购发票或者销售发票上注明的价款和按照规定缴纳的烟叶税。购进农产品，按照《农产品增值税进项税额核定扣除试点实施办法》抵扣进项税额的除外。

根据《财政部 国家税务总局关于简并增值税税率有关政策的通知》（财税〔2017〕37号）第二条第（一）项规定：除本条第（二）项规定外，纳税人购进农产品，取得一般纳税人开具的增值税专用发票或海关进口增值税专用缴款书的，以增值税专用发票或海关进口增值税专用缴款书上注明的增值税额为进项税额；从按照简易计税方法依照3%征收率计算缴纳增值税的小规模纳税人取得增值税专用发票的，以增值税专用发票上注明的金额和11%的扣除率计算进项税额；取得（开具）农产品销售发票或收购发票的，以农产品销售发票或收购发票上注明的农产品买价和11%的扣除率计算进项税额。

根据《财政部 税务总局关于调整增值税税率的通知政策的通知》（财税〔2018〕32号）第二条规定：自2018年5月1日起，纳税人购进农产品，原适用11%扣除率的，扣除率调整为10%。

根据《财政部 税务总局 海关总署关于深化增值税改革有关政策的公告》（财政部 税务总局 海关总署公告2019年第39号）第二条规定：纳税人购进农产品，原适用10%扣除率的，扣除率调整为9%。纳税人购进用于生产或者委托加工13%税率货物的农产品，按照10%的扣除率计算进项税额。第九条规定，本公告自2019年4月1日起执行。

根据上述规定，公司如取得的是增值税专用发票，以发票注明的增值税额为进项税额；如取得的是农产品销售发票或收购发票的，可按发票上注明的农产品买价和9%的扣除率计算进项税额。

85. 赠送给客户的小礼品的进项税额能否抵扣

某供电公司为营销宣传推广赠送小礼品给客户，请问购入或定制该小礼品的进项税能否抵扣?

答：根据《中华人民共和国增值税暂行条例实施细则》（财政部 国家税务总局令第50号）第四条第（八）项规定，将自产、委托加工或者购进的货物无偿赠送其他单位或者个人的，视同销售货物。

在具体场景应用上，如果营销过程在赠送的小礼品上打上企业的LOGO，制作营销方案等能提供证据证明该活动是广告宣传活动，则不视同销售，其进项税额不允许抵扣。如果没有LOGO或其他证据，直接赠送客户，则属于无偿赠送，应视同销售处理计算销项税，其进项税额允许抵扣。

86. 农村维修项目材料进项税额如何处理

某供电公司配电网检修维护中包含了农村电网检修运维，领用的材料为单位统一采购，分项目领用，由于领料退料频繁无法划分材料进项税额，请问农村维修项目材料进项税额如何处理?

答：根据《财政部 国家税务总局关于免征农村电网维护费增值税问题的通知》（财税字〔1998〕47 号）规定：农村电网维护费（包括低压线路损耗和维护费以及电工经费）免征增值税。

根据《营业税改征增值税试点实施办法》（财税〔2016〕36 号附件 1）第二十七条规定，下列项目的进项税额不得从销项税额中抵扣：（一）用于简易计税方法计税项目、免征增值税项目、集体福利或者个人消费的购进货物、加工修理修配劳务、服务、无形资产和不动产。其中涉及的固定资产、无形资产、不动产，仅指专用于上述项目的固定资产、无形资产（不包括其他权益性无形资产）、不动产。第二十九条规定，适用一般计税方法的纳税人，兼营简易计税方法计税项目、免征增值税项目而无法划分不得抵扣的进项税额，按照下列公式计算不得抵扣的进项税额：不得抵扣的进项税额 = 当期无法划分的全部进项税额 ×（当期简易计税方法计税项目销售额 + 免征增值税项目销售额）÷当期全部销售额。

根据上述规定，企业按照不得抵扣的进项税额 = 当期无法划分的全部进项税额 ×（当期简易计税方法计税项目销售额 + 免征增值税项目销售额）÷当期全部销售额，计算不得抵扣进项税额。

87. 农村电网维修项目中进项税额的处理

某供电公司配电网检修维护中包含了农村电网检修运维，农村电网检修运维项目属于免征增值税项目，进项税额需要转出，请问这部分进项税是否可以不进行认证直接计入成本?

答：根据《财政部 国家税务总局关于免征农村电网维护费增值税问题的通知》（财税字〔1998〕47 号）规定：农村电网维护费（包括低压线路损耗和维护费以及电工经费）免征增值税。

根据《营业税改征增值税试点实施办法》（财税〔2016〕36 号附件 1）第二十七条规定，下列项目的进项税额不得从销项税额中抵扣：（一）用于简易计税方法计税项目、免征增值税项目、集体福利或者个人消费的购进货物、加工修理修配劳务、服务、无形资产和不动产。其中涉及的固定资产、无形资产、不动产，仅指专用于上述项目的固定资产、无形资产（不包括其他权益性无形资产）、不动产。第三十条规定，已抵扣进项税额的购进货物（不含固定资产）、劳务、服务，发生本办法第二十七条规定情形（简易计税方法计税项目、免征增值税项目除外）的，应当将该进项税额从当期进项税额中扣减；无法确定该进项税额的，按照当期实际成本计算应扣减的进项税额。

根据上述规定，建议公司对于不属于进项抵扣范围的，根据情况换开增值税普通发票或者先认证后作进项税额转出，避免形成滞留票，引起税务机关注意。

88. 登记为一般纳税人前取得的增值税扣税凭证进项税额能否抵扣

某实业有限公司为2019年12月新成立的企业，在2020年5月登记为一般纳税人，其在小规模纳税人期间取得的增值税发票，在登记为增值税一般纳税人后该进项税额能否抵扣？

答：根据《国家税务总局关于纳税人认定或登记为一般纳税人前进项税额抵扣问题的公告》（国家税务总局公告2015年第59号）规定：

一、纳税人自办理税务登记至认定或登记为一般纳税人期间，未取得生产经营收入，未按照销售额和征收率简易计算应纳税额申报缴纳增值税的，其在此期间取得的增值税扣税凭证，可以在认定或登记为一般纳税人后抵扣进项税额。

根据上述规定，公司自办理税务登记至登记为一般纳税人期间，未取得生产经营收入，未按照销售额和征收率简易计算应纳税额申报缴纳增值税的，其在此期间取得的增值税扣税凭证，可以在登记为一般纳税人后抵扣进项税额。

89. 外购物品用于员工福利的进项税额能否抵扣

某电网公司准备购买20张机票用于奖励公司优秀团队，请问购买机票支出对应的进项税额抵扣？

答：根据《财政部 国家税务总局关于全面推开营业税改征增值税试点的通知》（财税〔2016〕36号）附件1《营业税改征增值税试点实施办法》第二十七条规定，“下列项目的进项税额不得从销项税额中抵扣：

（一）用于简易计税方法计税项目、免征增值税项目、集体福利或者个人消费的购进货物、加工修理修配劳务、服务、无形资产和不动产。其中涉及的固定资产、无形资产、不动产，仅指专用于上述项目的固定资产、无形资产（不包括其他权益性无形资产）、不动产。

纳税人的交际应酬消费属于个人消费。

（二）非正常损失的购进货物，以及相关的加工修理修配劳务和交通运输服务。

（三）非正常损失的在产品、产成品所耗用的购进货物（不包括固定资产）、加工修理修配劳务和交通运输服务。

（四）非正常损失的不动产，以及该不动产所耗用的购进货物、设计服务和建筑服务。

（五）非正常损失的不动产在建工程所耗用的购进货物、设计服务和建筑服务。

纳税人新建、改建、扩建、修缮、装饰不动产，均属于不动产在建工程。

（六）购进的旅客运输服务、贷款服务、餐饮服务、居民日常服务和娱乐服务。

（七）财政部和国家税务总局规定的其他情形。

本条第（四）项、第（五）项所称货物，是指构成不动产实体的材料和设备，包括建筑装饰材料和给排水、采暖、卫生、通风、照明、通讯、煤气、消防、中央空调、电梯、电气、智能化楼宇设备及配套设施。”

根据上述规定，企业用于奖励员工的 20 张机票，属于集体福利项目，对应的进项税额不得从销项税额中抵扣。

90. 企业职工培训用书的进项税额可否抵扣

某电网公司购买了用于职工培训用的书，取得了增值税专用发票，其进项税额是否可以抵扣？

答：根据《营业税改征增值税试点实施办法》（财税〔2016〕36 号附件 1）第二十七条规定，“下列项目的进项税额不得从销项税额中抵扣：（一）用于简易计税方法计税项目、免征增值税项目、集体福利或者个人消费的购进货物、加工修理修配劳务、服务、无形资产和不动产。其中涉及的固定资产、无形资产、不动产，仅指专用于上述项目的固定资产、无形资产（不包括其他权益性无形资产）、不动产。”

根据上述规定，企业购入的图书用于员工提升业务技能，属于职工教育经费支出，不属于上述规定的不可抵扣项目。因此，该图书的进项税额可以抵扣。

91. 购进旅客运输服务取得的凭证未注明旅客身份的能否抵扣进项税额

某电网企业购进旅客运输服务取得的凭证未注明旅客身份（如出租车发票）的，能否抵扣进项税额?

答：《财政部 国家税务总局 海关总署关于深化增值税改革有关政策的公告》（财政部 税务总局 海关总署公告2019年第39号）第六条规定，“纳税人购进国内旅客运输服务，其进项税额允许从销项税额中抵扣。

（一）纳税人未取得增值税专用发票的，暂按照以下规定确定进项税额：

1. 取得增值税电子普通发票的，为发票上注明的税额；

2. 取得注明旅客身份信息的航空运输电子客票行程单的，为按照下列公式计算进项税额：

航空旅客运输进项税额 =（票价 + 燃油附加费）÷（1 +9%）×9%；

3. 取得注明旅客身份信息的铁路车票的，为按照下列公式计算的进项税额：

铁路旅客运输进项税额 = 票面金额 ÷（1 +9%）×9%；

4. 取得注明旅客身份信息的公路、水路等其他客票的，按照下列公式计算进项税额：

公路、水路等其他旅客运输进项税额 = 票面金额 ÷（1 +3%）×3%。”

根据上述规定，纳税人取得增值税专用发票和增值税电子普通发票无须注明旅客身份信息，而是按现行发票开具相关规定执行。纳税人取得的航空运输电子客票行程单、铁路车票、其他客票需要注明旅客身份信息。

92. 企业统一定制的服装是否可以抵扣增值税

某电力科技公司因工作需要统一定制服装，请问统一定制服装取得的增值税专用发票是否允许从销项税额中抵扣?

答:根据《国务院关于废止〈中华人民共和国营业税暂行条例〉和修改〈中华人民共和国增值税暂行条例〉的决定》(中华人民共和国国务院令第691号)第十条第(一)项的规定,“用于简易计税方法计税项目、免征增值税项目、集体福利或者个人消费的购进货物、劳务、服务、无形资产和不动产的进项税额不得从销项税额中抵扣。”

根据《国家税务总局关于企业所得税若干问题的公告》(国家税务总局公告2011年第34号)第二条规定,“企业根据其工作性质和特点,由企业统一制作并要求员工工作时统一着装所发生的工作服饰费用,根据《实施条例》第二十七条的规定,可以作为企业合理的支出给予税前扣除。”

根据上述规定,企业根据其工作性质和特点,由企业统一制作并要求员工工作时统一着装发生的工作服饰费用,属于企业合理的支出,既非集体福利费支出,也非个人消费。因此,该企业为员工统一定制的工作服装而取得增值税专票可以从销项税额中抵扣。

93. 机票中的民航发展基金能否纳入进项抵扣范围

某电力技术公司员工报销差旅费,根据规定国内旅客运输服务的机票款进项税计税基础为票价 + 燃油费附加,请问民航发展基金能纳入进项抵扣范围吗?

答:《财政部 税务总局 海关总署关于深化增值税改革有关政策的公告》(财政部 税务总局 海关总署公告2019年第39号)第六条规定,“纳税人购进国内旅客运输服务,其进项税额允许从销项税额中抵扣。(一)纳税人未取得增值税专用发票的,暂按照以下规定确定进项税额:1. 取得增值税电子普通发票的,为发票上注明的税额;2. 取得注明旅客身份信息的航空运输电子客票行程单的,为按照下列公式计算进项税额:航空旅客运输进项税额 =(票价 + 燃油附加费)÷(1 + 9%)×9%;3. 取得注明旅客身份信息的铁路车票的,为按照下列公式计算的进项税额:铁路旅客运输进项税额 = 票面金额 ÷(1 + 9%)×9%;4. 取得注明旅客身份信息的公路、水路等其他客票的,按照下列公式计算进项税额:公路、水路等其他旅客运输进项税额 = 票面金额 ÷(1 + 3%)×3%。”

根据规定，在航空运输电子客票行程单中，票价、燃油附加费和民航发展基金是分别列示的。其中，民航发展基金属于政府性基金，不计入航空运输企业的销售收入，不征收增值税。增值税遵循“征扣一致”的基本原则，上环节征多少，下环节扣多少，上环节不征税，下环节不扣税。

94. 疫情期间取得航空运输电子客票行程单、火车票进项税额的处理

某供电公司2020年3月取得航空运输电子客票行程单、火车票、船票，请问进项税额能否抵扣？

答：根据《关于支持新型冠状病毒感染的肺炎疫情防控有关税收政策的公告》（财政部 税务总局公告2020年第8号）第五条规定，“对纳税人提供公共交通运输服务、生活服务，以及为居民提供必需生活物资快递收派服务取得的收入，免征增值税。”根据《财政部 税务总局关于延续实施应对疫情部分税费优惠政策的公告》（财政部 税务总局公告2021年第7号）规定，上述法规规定的税收优惠政策凡已经到期的，执行期限延长至2021年3月31日。

根据《营业税改征增值税试点有关事项的规定》（财税〔2016〕36号附件2）第一条规定，“（六）计税方法，一般纳税人发生下列应税行为可以选择适用简易计税方法计税：1. 公共交通运输服务。公共交通运输服务，包括：轮客渡、公交客运、地铁、城市轻轨、出租车、长途客运、班车。班车是指按固定路线、固定时间运营并在固定站点停靠的运送旅客的陆路运输服务。”

根据上述规定，公共交通运输服务并不包括铁路运输服务和航空运输服务中的旅客运输服务，公司职工出差的火车票和电子客票行程单，可以按规定计算抵扣增值税。

95. 疫情期间为员工购买防护用品进项税额的处理

某供电公司2020年3月给员工购买口罩并取得增值税专用发票，请问进项税额应如何处理？

答：根据《营业税改征增值税试点实施办法》（财税〔2016〕36号附件1）第二十七条规定，下列项目的进项税额不得从销项税额中抵扣：

（一）用于简易计税方法计税项目、免征增值税项目、集体福利或者个人消费的购进货物、加工修理修配劳务、服务、无形资产和不动产。其中涉及的固定资产、无形资产、不动产，仅指专用于上述项目的固定资产、无形资产（不包括其他权益性无形资产）、不动产。

纳税人的交际应酬消费属于个人消费。

（二）非正常损失的购进货物，以及相关的加工修理修配劳务和交通运输服务。

（三）非正常损失的在产品、产成品所耗用的购进货物（不包括固定资产）、加工修理修配劳务和交通运输服务。

（四）非正常损失的不动产，以及该不动产所耗用的购进货物、设计服务和建筑服务。

（五）非正常损失的不动产在建工程所耗用的购进货物、设计服务和建筑服务。

纳税人新建、改建、扩建、修缮、装饰不动产，均属于不动产在建工程。

（六）购进的旅客运输服务、贷款服务、餐饮服务、居民日常服务和娱乐服务。

（七）财政部和国家税务总局规定的其他情形。

根据《财政部 税务总局 海关总署关于深化增值税改革有关政策的公告》（财政部 税务总局 海关总署公告2019年第39号）第六条规定：（二）《营业税改征增值税试点实施办法》（财税〔2016〕36号印发）第二十七条第（六）项和《营业税改征增值税试点有关事项的规定》（财税〔2016〕36号印发）第二条第（一）项第5点中“购进的旅客运输服务、贷款服务、餐饮服务、居民日常服务和娱乐服务”修改为“购进的贷款服务、餐饮服务、居民日常服务和娱乐服务”。

根据上述规定，公司在疫情期间购买的口罩、酒精等防护用品，用于本企业复工复产的，属于特殊时期的劳保用品，取得合法有效扣税凭证的，其进项税额可以从销项税额中抵扣。

96. 疫情期间购买防护用品用于捐赠进项税额的处理

某供电公司2020年3月购买口罩捐赠给某医院，取得增值税专用发票，请问进项税额应如何处理?

答：根据《财政部 税务总局关于支持新型冠状病毒感染的肺炎疫情防控有关捐赠税收政策的公告》（财政部 税务总局公告2020年第9号公告）第三条规定，单位和个体工商户将自产、委托加工或购买的货物，通过公益性社会组织和县级以上人民政府及其部门等国家机关，或者直接向承担疫情防治任务的医院，无偿捐赠用于应对新型冠状病毒感染的肺炎疫情的，免征增值税、消费税、城市维护建设税、教育费附加、地方教育附加。

《财政部 税务总局关于延续实施应对疫情部分税费优惠政策的公告》（财政部 税务总局公告2021年第7号）第三条规定，《财政部 税务总局关于支持新型冠状病毒感染的肺炎疫情防控有关税收政策的公告》（财政部 税务总局公告2020年第8号）、《财政部 税务总局关于支持新型冠状病毒感染的肺炎疫情防控有关捐赠税收政策的公告》（财政部 税务总局公告2020年第9号）规定的税收优惠政策凡已经到期的，执行期限延长至2021年3月31日。

根据《营业税改征增值税试点实施办法》（财税〔2016〕36号附件1）第二十七条规定，下列项目的进项税额不得从销项税额中抵扣：（一）用于简易计税方法计税项目、免征增值税项目、集体福利或者个人消费的购进货物、加工修理修配劳务、服务、无形资产和不动产。其中涉及的固定资产、无形资产、不动产，仅指专用于上述项目的固定资产、无形资产（不包括其他权益性无形资产）、不动产。

根据上述规定，企业在疫情期间购买的口罩捐赠给某医院，属于免征增值税项目，进项税额不得抵扣。

97. 跨年未入账的发票能否抵扣

某电力物资公司采购一批物资，2020年12月29日对方开具了增值税专用发票，由于相关人员未及时沟通，导致发票未能及时传递到财务人员手上，请问这专票是否可以抵扣?

答：根据《国家税务总局关于取消增值税扣税凭证认证确认期限等增值税征管问题的公告》（国家税务总局公告2019年第45号）第一条规定，“增值税一般纳税人取得2017年1月1日及以后开具的增值税专用发票、海关进口增值税专用缴款书、机动车销售统一发票、收费公路通行费增值税电子普通发票，取消认证确认、稽核比对、申报抵扣的期限。纳税人在进行增值税纳税申报时，应当通过本省（自治区、直辖市和计划单列市）增值税发票综合服务平台对上述扣税凭证信息进行用途确认。

增值税一般纳税人取得2016年12月31日及以前开具的增值税专用发票、海关进口增值税专用缴款书、机动车销售统一发票，超过认证确认、稽核比对、申报抵扣期限，但符合规定条件的，仍可按照《国家税务总局关于逾期增值税扣税凭证抵扣问题的公告》（2011年第50号，国家税务总局公告2017年第36号、2018年第31号修改）、《国家税务总局关于未按期申报抵扣增值税扣税凭证有关问题的公告》（2011年第78号，国家税务总局公告2018年第31号修改）规定，继续抵扣进项税额。”

根据上述规定，2017年1月1日及以后开具的增值税专用发票、海关进口增值税专用缴款书、机动车销售统一发票、收费公路通行费增值税电子普通发票，取消认证确认、稽核比对、申报抵扣的期限。取得的增值税专用票发票其应税行为不属于不得抵扣范围的，涉及跨年的也可认证抵扣。

98. 境外发票能否作为增值税额抵扣凭证

某电网公司从境外购入一项技术使用权，取得了交易发票，则该境外的交易发票能否作为增值税额抵扣凭证？

答：《财政部 国家税务总局关于全面推开营业税改征增值税试点的通知》（财税〔2016〕36号）附件1《营业税改征增值税试点实施办法》第二十五条第（四）项规定，“下列进项税额准予从销项税额中抵扣：（四）从境外单位或者个人购进服务、无形资产或者不动产，自税务机关或者扣缴义务人取得的解缴税款的完税凭证上注明的增值税额。”

第二十六条规定，“纳税人取得的增值税扣税凭证不符合法律、行政法规或者国家税务总局有关规定的，其进项税额不得从销项税额中抵扣。

增值税扣税凭证，是指增值税专用发票、海关进口增值税专用缴款书、农产品收购发票、农产品销售发票和完税凭证。

纳税人凭完税凭证抵扣进项税额的，应当具备书面合同、付款证明和境外单位的对账单或者发票。资料不全的，其进项税额不得从销项税额中抵扣。”

根据上述规定，企业从境外单位或者个人购进服务、无形资产或者不动产，应取得解缴税款的完税凭证作为税前扣除凭证，并应当具备书面合同、付款证明和境外单位的对账单或者发票。资料不全的，其进项税额不得从销项税额中抵扣。

99. 网络平台开具的旅客运输普通电子发票、企业使用网约车软件取得的普通电子发票是否可以进行抵扣

某电网公司员工差旅费报销取得了在网络平台上开具的旅客运输电子普通发票，请问该发票是否可以进行抵扣？

答：根据《财政部 税务总局 海关总署关于深化增值税改革有关政策的公告》（财政部 税务总局 海关总署公告2019年第39号）第六条规定，“纳税人购进国内旅客运输服务，其进项税额允许从销项税额中抵扣。（一）纳税人未取得增值税专用发票的，暂按照以下规定确定进项税额：

1. 取得增值税电子普通发票的，为发票上注明的税额；

2. 取得注明旅客身份信息的航空运输电子客票行程单的，为按照下列公式计算进项税额：航空旅客运输进项税额＝（票价＋燃油附加费）÷（1＋9%）×9%；

3. 取得注明旅客身份信息的铁路车票的，为按照下列公式计算的进项税额：

铁路旅客运输进项税额＝票面金额÷（1＋9%）×9%；

4. 取得注明旅客身份信息的公路、水路等其他客票的，按照下列公式计算进项税额：

公路、水路等其他旅客运输进项税额＝票面金额÷（1＋3%）×3%。

根据上述规定，一般纳税人购进国内旅客运输服务，取得增值税电子普通发票的，暂允许按发票上注明的税额抵扣进项税。因此，纳税人取得增值税电子普通发票无须注明旅客身份信息，而是按现行发票开具相关规定执行。

100. 建筑劳务分包给劳务公司如何进行增值税处理

某电力建筑公司为工程总包方，根据行业惯例，劳务作业一般分包给具有资质的劳务公司。劳务作业部分占建筑企业的产值约为20%至30%。劳务

公司应如何开具增值税专用发票？总包方是否可以进项抵扣？

答：《财政部 国家税务总局关于进一步明确全面推开营改增试点有关劳务派遣服务、收费公路通行费抵扣等政策的通知》（财税〔2016〕47号）第一条规定，“一般纳税人提供劳务派遣服务，可以按照《财政部 国家税务总局关于全面推开营业税改征增值税试点的通知》（财税〔2016〕36号）的有关规定，以取得的全部价款和价外费用为销售额，按照一般计税方法计算缴纳增值税；也可以选择差额纳税，以取得的全部价款和价外费用，扣除代用工单位支付给劳务派遣员工的工资、福利和为其办理社会保险及住房公积金后的余额为销售额，按照简易计税方法依5%的征收率计算缴纳增值税。

小规模纳税人提供劳务派遣服务，可以按照《财政部 国家税务总局关于全面推开营业税改征增值税试点的通知》（财税〔2016〕36号）的有关规定，以取得的全部价款和价外费用为销售额，按照简易计税方法依3%的征收率计算缴纳增值税；也可以选择差额纳税，以取得的全部价款和价外费用，扣除代用工单位支付给劳务派遣员工的工资、福利和为其办理社会保险及住房公积金后的余额为销售额，按照简易计税方法依5%的征收率计算缴纳增值税。

选择差额纳税的纳税人，向用工单位收取用于支付给劳务派遣员工工资、福利和为其办理社会保险及住房公积金的费用，不得开具增值税专用发票，可以开具普通发票。”

根据上述规定，建筑公司将劳务作业分包给劳务公司后，如果劳务公司选择全额计算缴纳增值税并开具增值税专用发票，则总包方可以全额进项抵扣。如果劳务公司选择差额计算销售额、适用简易计税方法计算缴纳增值税并就差额部分开具增值税专用发票，则总包方仅可以就差额部分进项抵扣。

101. 房地产企业是否需要对出售与出租的进项税额分别抵扣

某集团是国家电网设立的全资子公司，负责开发房地产新项目，其中开发的某项目一部分用于销售，一部分持有出租。如果销售部分的进项税未抵扣完，是否可以用于抵扣租赁收入的销项税额？

答：根据《国家税务总局关于发布房地产开发企业销售自行开发的房地产项目增值税征收管理暂行办法的公告》（国家税务总局公告2016年第18号）第四条规定，“房地产开发企业中的一般纳税人（以下简称一般纳税人）

销售自行开发的房地产项目，适用一般计税方法计税，按照取得的全部价款和价外费用，扣除当期销售房地产项目对应的土地价款后的余额计算销售额。”第八条规定，“一般纳税人销售自行开发的房地产老项目，可以选择适用简易计税方法按照5%的征收率计税。一经选择简易计税方法计税的，36个月内不得变更为一般计税方法计税。

房地产老项目，是指：

（一）《建筑工程施工许可证》注明的合同开工日期在2016年4月30日前的房地产项目；

（二）《建筑工程施工许可证》未注明合同开工日期或者未取得《建筑工程施工许可证》但建筑工程承包合同注明的开工日期在2016年4月30日前的建筑工程项目。”

根据《营业税改征增值税试点实施办法》（财税〔2016〕36号附件1）第三十四条规定，“简易计税方法的应纳税额，是指按照销售额和增值税征收率计算的增值税额，不得抵扣进项税额。”

根据上述规定，一般纳税人的房地产开发公司开发新项目，按一般计税方法计算增值税。企业外购项目的进项税额可以用于抵扣公司各种应税收入的销项税额。只有房地产企业销售老项目选择按简易计税办法征税时，其进项税额不能抵扣。

102. 不征收增值税行为对应的进项税额能否抵扣

疫情期间，某电网企业为社会群众无偿提供服务，对应的进项税额能否抵扣？

答：根据《营业税改征增值税试点实施办法》（财税〔2016〕36号附件1）第十四条规定，下列情形视同销售服务、无形资产或者不动产：

（一）单位或者个体工商户向其他单位或者个人无偿提供服务，但用于公益事业或者以社会公众为对象的除外。

（二）单位或者个人向其他单位或者个人无偿转让无形资产或者不动产，但用于公益事业或者以社会公众为对象的除外。

（三）财政部和国家税务总局规定的其他情形。

根据《营业税改征增值税试点有关事项的规定》（财税〔2016〕36号附

件2）第一条第（二）项规定，不征收增值税项目：根据国家指令无偿提供的铁路运输服务、航空运输服务，属于《试点实施办法》第十四条规定的用于公益事业的服务。

根据上述规定，企业无偿提供服务用于公益事业，则不需要视同有偿服务缴税，属于不征税项目，其对应的进项税额可以抵扣。

103. 员工春节回家报销往返车票的进项税额能否抵扣

2020年3月某电网公司为员工报销春节回家的往返火车票与机票，请问员工报销的火车票与机票的进项税额能否抵扣?

根据《财政部 税务总局 海关总署关于深化增值税改革有关政策的公告》（财政部 税务总局 海关总署公告2019年第39号）第六条规定，“纳税人购进国内旅客运输服务，其进项税额允许从销项税额中抵扣。（一）纳税人未取得增值税专用发票的，暂按照以下规定确定进项税额：

1. 取得增值税电子普通发票的，为发票上注明的税额；

2. 取得注明旅客身份信息的航空运输电子客票行程单的，为按照下列公式计算进项税额：航空旅客运输进项税额＝（票价＋燃油附加费）÷（1＋9%）×9%；

3. 取得注明旅客身份信息的铁路车票的，为按照下列公式计算的进项税额：

铁路旅客运输进项税额＝票面金额÷（1＋9%）×9%；

4. 取得注明旅客身份信息的公路、水路等其他客票的，按照下列公式计算进项税额：

公路、水路等其他旅客运输进项税额＝票面金额÷（1＋3%）×3%。”

根据《财政部 国家税务总局关于全面推开营业税改征增值税试点的通知》（财税〔2016〕36号）附件1《营业税改征增值税试点实施办法》第二十七条规定，“下列项目的进项税额不得从销项税额中抵扣：（一）用于简易计税方法计税项目、免征增值税项目、集体福利或者个人消费的购进货物、加工修理修配劳务、服务、无形资产和不动产。其中涉及的固定资产、无形资产、不动产，仅指专用于上述项目的固定资产、无形资产（不包括其他权益性无形资产）、不动产。

纳税人的交际应酬消费属于个人消费。”

根据上述规定，员工回家报销车票，如果是所有员工都享有这项待遇的话，属于集体福利范畴，仅为个别人报销回家车票，属于个人消费范畴。所以，企业报销员工春节回家的车票不能抵扣进项税额。

104. 购入加油卡进项税额的抵扣处理

某电网公司从加油站购入加油卡，根据国家税务总局公告2016年第53号，公司涉及单用途商业预付卡（如加油卡）的报销业务，应当在充值时取得普通发票，售卡方不得开具增值税专用发票，请问这种情况的进项税额抵扣应如何处理?

答：根据《成品油零售加油站增值税征收管理办法》（国家税务总局令第2号）第十二条规定，“发售加油卡、加油凭证销售成品油的纳税人（以下简称‘预售单位’）在售卖加油卡、加油凭证时，应按预收账款方法作相关账务处理，不征收增值税。预售单位在发售加油卡或加油凭证时可开具普通发票，如购油单位要求开具增值税专用发票，待用户凭卡或加油凭证加油后，根据加油卡或加油凭证回笼纪录，向购油单位开具增值税专用发票。接受加油卡或加油凭证销售成品油的单位与预售单位结算油款时，接受加油卡或加油凭证销售成品油的单位根据实际结算的油款向预售单位开具增值税专用发票。”

根据上述规定，公司在充值时取得的增值税普通发票不得抵扣，但在凭卡加油后可根据加油卡或加油凭证回笼记录要求加油站开具增值税专用发票。

105. 报销差旅费时相关票据如何计算抵扣进项税额

某电网公司员工2021年1月到外地出差，报销差旅费时提供以下票据:

（1）航空运输电子客票行程单1张，注明票价800元，机场建设费50元，合计金额850元;

（2）火车票1张，票面金额850元;

（3）电子发票1张，金额286元，税额8.58元，价税合计294.58元;

（4）机场大巴实名车票一张，金额105元。

请问相关进项税额抵扣额应如何计算?

答：根据《财政部 税务总局 海关总署关于深化增值税改革有关政策的公告》（财政部 税务总局 海关总署公告2019年第39号）第六条规定，自2019年4月1日起，纳税人购进国内旅客运输服务，其进项税额允许从销项税额中抵扣。

纳税人未取得增值税专用发票的，暂按照以下规定确定进项税额：

①取得增值税电子普通发票的，为发票上注明的税额；

②取得注明旅客身份信息的航空运输电子客票行程单的，为按照下列公式计算进项税额：

航空旅客运输进项税额 =（票价 + 燃油附加费）÷（1 + 9%）× 9%；

③取得注明旅客身份信息的铁路车票的，为按照下列公式计算的进项税额：

铁路旅客运输进项税额 = 票面金额 ÷（1 + 9%）× 9%；

④取得注明旅客身份信息的公路、水路等其他客票的，按照下列公式计算进项税额：

公路、水路等其他旅客运输进项税额 = 票面金额 ÷（1 + 3%）× 3%。

根据上述规定，航空运输电子客票行程单、火车票、电子发票、机场大巴实名车票均可抵扣进项税额，报销此项差旅费时可以抵扣的进项税额 = 800 ÷（1 + 9%）× 9% + 850 ÷（1 + 9%）× 9% + 8.58 + 105 ÷（1 + 3%）× 3% = 147.88元。建议公司收到相关票据并计算进项税额抵扣额时审核是否为2019年4月1日以后取得的国内旅客运输服务，是否注明旅客身份信息，其身份信息是否为本单位员工，是否非专门用于福利、招待、免税项目活动。

106. 迁址注销的留抵税额如何处理

某电力技术公司经营地点变动，工商作变更登记，涉及改变税务登记机关，需要注销税务登记并重办，请问迁址注销前的留抵税额该怎么处理?

答：根据《国家税务总局关于一般纳税人迁移有关增值税问题的公告》（国家税务总局公告2011年第71号）的规定，增值税一般纳税人因经营地点变动，工商作变更登记，但因涉及改变税务登记机关，需要注销税务登记并重办的，在迁达地重办税务登记后，其一般纳税人资格予以保留，注销前尚未抵扣的进项税额允许继续抵扣。迁出地税务机关应核实纳税人在注销税务登记前尚未抵扣的进项税额填写《增值税一般纳税人迁移进项税额转移单》。

根据上述规定，公司可以在原税务登记机关办理，将留抵税额迁出至新税务登记机关。

107. 自制销货清单能否抵扣进项税额

某电网公司购置了一批办公用品，取得汇总开具的增值税专用发票，但后附的销货清单并不是销售方从税控系统开具的，而是销售方自制的，请问该发票能否抵扣进项税额?

答：根据《国家税务总局关于修订〈增值税专用发票使用规定〉的通知》（国税发〔2006〕156 号）第十二条规定，一般纳税人销售货物或者提供应税劳务可汇总开具专用发票。汇总开具专用发票的，同时使用防伪税控系统开具《销售货物或者提供应税劳务清单》，并加盖发票专用章。根据货劳司对国家税务总局公告 2017 年第 16 号的解读，如果购买的商品种类较多，销售方可以汇总开具增值税普通发票，购买方可凭汇总开具的增值税普通发票以及购物清单或小票作为税收凭证。

根据上述规定，该增值税专用发票的取得不符合相关规定，存在无法抵扣进项税额以及无法在企业所得税前扣除的风险。建议公司取得汇总开具的专用发票时，应同时取得销售方从防伪税控系统开具并加盖发票专用章的“销售货物或者提供应税劳务清单”；取得汇总开具的增值税普通发票除“销售货物或者提供应税劳务清单”外也可以购物清单或小票作为税收凭证。

108. 取得超经营范围开具的专票能否抵扣进项税额

某电网公司和某外贸公司签订了设备维护的合同，对方开具了 6% 的维护费的专用发票，经核实该外贸公司经营范围不包括维护服务，请问该发票是否可以抵扣进项税额?

答：根据《国家税务总局关于纳税人对外开具增值税专用发票有关问题的公告》（国家税务总局公告 2014 年第 39 号）规定，“纳税人向受票方纳税人销售了货物，或者提供了增值税应税劳务、应税服务；纳税人向受票方纳税人收取了所销售货物、所提供应税劳务或者应税服务的款项，或者取得了索取销售款项的凭据；纳税人按规定向受票方纳税人开具的增值税专用发票相关内容，与所销售货物、所提供应税劳务或者应税服务相符，且该增值税专用发票是纳税人合法取得并以自己名义开具的。受票方纳税人取得的符合上述情形的增值税专用发票，可以作为增值税扣税凭证抵扣进项税额。”

根据上述规定，企业取得外贸公司超出经营范围开具的增值税专用发票，只要符合上述规定，该发票可以抵扣进项税额。

109. 临时建筑工程完工后拆除是否需要作进项税额转出处理

某电力工程安装公司在工地搭建的临时建筑在工程完工后拆除，请问原已抵扣的成本的进项税额是否需要转出？

答：根据《财政部 国家税务总局关于全面推开营业税改征增值税试点的通知》（财税〔2016〕36 号）附件 1《营业税改征增值税试点实施办法》第二十七条，下列项目的进项税额不得从销项税额中抵扣：

（一）用于简易计税方法计税项目、免征增值税项目、集体福利或者个人消费的购进货物、加工修理修配劳务、服务、无形资产和不动产。其中涉及的固定资产、无形资产、不动产，仅指专用于上述项目的固定资产、无形资产（不包括其他权益性无形资产）、不动产。

纳税人的交际应酬消费属于个人消费。

（二）非正常损失的购进货物，以及相关的加工修理修配劳务和交通运输服务。

（三）非正常损失的在产品、产成品所耗用的购进货物（不包括固定资产）、加工修理修配劳务和交通运输服务。

（四）非正常损失的不动产，以及该不动产所耗用的购进货物、设计服务和建筑服务。

（五）非正常损失的不动产在建工程所耗用的购进货物、设计服务和建筑服务。

纳税人新建、改建、扩建、修缮、装饰不动产，均属于不动产在建工程。

（六）购进的旅客运输服务、贷款服务、餐饮服务、居民日常服务和娱乐服务。

（七）财政部和国家税务总局规定的其他情形。

本条第（四）项、第（五）项所称货物，是指构成不动产实体的材料和设备，包括建筑装饰材料和给排水、采暖、卫生、通风、照明、通讯、煤气、消防、中央空调、电梯、电气、智能化楼宇设备及配套设施。

根据上述规定，建筑工地的临时建筑在工程结束时被拆除，不属于非正常损失的不动产，其进项税额不需要转出。

110. 丢失火车票能否抵扣进项税额

某电网公司员工出差回来，几天后报销时才发现遗失了火车票，能否依据网上订单及网上付款资料抵扣进项税额?

答：根据《财政部 税务总局 海关总署关于深化增值税改革有关政策的公告》（财政部 税务总局 海关总署公告2019年第39号）第六条第（三）项规定，“纳税人购进国内旅客运输服务，取得注明旅客身份信息的铁路车票的，其进项税额允许从销项税额中抵扣。”

根据上述规定，员工丢失出差的火车票，无法再取得火车票，网上订单及网上付款资料又不是规定的扣税凭证，因此，丢失火车票后，企业无法按照39号公告规定计算抵扣进项税额并进行抵扣。

111. 取得已注销企业的发票能否抵扣进项税额

某电网公司取得了某培训机构的的培训费发票，还没有认证抵扣但开票公司已经注销，请问该专用发票的进项税额能否正常抵扣?

答：根据《国家税务总局关于修改〈税务登记管理办法〉的决定》（国家税务总局令第36号）第三十一条的规定，“纳税人办理注销税务登记前，应当向税务机关提交相关证明文件和资料，结清应纳税款、多退（免）税款、滞纳金和罚款，缴销发票、税务登记证件和其他税务证件，经税务机关核准后，办理注销税务登记手续。”

根据《国家税务总局关于落实“三证合一”登记制度改革的通知》（税总函〔2015〕482号）第三条的规定，“切实规范‘三证合一’有关工作流程……已实行‘三证合一、一照一码’登记模式的企业办理注销登记，须先向税务主管机关申报清税，填写‘清税申报表’。企业可向国税、地税任何一方税务主管机关提出清税申报，税务机关受理后应将企业清税申报信息同时传递给另一方税务机关，国税、地税税务主管机关按照各自职责分别进行清税，限时办理。清税完毕后一方税务机关及时将本部门的清税结果信息反馈给受理税务机关，由受理税务机关根据国税、地税清税结果向纳税人统一出具‘清税证明’，并将信息共享到交换平台。”

根据上述规定，公司取得的发票是在纳税人“注销”日期前正常经营状态下开具的，该发票可以正常抵扣。

112. 简易计税开具的专票能否抵扣进项税额

某集体企业下属建筑公司，适用简易计税方法，其开具增值税专用发票给某集体企业，那么该集体企业取得的增值税专用发票能够认证并抵扣进项税额吗?

答:《财政部 国家税务总局关于全面推开营业税改征增值税试点的通知》(财税〔2016〕36号）附件1《营业税改征增值税试点实施办法》第二十七条规定，“下列项目的进项税额不得从销项税额中抵扣:

（一）用于简易计税方法计税项目、免征增值税项目、集体福利或者个人消费的购进货物、加工修理修配劳务、服务、无形资产和不动产。其中涉及的固定资产、无形资产、不动产，仅指专用于上述项目的固定资产、无形资产（不包括其他权益性无形资产）、不动产。

纳税人的交际应酬消费属于个人消费。

（二）非正常损失的购进货物，以及相关的加工修理修配劳务和交通运输服务。

（三）非正常损失的在产品、产成品所耗用的购进货物（不包括固定资产）、加工修理修配劳务和交通运输服务。

（四）非正常损失的不动产，以及该不动产所耗用的购进货物、设计服务和建筑服务。

（五）非正常损失的不动产在建工程所耗用的购进货物、设计服务和建筑服务。

纳税人新建、改建、扩建、修缮、装饰不动产，均属于不动产在建工程。

（六）购进的旅客运输服务、贷款服务、餐饮服务、居民日常服务和娱乐服务。

（七）财政部和国家税务总局规定的其他情形。”

根据上述规定，企业取得某建筑公司开具的专票是可以抵扣的，与某建筑公司是否是简易计税没有关系。

113. 供电企业用于线路改造等农村电网维护费进项税是否转出

2021 年 1 月某供电公司将用于农村电网低压线路改造、维护、抢修、检修的购进材料全部计入进项税申报抵扣。请问，该电力企业的这种做法是否正确，上述进项税额是否需要作转出处理?

答：根据《国家税务总局关于供电企业收取的免税农村电网维护费有关增值税问题的通知》（国税函〔2005〕778 号）第一条规定，“对供电企业收取的免征增值税的农村电网维护费，不应分摊转出外购电力产品所支付的进项税额。”

根据上述规定，供电公司用于低压线路改造、维护、抢修、检修的购进材料如果符合农村电网维护费的用途范围，可不分摊转出进项税额。

四、简易计税

114. 出租 2016 年 4 月 30 日前取得的房屋如何缴纳增值税

某供电公司 2020 年 1 月出租房产，房产购入时间为 2016 年 4 月 1 日，请问是否适用简易计税方法，按照 5% 计算销项税额?

答：根据《营业税改征增值税试点有关事项的规定》（财税〔2016〕36 号附件 2）第一条第（九）项第 1 点规定：一般纳税人出租其 2016 年 4 月 30 日前取得的不动产，可以选择适用简易计税方法，按照 5% 的征收率计算应纳税额。纳税人出租其 2016 年 4 月 30 日前取得的与机构所在地不在同一县（市）的不动产，应按照上述计税方法在不动产所在地预缴税款后，向机构所在地主管税务机关进行纳税申报。

根据上述规定，出租于 2016 年 4 月 30 日前取得的房产，增值税一般纳税人可以选择简易办法计算缴纳增值税，若不动产与机构所在地不在同一县

（市），需要到当地税务机关申请备案。

115. 甲供工程提供部分材料是否符合简易计税规定

某供电公司对外承接工程项目，合同约定材料甲供，但在工程实际建设中有部分辅材需由公司提供，辅材占比较小，请问这样是否符合甲供工程简易计税的规定?

答：根据《营业税改征增值税试点有关事项的规定》（财税〔2016〕36号附件2）第一条第（七）项第2点规定：一般纳税人为甲供工程提供的建筑服务，可以选择适用简易计税方法计税。甲供工程，是指全部或部分设备、材料、动力由工程发包方自行采购的建筑工程。

根据上述规定，公司提供部分材料仍符合甲供工程定义，可选择简易计税方法。

116. 发包方自行采购材料的工程是否适用简易计税方法

某电力施工公司对外承接工程项目，材料全部由发包方采购，该工程是否适用简易计税方法?

答：根据《营业税改征增值税试点有关事项的规定》（财税〔2016〕36号附件2）第一条第（七）项第1点规定：一般纳税人以清包工方式提供的建筑服务，可以选择适用简易计税方法计税。以清包工方式提供建筑服务，是指施工方不采购建筑工程所需的材料或只采购辅助材料，并收取人工费、管理费或者其他费用的建筑服务。

根据上述规定，该项工程为以清包工方式提供的建筑服务，可以选择适用简易计税方法计税。

117. 出售废旧物资如何缴纳增值税

某供电公司2020年1月报废并出售1台变压器，该变压器于2007年1月购进，未抵扣增值税，请问是否适用简易计税方法缴纳增值税?

答：根据《财政部 国家税务总局关于部分货物适用增值税低税率和简易

办法征收增值税政策的通知》（财税〔2009〕9号）第二条第（一）项第1点规定：一般纳税人销售自己使用过的属于条例第十条规定不得抵扣且未抵扣进项税额的固定资产，按简易办法依4%征收率减半征收增值税。

根据《财政部 国家税务总局关于简并增值税征收率政策的通知》（财税〔2014〕57号）第一条规定：《财政部 国家税务总局关于部分货物适用增值税低税率和简易办法征收增值税政策的通知》（财税〔2009〕9号）第二条第（一）项和第（二）项中“按照简易办法依照4%征收率减半征收增值税”调整为“按照简易办法依照3%征收率减按2%征收增值税”。

根据《国家税务总局关于营业税改征增值税试点期间有关增值税问题的公告》（国家税务总局公告2015年第90号）第二条规定：纳税人销售自己使用过的固定资产，适用简易办法依照3%征收率减按2%征收增值税政策的，可以放弃减税，按照简易办法依照3%征收率缴纳增值税，并可以开具增值税专用发票。

根据上述规定，公司出售自己使用过的未抵扣进项税额的固定资产可按照简易办法依照3%征收率减按2%征收增值税，也可以放弃减税，按照简易办法依照3%征收率缴纳增值税，并可以开具增值税专用发票。

118. 劳务派遣增值税的处理

某供电公司2021年1月接受劳务派遣服务，请问如何判断劳务派遣方开具的发票是否合规?

答：根据《财政部 国家税务总局关于进一步明确全面推开营改增试点有关劳务派遣服务、收费公路通行费抵扣等政策的通知》（财税〔2016〕47号）第一条规定：一般纳税人提供劳务派遣服务，可以按照《财政部 国家税务总局关于全面推开营业税改征增值税试点的通知》（财税〔2016〕36号）的有关规定，以取得的全部价款和价外费用为销售额，按照一般计税方法计算缴纳增值税；也可以选择差额纳税，以取得的全部价款和价外费用，扣除代用工单位支付给劳务派遣员工的工资、福利和为其办理社会保险及住房公积金后的余额为销售额，按照简易计税方法依5%的征收率计算缴纳增值税。

小规模纳税人提供劳务派遣服务，可以按照《财政部 国家税务总局关于全面推开营业税改征增值税试点的通知》（财税〔2016〕36号）的有关规定，以取得的全部价款和价外费用为销售额，按照简易计税方法依3%的征收率计算缴纳增值税；也可以选择差额纳税，以取得的全部价款和价外费用，扣除代用工单位支付给劳务派遣员工的工资、福利和为其办理社会保险及住房公积金后的余额为销售额，按照简易计税方法依5%的征收率计算缴纳增值税。

选择差额纳税的纳税人，向用工单位收取用于支付给劳务派遣员工工资、福利和为其办理社会保险及住房公积金的费用，不得开具增值税专用发票，可以开具普通发票。

根据上述规定，劳务派遣公司若为一般纳税人，可以选择一般计税方法和差额计税，若为小规模纳税人可以选择简易计税和差额计税。一般计税方法可开具6%增值税专用发票；简易计税可开具征收率为3%增值税专用发票；差额计税可开具差额5%征收率的增值税专用发票，但是收取用于支付给劳务派遣员工工资、福利和为其办理社会保险及住房公积金的费用，不得开具增值税专用发票，可以开具普通发票。建议公司劳务派遣合同中约定计税方式以及提供发票样式。

119. 甲供工程简易计税方法的处理

某电网公司对外承接工程项目，合同约定建筑材料甲供，公司选择了按3%税率的简易计税方法。在工程实际建设中电网公司提供了部分甲方无法提供的辅材，但辅材占比较小，请问这样是否符合甲供工程简易计税的规定?

答：根据《营业税改征增值税试点有关事项的规定》（财税〔2016〕36号附件2）第一条第（七）项第2点规定：一般纳税人为甲供工程提供的建筑服务，可以选择适用简易计税方法计税。甲供工程，是指全部或部分设备、材料、动力由工程发包方自行采购的建筑工程。

根据上述规定，要把握以下几个要点：

第一，不分新老项目，合同或者招标文件只要有甲供条款，工程承包方均可选用简易计税方法。

第二，甲供比例没有限制，即无论发包方甲供比例高低，均属于甲供工程。

第三，甲供的对象既包括设备、材料，也包括动力，常见的动力为电力。

第四，工程发包方既包括通常为房地产企业的建设方，也包括通常为施工企业的总包方。

120. 出租营改增前的房产能否选择简易计税方法

某电网公司2021年1月将一幢2016年4月30日前取得的房产出租，能否选择按5%的税率简易计税计算税额？

答：根据《营业税改征增值税试点有关事项的规定》（财税〔2016〕36号附件2）第一条第（九）项第1点规定，“一般纳税人出租其2016年4月30日前取得的不动产，可以选择适用简易计税方法，按照5%的征收率计算应纳税额。纳税人出租其2016年4月30日前取得的与机构所在地不在同一县（市）的不动产，应按照上述计税方法在不动产所在地预缴税款后，向机构所在地主管税务机关进行纳税申报。”

根据上述规定，出租于2016年4月30日前取得的房产，增值税一般纳税人可以选择简易办法计算缴纳增值税，但需要到当地税务机关预缴税款。

121. 转让2016年4月30日前取得的土地使用权如何缴纳增值税

某电网公司2021年1月转让2016年4月30前取得的土地使用权，选择按5%税率的简易计税方法计算税额，请问该类事项销售额是如何确定的？是否可以扣减取得土地使用权的费用？

答：根据《关于进一步明确全面推开营改增试点有关劳务派遣服务、收费公路通行费抵扣等政策的通知》（财税〔2016〕47号）第三条第（二）项规定：纳税人转让2016年4月30日前取得的土地使用权，可以选择适用简易计税方法，以取得的全部价款和价外费用减去取得该土地使用权的原价后的余额为销售额，按照5%的征收率计算缴纳增值税。

根据上述规定，转让2016年4月30日前取得的土地使用权，企业可以选择适用简易计税方法，以取得的全部价款和价外费用减去取得该土地使用权的原价后的余额为销售额，按照5%的征收率计算缴纳增值税。

122. 转让 2016 年 5 月 1 日后取得的房屋如何缴纳增值税

某电网公司是增值税一般纳税人，2018 年初向某单位购买了一套住宅，该单位的这套住宅是 2016 年 5 月 1 日之前取得的，采用了简易计税的方法缴纳了增值税。请问公司现在将该房屋再销售出去，是否可以采用简易计税的方法计算缴纳增值税？

答：根据《国家税务总局关于发布〈纳税人转让不动产增值税征收管理暂行办法〉的公告》（国家税务总局公告 2016 年第 14 号）第三条第（五）项规定，一般纳税人转让其 2016 年 5 月 1 日后取得（不含自建）的不动产，适用一般计税方法，以取得的全部价款和价外费用为销售额计算应纳税额。纳税人应以取得的全部价款和价外费用扣除不动产购置原价或者取得不动产时的作价后的余额，按照 5% 的预征率向不动产所在地主管地税机关预缴税款，向机构所在地主管国税机关申报纳税。

根据上述规定，公司现在将该房屋再销售出去，不可以采用简易计税的方法计算缴纳增值税。

123. 材料由发包方自行采购的工程如何缴纳增值税

某电力工程安装公司提供的一项建筑服务中，材料全部由发包方自行从另一集体企业采购，该工程是否适用简易计税方法？若适用简易计税方法，是否需要备案？

答：根据《财政部 国家税务总局关于全面推开营业税改征增值税试点的通知》（财税〔2016〕36 号）附件 2《营业税改征增值税试点有关事项的规定》第一条第（七）项的规定：

1. 一般纳税人以清包工方式提供的建筑服务，可以选择适用简易计税方法计税。

以清包工方式提供建筑服务，是指施工方不采购建筑工程所需的材料或只采购辅助材料，并收取人工费、管理费或者其他费用的建筑服务。

2. 一般纳税人为甲供工程提供的建筑服务，可以选择适用简易计税方法计税。

甲供工程，是指全部或部分设备、材料、动力由工程发包方自行采购的建筑工程。

3. 一般纳税人为建筑工程老项目提供的建筑服务，可以选择适用简易计税方法计税。

建筑工程老项目，是指：

（1）《建筑工程施工许可证》注明的合同开工日期在2016年4月30日前的建筑工程项目；

（2）未取得《建筑工程施工许可证》的，建筑工程承包合同注明的开工日期在2016年4月30日前的建筑工程项目。

根据《国家税务总局关于国内旅客运输服务进项税抵扣等增值税征管问题的公告》（国家税务总局公告2019年第31号）第八条规定：

提供建筑服务的一般纳税人按规定适用或选择适用简易计税方法计税的，不再实行备案制。以下证明材料无需向税务机关报送，改为自行留存备查：

（一）为建筑工程老项目提供的建筑服务，留存《建筑工程施工许可证》或建筑工程承包合同；

（二）为甲供工程提供的建筑服务、以清包工方式提供的建筑服务，留存建筑工程承包合同。

根据上述规定，该项工程为甲供工程，可以选择适用简易计税方法计税，并按照上述规定自行留存备查相关资料。

124. 纳税人提供建筑服务适用简易计税是否还需要备案

某电力建设公司主要提供建筑服务，选择了简易计税方法，请问该公司是否需要申请备案?

答：根据《国家税务总局关于国内旅客运输服务进项税抵扣等增值税征管问题的公告》（国家税务总局公告2019年第31号）规定：

八、关于取消建筑服务简易计税项目备案

提供建筑服务的一般纳税人按规定适用或选择适用简易计税方法计税的，不再实行备案制。以下证明材料无需向税务机关报送，改为自行留存备查：

（一）为建筑工程老项目提供的建筑服务，留存《建筑工程施工许可证》或建筑工程承包合同；

（二）为甲供工程提供的建筑服务、以清包工方式提供的建筑服务，留存建筑工程承包合同。

根据上述规定，企业选择简易计税方法不需向税务机关备案，可自行将证明材料留存备查。

五、税收优惠

125. 增值税税控系统技术维护费用抵减税额

某电网公司2020年1月实际列支的防伪税控系统技术维护费用因故未全额抵减增值税应纳税额，请问事后能否继续抵减？

答：根据《财政部 国家税务总局关于增值税税控系统专用设备和技术维护费用抵减增值税税额有关政策的通知》（财税〔2012〕15号）第一条规定，“增值税纳税人2011年12月1日（含，下同）以后初次购买增值税税控系统专用设备（包括分开票机）支付的费用，可凭购买增值税税控系统专用设备取得的增值税专用发票，在增值税应纳税额中全额抵减（抵减额为价税合计额），不足抵减的可结转下期继续抵减。”第二条规定，“增值税纳税人2011年12月1日以后缴纳的技术维护费（不含补缴的2011年11月30日以前的技术维护费），可凭技术维护服务单位开具的技术维护费发票，在增值税应纳税额中全额抵减，不足抵减的可结转下期继续抵减。”

根据上述规定，抵减税额没有期限，因此漏抵减税额的，可以继续抵减。

126. 统借统还业务取得的利息收入免征增值税如何开票

某电网公司于2020年1月1日从某银行取得1年期流动资金贷款8000万元，然后将该笔贷款平均分配给下属两家全资子公司用于经营资金周转。某银行给电网公司的贷款年利率为6.5%，约定按年计算并支付利息，电网公司按6.5%向子公司乙收取利息。这种情形是否符合统借统还业务取得的利息收入免征增值税的优惠政策？该如何开具发票？

答：根据《营业税改征增值税试点过渡政策的规定》（财税〔2016〕36号附件3）第一条第（十九）项第7点规定：统借统还业务中，企业集团或企业集团中的核心企业以及集团所属财务公司按不高于支付给金融机构的借款利率水平或者支付的债券票面利率水平，向企业集团或者集团内下属单位收取的利息。

统借方向资金使用单位收取的利息，高于支付给金融机构借款利率水平或者支付的债券票面利率水平的，应全额缴纳增值税。

统借统还业务，是指：

（1）企业集团或者企业集团中的核心企业向金融机构借款或对外发行债券取得资金后，将所借资金分拨给下属单位（包括独立核算单位和非独立核算单位，下同），并向下属单位收取用于归还金融机构或债券购买方本息的业务。

（2）企业集团向金融机构借款或对外发行债券取得资金后，由集团所属财务公司与企业集团或者集团内下属单位签订统借统还贷款合同并分拨资金，并向企业集团或者集团内下属单位收取本息，再转付企业集团，由企业集团统一归还金融机构或债券购买方的业务。

根据上述规定，该情形符合统借统还业务取得的利息收入免征增值税的优惠政策，并且应开具增值税普通发票，增值税普通发票中的“税率栏”和“税额栏”为“***”；税率栏也可以填写“免税”“0%”，“税额栏”为“***”。

127. 向境外提供技术咨询服务是否免缴增值税

某电力信息科技公司给境外某科技企业提供建筑智能化工程施工咨询服务和技术转让，合同金额50万美元。请问企业境外提供的技术咨询服务，是否可以免缴增值税?

答：根据《财政部 国家税务总局关于全面推开营业税改征增值税试点的通知》（财税〔2016〕36号）附件4《跨境应税行为适用增值税零税率和免税政策的规定》第一条第（三）项第10点规定，“中华人民共和国境内（以下称境内）的单位和个人向境外单位提供的完全在境外消费的转让技术，适用增值税零税率。”

根据《财政部 国家税务总局关于全面推开营业税改征增值税试点的通知》（财税〔2016〕36号）附件1《营业税改征增值税试点实施办法》第十

二条规定，“在境内销售服务、无形资产或者不动产，是指：（一）服务（租赁不动产除外）或者无形资产（自然资源使用权除外）的销售方或者购买方在境内。”

根据《财政部 国家税务总局关于全面推开营业税改征增值税试点的通知》（财税〔2016〕36号）附件1《营业税改征增值税试点实施办法》后附《销售服务、无形资产、不动产注释》第二条规定，“销售无形资产，是指转让无形资产所有权或者使用权的业务活动。无形资产，是指不具实物形态，但能带来经济利益的资产，包括技术、商标、著作权、商誉、自然资源使用权和其他权益性无形资产。技术，包括专利技术和非专利技术。”

根据上述规定，企业向境外单位转让技术免征增值税；提供技术咨询按“咨询服务”6%税率缴纳增值税。

128. 软件销售业务即征即退增值税如何进行纳税申报

某电力信息技术公司2020年1月自行开发了一款信息技术软件并将其出售，开具一张13%税率的发票，按税法规定实际税负超过百分之三部分即征即退，请问即征即退增值税如何纳税申报？

答：根据《财政部 国家税务总局关于软件产品增值税政策的通知（一）软件产品的增值税申报》（财税〔2011〕100号）规定：

四、软件产品增值税即征即退税额的计算

（一）软件产品增值税即征即退税额的计算方法：

即征即退税额 = 当期软件产品增值税应纳税额 - 当期软件产品销售额 ×3%

当期软件产品增值税应纳税额 = 当期软件产品销项税额 - 当期软件产品可抵扣进项税额

当期软件产品销项税额 = 当期软件产品销售额 ×13%

（二）嵌入式软件产品增值税即征即退税额的计算：

1. 嵌入式软件产品增值税即征即退税额的计算方法

即征即退税额 = 当期嵌入式软件产品增值税应纳税额 - 当期嵌入式软件产品销售额 ×3%

当期嵌入式软件产品增值税应纳税额 = 当期嵌入式软件产品销项税额 - 当期嵌入式软件产品可抵扣进项税额

当期嵌入式软件产品销项税额 = 当期嵌入式软件产品销售额 × 13%

2. 当期嵌入式软件产品销售额的计算公式

当期嵌入式软件产品销售额 = 当期嵌入式软件产品与计算机硬件、机器设备销售额合计 − 当期计算机硬件、机器设备销售额

计算机硬件、机器设备销售额按照下列顺序确定：

①按纳税人最近同期同类货物的平均销售价格计算确定；

②按其他纳税人最近同期同类货物的平均销售价格计算确定；

③按计算机硬件、机器设备组成计税价格计算确定。

计算机硬件、机器设备组成计税价格 = 计算机硬件、机器设备成本 ×（1 + 10%）。

根据上述规定，建议申报如下：

（一）软件产品增值税的增值税申报

1. 软件产品的增值税应税项目按照增值税纳税申报表“即征即退货物及劳务”纵栏进行填报。

2. 软件产品进项税额填列在增值税纳税申报表“即征即退货物及劳务”纵栏。

3. 一般纳税人在销售软件产品的同时销售其他货物或者应税劳务的，进项税额按本办法第十三条规定进行分摊，并按分摊后的金额分别在增值税纳税申报表“一般项目”纵栏和“即征即退项目”纵栏进行填报。

（二）嵌入式软件产品的增值税申报

1. 嵌入式软件产品的增值税应税项目按照增值税纳税申报表“即征即退项目”纵栏进行填报。其销售额按照上述公式的当期嵌入式软件销售额计算填写。

2. 计算机硬件、机器设备等增值税应税项目按照增值税纳税申报表“一般项目”纵栏进行填报。其销售额按照上述公式的当期计算机硬件、机器设备销售额计算填写。

3. 实际生产（或采购）计算机硬件、机器设备取得的当期进项税额填报在增值税纳税申报表“一般项目”纵栏。

129. 疫情防控期间，提供生活服务取得的收入免征增值税

某集体企业 2020 年 2 月开具了生活服务的增值税发票，请问在纳税申报时该如何操作？

答：根据《防控新冠肺炎疫情增值税税收优惠政策操作指引》的规定，免税申报方式如下：

1. 1 月份就专票销售额和税额申报纳税；

2. 2 月份内开具相应红字专票冲红，同时开具免税普通发票，正常申报（2 月份因各种原因不能开具红字专票的，也应视同开具了红字专票进行增值税申报，以后月份按照规定取得红字专票的，不再申报）；

3. 1 月份就免税部分开具普票的，直接按照免税货物进行申报，是否冲红不做要求。

130. 无偿捐赠用于应对新冠肺炎疫情的货物是否缴纳增值税

某电网公司 2020 年 4 月未通过公益组织或政府部门，直接向某医院捐赠了一批医用器材，用于治疗新冠肺炎，请问该业务是否可以享受免征增值税优惠？

答：根据《财政部 税务总局关于支持新型冠状病毒感染的肺炎疫情防控有关捐赠税收政策的公告》（财政部 税务总局公告 2020 年第 9 号）第三条规定，“单位和个体工商户将自产、委托加工或购买的货物，通过公益性社会组织和县级以上人民政府及其部门等国家机关，或者直接向承担疫情防治任务的医院，无偿捐赠用于应对新型冠状病毒感染的肺炎疫情的，免征增值税。”第五条规定，“本公告自 2020 年 1 月 1 日起施行，截止日期视疫情情况另行公告。”

根据《财政部 税务总局关于支持疫情防控保供等税费政策实施期限的公告》（财政部 税务总局公告 2020 年第 28 号）：《财政部 税务总局关于支持新型冠状病毒感染的肺炎疫情防控有关捐赠税收政策的公告》（财政部 税务总局公告 2020 年第 9 号）规定的税费优惠政策，执行至 2020 年 12 月 31 日。

根据上述规定，企业直接医院捐赠医用器材，用于治疗新冠肺炎，可按

规定享受上述免征增值税优惠。

131. 疫情期间取得公路旅客运输发票如何抵扣进项税额

某电网公司2020年5月取得公路客票一张，因国家新出台了支持复工复业增值税优惠政策，小规模纳税人3%征收率调减至1%。请问，在计算公路旅客运输进项抵扣时，抵扣率需要调整吗?

答:《财政部 税务总局关于支持个体工商户复工复业增值税政策的公告》(财政部 税务总局公告2020年第13号)规定，“自2020年3月1日至2020年5月31日，湖北省增值税小规模纳税人，适用3%征收率的应税销售收入，免征增值税；适用3%预征率的预缴增值税项目，暂停预缴增值税。除湖北省外，其他省、自治区、直辖市的增值税小规模纳税人，适用3%征收率的应税销售收入，减按1%征收率征收增值税；适用3%预征率的预缴增值税项目，减按1%预征率预缴增值税。”

根据《财政部 税务总局关于延长小规模纳税人减免增值税政策执行期限的公告》(财政部 税务总局公告2020年第24号)规定，“《财政部 税务总局关于支持个体工商户复工复业增值税政策的公告》(财政部 税务总局公告2020年第13号)规定的税收优惠政策实施期限延长到2020年12月31日。”

《财政部 税务总局 海关总署关于深化增值税改革有关政策的公告》(2019年第39号)规定，“纳税人购进国内旅客运输服务，其进项税额允许从销项税额中抵扣。纳税人取得注明旅客身份信息的公路、水路等其他客票的，按照下列公式计算进项税额:

公路、水路等其他旅客运输进项税额=票面金额÷(1+3%)×3%。”

根据上述规定，13号公告规定的3%征收率(预征率)相关调整事项，不影响纳税人按照39号公告的规定，凭取得注明旅客身份信息的公路、水路等其他客票计算抵扣旅客运输进项税额。

132. 疫情期间免收房租是否需要视同销售缴纳增值税

某电网公司将一写字楼以及地下车库对外出租，针对新冠肺炎疫情防控形势，公司与租户签订补充协议，约定免收租户1个月的租金，以及长租车位 1 个月的停车费。请问，该公司免收的租金和停车费，需要视同销售缴纳增值税吗?

答：按照《国家税务总局关于土地价款扣除时间等增值税征管问题的公告》（国家税务总局 2016 年第 86 号）第七条规定，“纳税人出租不动产，租赁合同中约定免租期的，不属于《营业税改征增值税试点实施办法》（财税〔2016〕36 号文件附件 1）第十四条规定的视同销售服务，不征收增值税。”

根据《财政部 国家税务总局关于全面推开营业税改征增值税试点的通知》（财税〔2016〕36 号）附件 1《营业税改征增值税试点实施办法》后附《销售服务、无形资产、不动产注释》第一条第（六）项第 5 点规定，“经营租赁服务，是指在约定时间内将有形动产或者不动产转让他人使用且租赁物所有权不变更的业务活动。按照标的物的不同，经营租赁服务可分为有形动产经营租赁服务和不动产经营租赁服务。车辆停放服务、道路通行服务（包括过路费、过桥费、过闸费等）等按照不动产经营租赁服务缴纳增值税。”

根据上述规定，企业通过签订租赁补充协议约定免租期，免收租户 1 个月的租金和停车费，无须视同销售缴纳增值税。

133. 企业招用退役士兵享受扣减增值税政策，增值税申报表如何填列

某电网公司符合条件的增值税一般纳税人，其 2020 年 6 月招用退役士兵 1 名，与其签订 3 年期劳动合同，并缴纳相关社会保险费。2020 年 7 月开始享受退役士兵创业就业扣减增值税税收优惠政策，7 月应缴纳的增值税金额为 102.23 万元。是否可享受退役士兵扣减增值税政策，如何在增值税申报表填列?

答：根据《财政部 税务总局 退役军人部关于进一步扶持自主就业退役士兵创业就业有关税收政策的通知》（财税〔2019〕21 号）第二条规定，“企业招用自主就业退役士兵，与其签订 1 年以上期限劳动合同并依法缴纳社会保险费的，自签订劳动合同并缴纳社会保险当月起，在 3 年内按实际招用人数予以定额依次扣减增值税、城市维护建设税、教育费附加、地方教育附加和企业所得税优惠。定额标准为每人每年 6000 元，最高可上浮 50%，各省、自治区、直辖市人民政府可根据本地区实际情况在此幅度内确定具体定额标准。

企业按招用人数和签订的劳动合同时间核算企业减免税总额，在核算减免税总额内每月依次扣减增值税、城市维护建设税、教育费附加和地方教育附加。企业实际应缴纳的增值税、城市维护建设税、教育费附加和地方教育附加小于核算减免税总额的，以实际应缴纳的增值税、城市维护建设税、教育费附加和地方教育附加为限；实际应缴纳的增值税、城市维护建设税、教育费附加和地方教育附加大于核算减免税总额的，以核算减免税总额为限。

纳税年度终了，如果企业实际减免的增值税、城市维护建设税、教育费附加和地方教育附加小于核算减免税总额，企业在企业所得税汇算清缴时以差额部分扣减企业所得税。当年扣减不完的，不再结转以后年度扣减。

自主就业退役士兵在企业工作不满1年的，应当按月换算减免税限额。计算公式为：企业核算减免税总额 = ∑每名自主就业退役士兵本年度在本单位工作月份 ÷ 12 × 具体定额标准。”

根据上述规定，企业可享受退役士兵扣减增值税政策。在“减免税明细表”中“减免税性质代码”中选择退役士兵就业创业，第1栏“合计”以及第2栏“退役士兵就业创业”对应第1列“期初余额” =0，第2列“本期发生额” =0.6万元，第3列“本期应抵减税额” =0.6万元，第4列“本期实际抵减数额” =0.6万元，第5列“期末余额” =0。

134. 小规模纳税人代开专票后，发生销售退回如何处理

某电力企业服务公司2021年2月向税务机关申请代开了一张销售额为8万元的增值税专用发票已缴纳了增值税。3月1日，因发生销货退回，购买方把金额为8万元的专用发票退回给我们，该张发票购买方尚未申报抵扣。对于代开发票时已经缴纳的增值税能不能向税务机关申请退还?

答：根据《国家税务总局关于小规模纳税人免征增值税征管问题的公告》（国家税务总局公告2021年第5号）第一条规定，“小规模纳税人发生增值税应税销售行为，合计月销售额未超过15万元（以1个季度为1个纳税期的，季度销售额未超过45万元，下同）的，免征增值税。”

根据上述规定，因跨月不符合发票作废条件，如果购买方尚未用于申报抵扣，纳税人可以在购买方将发票联及抵扣联退回后，向税务机关申请代开红字专用发票。税务机关代开红字专用发票后，纳税人可以向税务机关申请

退还代开专用发票所缴纳的增值税。

135. 疫情期间生活服务业免征增值税政策

某电力实业集团下属酒店，属于增值税小规模纳税人。2020 年 3 月，按照客户需求，就部分住宿服务收入开具了增值税专用发票。未开具专用发票部分的收入是否还可以享受生活服务免征增值税政策?

答：根据《财政部 税务总局关于支持新型冠状病毒感染的肺炎疫情防控有关税收政策的公告》（财政部 税务总局公告 2020 年第 8 号）第五条规定，“对纳税人提供生活服务取得的收入，免征增值税。生活服务的具体范围，按照《销售服务、无形资产、不动产注释》（财税〔2016〕36 号印发）规定执行，住宿服务，属于生活服务的范围。”第六条规定，“本公告自 2020 年 1 月 1 日起实施，截止日期视疫情情况另行公告。”

根据《财政部 税务总局关于支持疫情防控保供等税费政策实施期限的公告》（财政部 税务总局公告 2020 年第 28 号）:《财政部 税务总局关于支持新型冠状病毒感染的肺炎疫情防控有关税收政策的公告》（财政部税务总局公告 2020 年第 8 号）规定的税费优惠政策，执行至 2020 年 12 月 31 日。

根据上述规定，企业提供住宿服务取得的收入已开具增值税专用发票的，应按照发票注明的销售额和征收率计算缴纳增值税；提供住宿服务取得的收入未开具增值税专用发票的，可以按照 8 号公告的规定免征增值税。

136. 疫情期间非湖北地区小规模纳税人销售固定资产如何缴纳增值税

某电力设备公司（非湖北地区）的小规模纳税人 2020 年 9 月份销售使用过的固定资产，原政策是 3% 减按 2% 缴纳增值税，现在是否可以按照 1% 征收率缴纳增值税?

答：根据《财政部 税务总局关于支持个体工商户复工复业增值税政策的公告》（财政部 税务总局公告 2020 年第 13 号）和《财政部 税务总局关于延长小规模纳税人减免增值税政策执行期限的公告》（财政部 税务总局公告 2020 年第 24 号）规定，自 2020 年月 1 日至 2020 年 12 月 31 日，除湖北省外，其他省、自治区、直辖市的增值税小规模纳税人，适用 3% 征收率的应税销售收入，减按1%征收率征收增值税。”

根据《财政部 国家税务总局关于部分货物适用增值税低税率和简易办法征收增值税政策的通知》（财税〔2009〕9号）和《财政部 国家税务总局关于简并增值税征收率政策的通知》（财税〔2014〕57号）规定，“增值税小规模纳税人（除其他个人外）销售自己使用过的固定资产以及销售旧货，按照简易办法依照3%征收率减按2%征收增值税。因小规模纳税人销售自己使用过的固定资产和旧货适用3%的征收率。”

根据上述规定，企业销售自己使用过的固定资产取得的应税销售收入，可以减按1%征收率缴纳增值税。

137. 小规模纳税人免征增值税的条件

某电网公司为小规模纳税人，当月销售额不超过多少时可以享受免征增值税的优惠政策？

答：根据《财政部 税务总局关于明确增值税小规模纳税人免征增值税政策的公告》（财政部 税务总局公告2021年第11号）规定，“自2021年4月1日至2022年12月31日，对月销售额15万元以下（含本数）的增值税小规模纳税人，免征增值税。《财政部 税务总局关于实施小微企业普惠性税收减免政策的通知》（财税〔2019〕13号）第一条同时废止。”

根据上述规定，当月销售额未超过15万元，季度销售额未超过45万元时，该电网公司可享受免征增值税政策。

六、发票管理

138. 预收电费时如何开具电费发票

某电网公司在预收电费时，部分用户要求公司开具收据，在实际电费产生时，公司需要再开具该客户的电费发票，存在同一用户两次开票的问题，增加了公司开票的工作量，且第一次开具的收据也存在较大的回收困难，请问该如何处理？

答：根据《国家税务总局关于营改增试点若干征管问题的公告》（国家税

务总局公告2016年第53号）第三条第（一）项规定，“单用途卡发卡企业或者售卡企业（以下统称“售卡方”）销售单用途卡，或者接受单用途卡持卡人充值取得的预收资金，不缴纳增值税。售卡方可按照本公告第九条的规定，向购卡人、充值人开具增值税普通发票，不得开具增值税专用发票。”

根据上述规定，企业取得用户预付电费时，可以开具不征税增值税普通发票或收据，待实际产生费用时开具增值税专用发票，无须回收预付电费的不征税增值税普通发票或收据。

139. 分支机构是否需要向总公司开具增值税专用发票

某电力建筑公司将一部分工程分包给分支机构，分支机构是否需要向总公司开具增值税专用发票?

答：根据《国家税务总局关于增值税发票开具有关问题的公告》（国家税务总局公告2017年第16号）第一条规定，“自2017年7月1日起，购买方为企业的，索取增值税普通发票时，应向销售方提供纳税人识别号或统一社会信用代码；销售方为其开具增值税普通发票时，应在‘购买方纳税人识别号’栏填写购买方的纳税人识别号或统一社会信用代码。不符合规定的发票，不得作为税收凭证。

本公告所称企业，包括公司、非公司制企业法人、企业分支机构、个人独资企业、合伙企业和其他企业。”

根据上述规定，总分公司在增值税上是独立纳税主体，相互之间提供服务，可以开具增值税专用发票。

140. 分开核算EPC项目如何开票

某电力建筑公司与某电力科技公司2020年签订含税合同金额4068万元的EPC合同，合同中分别列明设计、采购、施工明细费用，并约定分期收款。7月收到第一笔款项813.60万元（其中设计费39万元，设备采购款243.53万元，施工费531.07万元），请问该电力建筑公司应如何开具发票?

答：根据《财政部 国家税务总局关于全面推开营业税改征增值税试点的通知》（财税〔2016〕36号）附件2《营业税改征增值税试点有关事项的规

定》第一条第（一）项规定，“试点纳税人销售货物、加工修理修配劳务、服务、无形资产或者不动产适用不同税率或者征收率的，应当分别核算适用不同税率或者征收率的销售额，未分别核算销售额的，按照以下方法适用税率或者征收率：

1. 兼有不同税率的销售货物、加工修理修配劳务、服务、无形资产或者不动产，从高适用税率。

2. 兼有不同征收率的销售货物、加工修理修配劳务、服务、无形资产或者不动产，从高适用征收率。

3. 兼有不同税率和征收率的销售货物、加工修理修配劳务、服务、无形资产或者不动产，从高适用税率。”

根据上述规定，企业就勘查设计、设备采购、施工价款分别开具6%、13%及9%税率的增值税专用发票。

141. 建筑企业适用简易计税方法缴纳增值税如何开具发票

某电力建筑安装企业选择简易计税方法计算缴纳增值税时，按收到的价款扣除分包款后的余额作为销售额。开具发票时，增值税专用发票的“税额”栏是就取得的全部价款按3%的税率计算填列还是就取得的全部价款扣除分包款后的余额按3%的税率计算填列?

答：《关于全面推开营业税改征增值税试点有关税收征收管理事项的公告》（国家税务总局公告2016年第23号）第四条第（二）项规定：“按照现行政策规定适用差额征税办法缴纳增值税，且不得全额开具增值税发票的（财政部、国家税务总局另有规定的除外），纳税人自行开具或者税务机关代开增值税专用发票时，通过新系统中差额征税开票功能开具增值税发票。”

根据上述规定，只有财政部、国家税务总局明确规定“适用差额征税办法缴纳增值税，且不得全额开具增值税发票的”，才需要通过新系统差额征税开票功能开具增值税发票。建筑企业选择按简易计税方法的，尽管总包方按差额计税，但分包款已由分包方缴纳了增值税，故总承包金额其实是全额缴纳了增值税的。所以，建筑企业简易计税项目应全额开票差额纳税。增值税专用发票上注明的税额为全额价款按现计算的税额。例如，总包金额103万元（含税），分包金额80万元。总包方开具增值税发票的金额为100万元，税额为 3 万元。

142. 利息违约金如何开具增值税发票

某电网公司收取的利息违约金开具增值税专用发票还是增值税普通发票？如何开具？

答：根据《中华人民共和国增值税暂行条例实施细则》（财政部 国家税务总局令第 50 号）第十二条规定，“条例第六条第一款所称价外费用，包括价外向购买方收取的手续费、补贴、基金、集资费、返还利润、奖励费、违约金、滞纳金、延期付款利息、赔偿金、代收款项、代垫款项、包装费、包装物租金、储备费、优质费、运输装卸费以及其他各种性质的价外收费。”

根据上述规定，利息违约金因属于价外费用，属于增值税的征税范围，因此可以开具增值税发票。利息违约金可以开具增值税专用发票，只是融资方不能作为进项抵扣。发票项目名称可描述为“利息违约金”。

143. 集团公司为子公司提供服务如何开具发票

某电网公司向全资子公司提供企业管理服务并收取费用，双方签订了协议，协议约定了服务期限为 2020 年 3 月 2 日至 2021 年 3 月 1 日，费用为每年 80 万元，请问该电网公司应如何开具发票缴纳增值税？

答：《国家税务总局关于母子公司间提供服务支付费用有关企业所得税处理问题的通知》（国税发〔2008〕86 号）第一条规定，“母公司为其子公司（以下简称子公司）提供各种服务而发生的费用，应按照独立企业之间公平交易原则确定服务的价格，作为企业正常的劳务费用进行税务处理。母子公司未按照独立企业之间的业务往来收取价款的，税务机关有权予以调整。”

根据《财政部 国家税务总局关于全面推开营业税改征增值税试点的通知》（财税〔2016〕36 号）附件 1 后附《销售服务、无形资产、不动产注释》第一条第（六）项第 8 点规定，“现代服务，是指围绕制造业、文化产业、现代物流产业等提供技术性、知识性服务的业务活动。包括研发和技术服务、信息技术服务、文化创意服务、物流辅助服务、租赁服务、鉴证咨询服务、广播影视服务、商务辅助服务和其他现代服务。

商务辅助服务，包括企业管理服务、经纪代理服务、人力资源服务、安全保护服务。

（1）企业管理服务，是指提供总部管理、投资与资产管理、市场管理、物业管理、日常综合管理等服务的业务活动。”

根据上述规定，企业为子公司提供企业管理服务，可以收取服务费，按照“现代服务——商务辅助服务——企业管理服务”开具发票缴纳增值税。

144. 电子会计凭证报销是否入账归档

某电网公司以电子专票的纸质打印件作为税收凭证的，是否需要同时保存打印该纸质件的电子专票?

答：根据《财政部 国家档案局关于规范电子会计凭证报销入账归档的通知》（财会〔2020〕6号）要求，“单位以电子会计凭证的纸质打印件作为报销入账归档依据的，必须同时保存打印该纸质件的电子会计凭证。”

根据上述规定，企业以电子专票的纸质打印件作为税收凭证的，必须同时保存打印该纸质件的电子专票。

145. 发票开具时是否必须需要发票明细

某供电建筑公司为其客户单位提供的建筑服务和购买的商品较多时，是否必须要在发票明细写下所有的服务和商品开具增值税发票?

答：根据《国家税务总局货物和劳务税司关于做好增值税发票使用宣传辅导有关工作的通知》（税总货便函〔2017〕127号）第二章第一节第十三条规定，“一般纳税人销售货物、提供加工修理修配劳务和发生应税行为可汇总开具增值税专用发票。汇总开具增值税专用发票的，同时使用新系统开具《销售货物或者提供应税劳务清单》，并加盖发票专用章。”

根据上述规定，公司如果销售的商品和服务种类较多时，可根据新系统开具“销售货物或者提供应税劳务清单”加盖发票专用章。

146. 如何开具原适用税率16%的发票

某供电公司在2019年10月售电时被客户要求开具16%税率的售电增值税专用发票，请问该如何处理?

答：根据《财政部 税务总局 海关总署关于深化增值税改革有关政策的公告》(财政部 税务总局 海关总署公告2019年第39号) 第一条规定，“增值税一般纳税人(以下称纳税人) 发生增值税应税销售行为或者进口货物，原适用16%税率的，税率调整为13%；原适用10%税率的，税率调整为9%。”

《国家税务总局关于国内旅客运输服务进项税抵扣等增值税征管问题的公告》(国家税务总局公告2019年第31号) 第十三条规定，“关于开具原适用税率发票：(一) 自2019年9月20日起，纳税人需要通过增值税发票管理系统开具17%、16%、11%、10%税率蓝字发票的，应向主管税务机关提交《开具原适用税率发票承诺书》(附件2)，办理临时开票权限。临时开票权限有效期限为24小时，纳税人应在获取临时开票权限的规定期限内开具原适用税率发票。(二) 纳税人办理临时开票权限，应保留交易合同、红字发票、收讫款项证明等相关材料，以备查验。(三) 纳税人未按规定开具原适用税率发票的，主管税务机关应按照现行有关规定进行处理。”

根据上述规定，是适用原税率还是适用新税率，要按照纳税义务发生时间来确定。若纳税义务发生时间在2019年4月1日前，就按照16%税率开票交税，若纳税义务发生时间在4月1日以后，就按照13%税率开票交税，不得开具原适用税率发票，已经开具的，按规定作废，不符合作废条件的，按规定开具红字发票后，按照新适用税率开具正确的蓝字发票。

147. 丢失增值税专用发票部分联次应如何处理

某电力技术公司财务丢失增值税专用发票部分联次，应如何处理?

答：根据《国家税务总局关于增值税发票综合服务平台等事项的公告》(国家税务总局公告2020年第1号) 第四条规定，“纳税人同时丢失已开具增值税专用发票或机动车销售统一发票的发票联和抵扣联，可凭加盖销售方发票专用章的相应发票记账联复印件，作为增值税进项税额的抵扣凭证、退税凭证或记账凭证。纳税人丢失已开具增值税专用发票或机动车销售统一发票的抵扣联，可凭相应发票的发票联复印件，作为增值税进项税额的抵扣凭证或退税凭证；纳税人丢失已开具增值税专用发票或机动车销售统一发票的发票联，可凭相应发票的抵扣联复印件，作为记账凭证。”

根据上述规定，企业丢失已开具增值税专用发票或机动车销售统一发票的抵扣联，可凭相应发票的发票联复印件，作为增值税进项税额的抵扣凭证或退税凭证。

148. 一张增值税专用发票能否开具不同税率的应税项目

某电力建筑服务公司销售给同一单位的适用不同税率和征收率的应税项目，是否可以在同一张增值税专用发票中开具?

答：根据《国家税务总局关于全面推开营业税改征增值税试点有关税收征收管理事项的公告》（国家税务总局公告 2016 年第 23 号）第四条规定，“（二）按照现行政策规定适用差额征税办法缴纳增值税，且不得全额开具增值税发票的（财政部、税务总局另有规定的除外），纳税人自行开具或者税务机关代开增值税发票时，通过新系统中差额征税开票功能，录入含税销售额（或含税评估额）和扣除额，系统自动计算税额和不含税金额，备注栏自动打印‘差额征税’字样，发票开具不应与其他应税行为混开。（六）个人出租住房适用优惠政策减按 1.5% 征收，纳税人自行开具或者税务机关代开增值税发票时，通过新系统中征收率减按 1.5% 征收开票功能，录入含税销售额，系统自动计算税额和不含税金额，发票开具不应与其他应税行为混开。”

根据上述规定，在开具增值税发票时，如不属于上述文件规定不得与其他应税行为混开的情形，可在同一张票面开具不同税率。并且同一张发票上开具不同税率的增值税专用发票是不影响认证的，按照正常票认证即可。

149. 统借统还利息收入如何开具发票

某供电公司从某银行取得借款 1000 万元，利率 6%，2020 年 4 月将其转借给 100% 控股的子公司，仍然收取利息 6%，2020 年 5 月收到子公司的统还利息，请问该如何开具发票？

答：根据《财政部 国家税务总局关于全面推开营业税改征增值税试点的通知》（财税〔2016〕36号）的附件3《营业税改征增值税试点过渡政策的规定》规定，“统借统还业务中，企业集团或企业集团中的核心企业以及集团所属财务公司按不高于支付给金融机构的借款利率水平或者支付的债券票面利率水平，向企业集团或者集团内下属单位收取的利息免征增值税。统借方向资金使用单位收取的利息，高于支付给金融机构借款利率水平或者支付的债券票面利率水平的，应全额缴纳增值税。

统借统还业务，是指：（1）企业集团或者企业集团中的核心企业向金融机构借款或对外发行债券取得资金后，将所借资金分拨给下属单位（包括独立核算单位和非独立核算单位），并向下属单位收取用于归还金融机构或债券购买方本息的业务。（2）企业集团向金融机构借款或对外发行债券取得资金后，由集团所属财务公司与企业集团或者集团内下属单位签订统借统还贷款合同并分拨资金，并向企业集团或者集团内下属单位收取本息，再转付企业集团，由企业集团统一归还金融机构或债券购买方的业务。”

根据上述规定，企业按不高于支付给金融机构的借款利率水平，收取的利息免征增值税，企业应开具增值税普通发票，增值税普通发票中的“税率栏”和“税额栏”为“***”；税率栏也可以填写“免税”“0%”，“税额栏”为“***”。

150. 光伏用户如何开具发票

某电网公司从分布式光伏发电项目发电户处购买电力产品，请问该如何取得发票？

答：根据《国家税务总局关于国家电网公司购买分布式光伏发电项目电力产品发票开具等有关问题的公告》（国家税务总局公告2014年第32号）第一条规定，“国家电网公司所属企业从分布式光伏发电项目发电户处购买电力产品，可由国家电网公司所属企业开具普通发票。国家电网公司所属企业应将发电户名称（姓名）、地址（住址）、联系方式、结算时间、结算金额等信息进行详细登记，以备税务机关查验。”

第二条规定，“光伏发电项目发电户销售电力产品，按照税法规定应缴纳增值税的，可由国家电网公司所属企业按照增值税简易计税办法计算并代征增值税税款，同时开具普通发票；按照税法规定可享受免征增值税政策的，可由国家电网公司所属企业直接开具普通发票。”

根据《关于〈国家税务总局关于国家电网公司购买分布式光伏发电项目电力产品发票开具等有关问题的公告〉的执行口径》规定：

“（一）国家电网公司所属企业从分布式光伏发电项目发电户处购买电力产品，可由国家电网公司所属企业开具普通发票。开票时，光伏发电上网电费，应命名为‘光伏电力’；光伏发电补贴电费，应命名为‘光伏电力补贴’。光伏电力和光伏电力补贴对应的税收编码均为‘1100101010600000000’，商品和服务名称为‘太阳能发电’。

（二）国家电网公司所属企业从村委会、教会等非企业、非自然人组织购买光伏电力产品，可由国家电网公司所属企业开具普通发票。”

根据上述规定，企业可直接开具普通发票。开票时，光伏发电上网电费，应命名为“光伏电力”；光伏发电补贴电费，应命名为“光伏电力补贴”。光伏电力和光伏电力补贴对应的税收编码均为“1100101010600000000”，商品和服务名称为“太阳能发电”。

151. 取得已作废、已红冲、已失控等异常发票的处理

某电网公司在认证发票时，系统显示发票勾选确认后变为异常（含作废、失控、红冲和异常）的发票，该如何处理?

答：根据《国家税务总局关于异常增值税扣税凭证管理等有关事项的公告》（国家税务总局公告2019年第38号）第三条第（一）项规定，“尚未申报抵扣增值税进项税额的，暂不允许抵扣。已经申报抵扣增值税进项税额的，除另有规定外，一律作进项税额转出处理。”

根据上述规定，若未抵扣的暂不抵扣，若已抵扣的，一律作进项税额转出处理。

152. 善意取得虚开增值税专用发票如何处理

某电力物资公司采购一批物资取得增值税专用发票，后经税务机关认定

为虚开增值税专用发票，请问该如何处理?

答：根据《国家税务总局关于纳税人善意取得虚开的增值税专用发票处理问题的通知》（国税发〔2000〕187号）规定，购货方与销售方存在真实的交易，销售方使用的是其所在省（自治区、直辖市和计划单列市）的专用发票，专用发票注明的销售方名称、印章、货物数量、金额及税额等全部内容与实际相符，且没有证据表明购货方知道销售方提供的专用发票是以非法手段获得的，对购货方不以偷税或者骗取出口退税论处。但应按有关法规不予抵扣进项税款或者不予出口、退税；购货方已经抵扣的进项税款或者取得的出口退税，应依法追缴。

根据《中华人民共和国税收征收管理法》（中华人民共和国主席令第23号）第三十二条规定，“纳税人未按照规定期限缴纳税款的，扣缴义务人未按照规定期限解缴税款的，税务机关除责令限期缴纳外，从滞纳税款之日起，按日加收滞纳税款万分之五的滞纳金。”

根据上述规定，企业善意取得虚开的增值税专用发票指购货方与销售方存在真实交易，且购货方不知取得的增值税专用发票是以非法手段获得的，构成善意取得虚开的增值税专用发票。企业善意取得虚开的增值税专用发票被依法追缴已抵扣税款的，不属于税收征收管理法第三十二条“纳税人未按照规定期限缴纳税款”的情形，不适用该条“税务机关除责令限期缴纳外，从滞纳税款之日起，按日加收滞纳税款万分之五的滞纳金”的规定。

153. 销售使用过的固定资产如何开具发票

某电网公司近期打算将一辆公司自己使用的2007年购入的通勤车进行销售，该车购入时由于固定资产尚未纳入抵扣范围，因此没有抵扣进项税额。请问我公司销售该车应如何开具发票?

答：根据《财政部 国家税务总局关于全国实施增值税转型改革若干问题的通知》（财税〔2008〕170号）、《财政部 国家税务总局关于部分货物适用增值税低税率和简易办法征收增值税政策的通知》（财税〔2009〕9号）以及《财政部 国家税务总局关于简并增值税征收率政策的通知》（财税〔2014〕57号）规定，纳税人销售自己使用过的2008年12月31日以前购进或者自制、未抵扣进项税额的固定资产，按照简易办法依照3%征收率减按2%征收增值税。

根据《国家税务总局关于营业税改征增值税试点期间有关增值税问题的公告》（国家税务总局公告2015年第90号）第二条规定：纳税人销售自己使用过的固定资产，适用简易办法依照3%征收率减按2%征收增值税政策的，可以放弃减税，按照简易办法依照3%征收率缴纳增值税，并可以开具增值税专用发票。

根据上述规定，公司出售自己使用过的未抵扣进项税的固定资产可按照简易办法依照3%征收率减按2%征收增值税，也可以放弃减税，按照简易办法依照3%征收率缴纳增值税，并可以开具增值税专用发票。

154. 资产划转开具增值税发票的涉税处理

某电网公司根据工作安排于2020年将某大厦划转至某电力实业公司，是否需要缴纳增值税？

答：根据《营业税改征增值税试点实施办法》（财税〔2016〕36号附件1）第十四条规定："下列情形视同销售服务、无形资产或者不动产，（1）单位或者个人向其他单位或者个人无偿转让无形资产或者不动产，但用于公益事业或者以社会公众为对象的除外。"

根据上述规定，电网公司将大厦划转至电力实业公司应缴纳增值税，由电网公司按增值税率9%开具增值税专用发票给电力实业公司，电力实业公司可作进项税额抵扣。

155. 吸收合并是否缴纳增值税

某电网公司下属两家全资子公司A公司和B公司（均为非房地产企业），A公司吸收合并B公司，B公司的员工已在吸收合并期间被辞退，请问是否需要缴纳增值税？

答：根据《国家税务总局关于纳税人资产重组有关增值税问题的公告》（国家税务总局公告2011年第13号）规定：纳税人在资产重组过程中，通过合并、分立、出售、置换等方式，将全部或者部分实物资产以及与其相关联的债权、负债和劳动力一并转让给其他单位和个人，不属于增值税的征税范围，其中涉及的货物转让，不征收增值税。

根据《营业税改征增值税试点有关事项的规定》（财税〔2016〕36号附件2）第一条第（二）项规定：在资产重组过程中，通过合并、分立、出售、置换等方式，将全部或者部分实物资产以及与其相关联的债权、负债和劳动力一并转让给其他单位和个人，其中涉及的不动产、土地使用权转让行为，不征收增值税。

根据上述规定，该吸收合并过程B公司员工辞退，不符合以上条件，应缴纳增值税。

156. 会议和培训服务产生餐饮费如何开票

某电力实业公司下属酒店为电力企业提供会议和培训服务，请问对于会议服务和培训服务产生的餐饮费用该如何开具发票?

答：根据《财政部 国家税务总局关于明确金融 房地产开发 教育辅助服务等增值税政策的通知》（财税〔2016〕140号）第十条的规定，“宾馆、旅馆、旅社、度假村和其他经营性住宿场所提供会议场地及配套服务的活动，按照‘会议展览服务’缴纳增值税。”

根据上述规定，若提供会议场地及配套服务的活动的，则应按照“会议展览服务”缴纳增值税。若酒店企业在提供培训、会议服务的同时提供住宿、餐饮、娱乐、会场出租等多项服务，属于兼营行为，应当分别或分项开具发票。会务费、住宿费开具增值税专用发票可以抵扣，而餐饮费不能抵扣。

157. 增值税专用发票字迹不清晰如何处理

某电网公司报销会议费发票时，取得的发票字迹不清晰，联系对方单位时，对方以不影响抵扣为由拒绝重新开具，请问该发票可以正常抵扣吗?

答：根据《国家税务总局关于修订〈增值税专用发票使用规定〉的通知》（国税发〔2006〕156号）第十一条的规定，“专用发票应按下列要求开具：（一）项目齐全，与实际交易相符；（二）字迹清楚，不得压线、错格；（三）发票联和抵扣联加盖财务专用章或者发票专用章；（四）按照增值税纳税义务的发生时间开具。对不符合上列要求的专用发票，购买方有权拒收。”

依据上述规定，取得的增值税专用发票字迹不清晰，可以要求对方重新开具。

158. 取得红字增值税专用发票如何处理

某电网公司在2021年1月30日收到对方开错单位名字的发票，由于纳税人识别号是正确的，认证通过已经抵扣，2021年3月发现问题后公司申请了红字发票，收到对方开具的红字增值税专用发票，请问该红字发票该如何处理？是否需要再次认证？

答：根据《国家税务总局关于红字增值税发票开具有关问题的公告》（国家税务总局公告2016年第47号）第一条规定，“购买方取得专用发票已用于申报抵扣的，购买方可在增值税发票管理新系统中填开并上传《开具红字增值税专用发票信息表》（以下简称《信息表》），在填开《信息表》时不填写相对应的蓝字专用发票信息，应暂依《信息表》所列增值税税额从当期进项税额中转出，待取得销售方开具的红字专用发票后，与《信息表》一并作为记账凭证。”

根据上述规定，公司收到的红字增值税专用发票应直接从当期进项税额中转出，不需要认证。

159. 小规模纳税人是否需要月销售额达到15万元才能开专票

某电力建设公司为工业小规模纳税人，则该公司月销售额是否需要达到15万才能自行开具增值税专用发票？

答：根据《国家税务总局关于增值税发票管理等有关事项的公告》（国家税务总局公告2019年第33号）第五条规定，增值税小规模纳税人（其他个人除外）发生增值税应税行为，需要开具增值税专用发票的，可以自愿使用增值税发票管理系统自行开具。选择自行开具增值税专用发票的小规模纳税人，税务机关不再为其代开增值税专用发票。

《财政部 税务总局关于明确增值税小规模纳税人免征增值税政策的公告》（财政部 税务总局公告2021年第11号）规定，自2021年4月1日至2022年12月31日，对月销售额15万元以下（含本数）的增值税小规模纳税人，免征增值税。

根据上述规定，月销售额未超过15万元（含本数，以1个季度为1个纳税期的，季度销售额未超过45万元）的小规模纳税人，发生增值税应税行为，需要开具增值税专用发票的，可以选择使用增值税发票管理系统按照有关规定自行开具增值税专用发票。

160. 销售不动产时发票的备注栏应注明哪些信息

某电网公司销售市区的某一栋房产，请问开具的增值税发票备注栏需要注明哪些信息?

答：根据《国家税务总局关于全面推开营业税改征增值税试点有关税收征收管理事项的公告》（国家税务总局公告2016年第23号）第四条规定，“销售不动产，纳税人自行开具或者税务机关代开增值税发票时，应在发票‘货物或应税劳务、服务名称’栏填写不动产名称及房屋产权证书号码（无房屋产权证书的可不填写），‘单位’栏填写面积单位，备注栏注明不动产的详细地址。”

根据上述规定，企业开具销售不动产发票需要在“备注”栏注明不动产名称及房屋产权证书号码（无房屋产权证书的可不填写），“单位”栏填写面积单位，“备注”栏注明不动产的详细地址。

161. 违约用电费和基本用电费能否合计开票

某客户因用电超过合同约定的电量，某电网公司相应收取了违约用电费用，对方要求开具增值税专用发票，请问违约用电费和基本电费能否开在一张增值税专用发票上?

答：根据《供电营业规则》（电力工业部令第8号）第一百条规定，“私自超过合同约定的容量用电的，除应拆除私增容设备外，属于两部制电价的用户，应补交私增设备容量使用月数的基本电费，并承担三倍私增容量基本电费的违约使用电费；其他用户应承担私增容量每千瓦（千伏安）50元的违约使用电费。”

根据《中华人民共和国增值税暂行条例》（中华人民共和国国务院令第

538号）第六条规定，“销售额为纳税人发生应税销售行为收取的全部价款和价外费用，但是不包括收取的销项税额。”《中华人民共和国增值税暂行条例实施细则》（财政部 国家税务总局令第50号）第十二条规定，“条例第六条第一款所称价外费用，包括价外向购买方收取的手续费、补贴、基金、集资费、返还利润、奖励费、违约金、滞纳金、延期付款利息、赔偿金、代收款项、代垫款项、包装费、包装物租金、储备费、优质费、运输装卸费以及其他各种性质的价外收费。”

根据上述规定，电网公司收取的违约用电费用属于价外费用，应与基本电费一并计征增值税，并开具电费增值税专用发票。

162. 企业内部员工培训费是否取得增值税发票

某电网公司内部讲师为公司提供内部培训服务，公司认为讲师提供了劳务报酬活动，同时公司为讲师代扣代缴个人所得税。而个税申报系统默认本公司员工只能申报工资薪金收入，无法申报劳务报酬收入，请问本公司员工为公司提供的培训服务是否属于劳务报酬的范围，是否需要开具劳务报酬的发票?

答：根据《国家税务总局关于印发〈征收个人所得税若干问题的规定〉的通知》（国税发〔1994〕089号）第十九条规定，“工资、薪金所得是属于非独立个人劳务活动，即在机关、团体、学校、部队、企事业单位及其他组织中任职、受雇而得到的报酬；劳务报酬所得则是个人独立从事各种技艺、提供各项劳务取得的报酬。两者的主要区别在于，前者存在雇佣与被雇佣关系，后者则不存在这种关系。”《营业税改征增值税试点实施办法》（财税〔2016〕36号附件1）第十条规定，“销售服务、无形资产或者不动产，是指有偿提供服务、有偿转让无形资产或者不动产，但属于下列非经营活动的情形除外：（二）单位或者个体工商户聘用的员工为本单位或者雇主提供取得工资的服务。”

根据上述规定，双方存在雇佣与被雇佣的关系，应将员工报酬计入工资、薪金申报个税，同时由于属于非经营活动，不征收增值税，也无须开具发票。

163. 稳岗就业补贴是否需要开具发票

某电网公司2021年1月30日，收到政府补助的稳岗就业补贴，请问是否需要开具发票？

答：根据《中华人民共和国发票管理办法》第十九条规定，“销售商品、提供服务以及从事其他经营活动的单位和个人，对外发生经营业务收取款项，收款方应当向付款方开具发票；特殊情况下，由付款方向收款方开具发票。”

根据《国家税务总局关于取消增值税扣税凭证认证确认期限等增值税征管问题的公告》（国家税务总局公告2019年第45号）第七条规定，“纳税人取得的财政补贴收入，与其销售货物、劳务、服务、无形资产、不动产的收入或者数量直接挂钩的，应按规定计算缴纳增值税。纳税人取得的其他情形的财政补贴收入，不属于增值税应税收入，不征收增值税。”

根据上述规定，企业收到稳岗就业补贴不属于增值税应税收入，不征收增值税。

164. 食堂买菜是否必须取得发票

某电网公司单位食堂从个体农户购置蔬菜等农产品，对方提供自制农产品的销售清单，没有发票，请问是否可以以其提供的销售清单直接入账？

答：根据《国家税务总局关于发布〈企业所得税税前扣除凭证管理办法〉的公告》（国家税务总局公告2018年第28号）第九条规定，“企业在境内发生的支出项目属于增值税应税项目的，对方为已办理税务登记的增值税纳税人，其支出以发票（包括按照规定由税务机关代开的发票）作为税前扣除凭证；对方为依法无须办理税务登记的单位或者从事小额零星经营业务的个人，其支出以税务机关代开的发票或者收款凭证及内部凭证作为税前扣除凭证，收款凭证应载明收款单位名称、个人姓名及身份证号、支出项目、收款金额等相关信息。”

根据上述规定，若该农户属于已办理税务登记的个体工商户，公司应当取得其自行开具或税务机关代开的增值税发票；若该农户属于从事小额零星经营业务的个人，公司可以凭收款凭证及入库单等内部凭证入账。

165. 企业出租建筑施工设备开具什么税目的发票

某电网公司将一台建筑施工设备出租给其他公司使用，并配备2名操作人员，请问应按什么项目缴纳增值税？

答：根据《财政部 国家税务总局关于明确金融房地产开发 教育辅助服务等增值税政策的通知》（财税〔2016〕140号）第十六条规定，“纳税人将建筑施工设备出租给他人使用并配备操作人员的，按照‘建筑服务’缴纳增值税。”

根据上述规定，企业应按“建筑服务”开具发票并缴纳增值税。

166. 废旧物资处置如何开具发票

某电网公司有一批废旧物资准备处理，请问销售时可以开具增值税专用发票吗？税率如何确定？

答：根据《财政部 国家税务总局关于再生资源增值税政策的通知》（财税〔2008〕157号）的规定：单位和个人销售再生资源，应当依照《中华人民共和国增值税暂行条例》（以下简称增值税条例）、《中华人民共和国增值税暂行条例实施细则》及财政部、国家税务总局的相关规定缴纳增值税。再生资源，是指《再生资源回收管理办法》（商务部令2007年第8号）第二条所称的再生资源，即在社会生产和生活消费过程中产生的，已经失去原有全部或部分使用价值，经过回收、加工处理，能够使其重新获得使用价值的各种废弃物。

根据上述规定，企业处置废旧物资不同于销售使用过的固定资产，应按适用税率缴纳增值税。建议公司在处置废旧物资时履行相应的报废流程，并根据合同开具13%税率增值税发票，也可开具专票。

167. 取得与实际业务性质不同的发票应如何处理

某电网公司举办创新成果展，请物流公司将制作好的展板装卸搬运到指定地点，取得了物流公司开具的增值税专用发票，但货物或应税劳务、服务名称栏显示为"*运输服务*装卸费"，税率为9%，请问该发票能否作为财务报销的凭证并抵扣进项税额？

答：根据《国家税务总局关于增值税发票开具有关问题的公告》（国家税务总局公告2017年第16号）第二条规定，"销售方开具增值税发票时，发票内容应按照实际销售情况如实开具。"

根据《国家税务总局关于全面推开营业税改征增值税试点的通知》（财税〔2016〕36号）附件1件后附《销售服务、无形资产、不动产注释》第一条第（六）项第4点规定，"物流辅助服务，包括航空服务、港口码头服务、货运客运场站服务、打捞救助服务、装卸搬运服务、仓储服务和收派服务。其中装卸搬运服务，是指使用装卸搬运工具或者人力、畜力将货物在运输工具之间、装卸现场之间或者运输工具与装卸现场之间进行装卸和搬运的业务活动。"

根据上述规定，该供电公司取得的装卸搬运服务属于物流辅助服务而非交通运输服务，适用税率为6%，其取得的发票的货物或应税劳务、服务名称栏和税率栏均错误，不符合税法的规定，不得作为税收凭证。如果后续在税务检查中被税务机关发现，将面临补缴税款和加处罚款的处罚。建议公司发生相关业务时，应在合同中约定对方开具增值税发票的种类、商品和服务税收分类编码、税率等信息，避免因取得不合规发票而导致的税收风险，如取得与合同约定不符的增值税发票应及时退回并要求重开。

168. 税务机关代开增值税发票是否必须加盖发票代开专用章

某电网公司2020年收到几张税务机关代开的增值税发票，有增值税普通发票也有专用发票，其中有的发票没有加盖发票代开专用章，请问未加盖发票可以抵扣进项税吗？

答：根据《增值税发票开具指南》（税总货便函〔2017〕127号附件）第二章第二节第三条规定，增值税纳税人应在代开增值税专用发票的备注栏上，加盖本单位的发票专用章（为其他个人代开的特殊情况除外）。税务机关在代开增值税普通发票以及为其他个人代开增值税专用发票的备注栏上，加盖税务机关代开发票专用章。

根据上述规定，除为其他个人代开的特殊情况外，代开的增值税专用发票不需要加盖税务机关代开发票专用章；代开的普通发票需要加盖税务机关代开发票专用章。建议公司取得税务机关代开增值税发票时，审核其发票专用章是否符合规定。

169. 取得免税发票时应注意哪些事项

某电网公司2021年在邮政部门订购了下年的《中国电力企业管理》杂志，但会计发现邮政部门开具了免税发票，请问取得免税发票时应注意哪些事项?

答：根据《财政部 国家税务总局关于营业税改征增值税试点若干政策的通知》（财税〔2016〕39号）第七条规定，中国邮政集团公司及其所属邮政企业提供的邮政普遍服务和邮政特殊服务，免征增值税。

根据《营业税改征增值税试点实施办法》（财税〔2016〕36号附件1）中《销售服务、无形资产、不动产注释》第一条第（二）项第1点规定，邮政普遍服务，是指函件、包裹等邮件寄递，以及邮票发行、报刊发行和邮政汇兑等业务活动。

根据上述规定，公司订阅的杂志属于邮政报刊发行业务，按照现行规定，邮政报刊发行业务免征增值税，邮政部门开具的免税发票是符合规定的。建议公司取得免税发票时，结合业务判断是否适用免税税率，同时由于免税货物不得开具增值税专用发票，应审核是否取得普通发票。

170. 企业提供商业折扣时应如何开具发票

某电网公司2020年将其闲置的一层办公大楼出租给另一家系统内单位，合同中约定租期一年，合同金额210万元（含税价），如对方一次性支付可提供20%的商业折扣，请问采用简易计税方式应如何开具增值税专用发票?

答：根据《国家税务总局关于折扣额抵减增值税应税销售额问题通知》（国税函〔2010〕56号）规定，“纳税人采取折扣方式销售货物，销售额和折扣额在同一张发票上分别注明是指销售额和折扣额在同一张发票上的‘金额’栏分别注明的，可按折扣后的销售额征收增值税。”

根据上述规定，公司应在发票第一行编码选择“＊经营租赁＊房屋租赁费”，金额栏填写“200 万元”，税额栏填写“10 万元”；第二行选择与第一行相同的编码，金额栏填写“－40 万元”，税额栏填“－2 万元”，最终合计金额为“160 万元”，税额 8 万元，价税合计 168 万元。建议公司在销售货物或提供应税行为时，为对方提供商业折扣的，在开票时应在同一张发票上的“金额”栏分别注明销售额和折扣额。

171. 购进货物用于东西帮扶如何开具发票

某电网公司购进一批货物用于“东西帮扶”，无偿捐赠给西藏那曲电力建设单位，请问该批货物应该如何开具发票？

答：根据《财政部 税务总局 国务院扶贫办关于扶贫货物捐赠免征增值税政策的公告》（财政部 税务总局 国务院扶贫办公告 2019 年第 55 号）第一条规定，“自 2019 年 1 月 1 日至 2022 年 12 月 31 日，对单位或者个体工商户将自产、委托加工或购买的货物通过公益性社会组织、县级及以上人民政府及其组成部门和直属机构，或直接无偿捐赠给目标脱贫地区的单位和个人，免征增值税。在政策执行期限内，目标脱贫地区实现脱贫的，可继续适用上述政策。

‘目标脱贫地区’包括 832 个国家扶贫开发工作重点县、集中连片特困地区县（新疆阿克苏地区 6 县 1 市享受片区政策）和建档立卡贫困村。”

根据上述规定，该批货物适用免税政策，应开具增值税普通发票，增值税普通发票中的“税率栏”和“税额栏”为“ *** ”；税率栏也可以填写“免税”“0%”，“税额栏”为“ *** ”。

172. 购进货物用于赞助如何申报增值税

某电建公司，购进一批货物赞助给当地某建筑公司，用以支持某地建设。请问该批货物该如何申报增值税？

答：根据《中华人民共和国增值税暂行条例实施细则》（财政部 国家税务总局令第 50 号）第四条第（八）项规定：“单位或者个体工商户的下列行为，视同销售货物：

（八）将自产、委托加工或者购进的货物无偿赠送其他单位或者个人。”

根据上述规定，该批货物应视同销售，在“增值税纳税申报表附列资料（一）”未开具发票列按购入价分别填写销售额及销项税额。

173. 疫情期间免征增值税的纳税人应如何开具发票

某电网公司在疫情期间按规定适用了增值税免征政策，还可以开具增值税专用发票吗？在开具发票时应注意哪些事项？

答：根据《国家税务总局关于支持新型冠状病毒感染的肺炎疫情防控有关税收征收管理事项的公告》（国家税务总局公告2020年第4号）第三条规定：“纳税人按照8号公告和9号公告有关规定适用免征增值税政策的，不得开具增值税专用发票；已开具增值税专用发票的，应当开具对应红字发票或者作废原发票，再按规定适用免征增值税政策并开具普通发票。纳税人在疫情防控期间已经开具增值税专用发票，按照本公告规定应当开具对应红字发票而未及时开具的，可以先适用免征增值税政策，对应红字发票应当于相关免征增值税政策执行到期后1个月内完成开具。”

根据上述规定，该电网公司不可开具增值税专用发票，应按规定开具红字发票或作废该发票，再开具普通发票。

第二章　企业所得税

一、收入项目

174. 跨年度物业管理费，何时确认收入

某电网公司下属物业公司为系统内电网企业提供物业管理服务，按照《物业服务合同》约定，物业管理费采用预收方式收取。请问企业预收业主跨年度物业管理费，何时确认企业所得税收入?

答：根据《中华人民共和国企业所得税法实施条例》（中华人民共和国国务院令第512号）第九条规定，“企业应纳税所得额的计算，以权责发生制为原则，属于当期的收入和费用，不论款项是否收付，均作为当期的收入和费用；不属于当期的收入和费用，即使款项已经在当期收付，均不作为当期的收入和费用。”

根据《国家税务总局关于确认企业所得税收入若干问题的通知》（国税函〔2008〕875号）第二条第（四）项第8点规定，“长期为客户提供重复劳务收取的费用，在相关劳务活动发生时确认收入。”

根据上述规定，企业预收业主跨年度物业管理费，在实际提供物业管理服务时确认为当期收入。

175. 以设备对外投资，如何缴纳所得税

某电网公司于2020年1月以电力设备对下属子公司增资，请问企业是否可以分期缴纳企业所得税?

答：根据《财政部 国家税务总局关于非货币性资产投资企业所得税政策

问题的通知》（财税〔2014〕116号）第一条规定，“居民企业（以下简称企业）以非货币性资产对外投资确认的非货币性资产转让所得，可在不超过5年期限内，分期均匀计入相应年度的应纳税所得额，按规定计算缴纳企业所得税。”

根据上述规定，企业以电力设备对外增资，所确认的转让所得，可在不超过5年期限内分期均匀计入相应年度的应纳税所得额，按规定计算缴纳企业所得税。

176. 企业接受捐赠收入是否可以分期确认收入

某电力设备公司于2020年10月取得某物资公司的一批设备捐赠，请问企业取得的捐赠设备可以分期确认收入吗？

答：根据《国家税务总局关于企业取得财产转让等所得企业所得税处理问题的公告》（国家税务总局公告2010年第19号）的规定，“企业取得财产（包括各类资产、股权、债权等）转让收入、债务重组收入、接受捐赠收入、无法偿付的应付款收入等，不论是以货币形式、还是非货币形式体现，除另有规定外，均应一次性计入确认收入的年度计算缴纳企业所得税。”

根据上述规定，企业取得的接收捐赠收入应一次性计入确认收入的年度计算缴纳企业所得税。

177. 预收工程款已开具发票是否确认所得税收入

某电网企业下属建筑单位预收一笔工程款，虽已开具发票，但该工程尚未开工，是否应确认此笔收入为当期企业所得税应纳税所得额预缴企业所得税？

答：根据《国家税务总局关于确认企业所得税收入若干问题的通知》（国税函〔2008〕875号）的规定，“企业在各个纳税期末，提供劳务交易的结果能够可靠估计的，应采用完工进度（完工百分比）法确认提供劳务收入。（一）提供劳务交易的结果能够可靠估计，是指同时满足下列条件：1. 收入的金额能够可靠地计量。2. 交易的完工进度能够可靠地确定。3. 交易中已发生和将发生的成本能够可靠地核算。”

根据上述规定，企业预收工程款由于没有开工，即使开具增值税发票也不需要并入当期应纳税所得额缴纳企业所得税。

178. 代扣代缴、代收代缴、委托代征各项税费返还的手续费是否缴纳企业所得税

某供电企业收到个税返还手续费、电费中代收代缴的各类基金是否缴纳企业所得税?

答：根据《中华人民共和国企业所得税法》第六条规定，“企业以货币形式和非货币形式从各种来源取得的收入，为收入总额。”

根据上述规定，企业收到代扣代缴、代收代缴、委托代征各项税费返还的手续费，应并入收到所退手续费当年的应纳税所得额，缴纳企业所得税。

179. 减免的税款是否需要缴纳企业所得税

某电网企业服务企业下属分公司属于小规模纳税人，2020 年第一季度销售额小于 30 万元，根据现行增值税政策规定可享受免征增值税优惠。请问企业免征的增值税是否需要缴纳企业所得税?

答：根据《财政部 国家税务总局关于财政性资金行政事业性收费政府性基金有关企业所得税政策问题的通知》（财税〔2008〕151 号）第一条规定，“（一）企业取得的各类财政性资金，除属于国家投资和资金使用后要求归还本金的以外，均应计入企业当年收入总额。（二）对企业取得的由国务院财政、税务主管部门规定专项用途并经国务院批准的财政性资金，准予作为不征税收入，在计算应纳税所得额时从收入总额中减除。

财政性资金，是指企业取得的来源于政府及其有关部门的财政补助、补贴、贷款贴息，以及其他各类财政专项资金，包括直接减免的增值税和即征即退、先征后退、先征后返的各种税收，但不包括企业按规定取得的出口退税款；所称国家投资，是指国家以投资者身份投入企业、并按有关规定相应增加企业实收资本（股本）的直接投资。”

根据《财政部国家税务总局关于专项用途财政性资金企业所得税处理问题的通知》（财税〔2011〕70 号）第一条规定，“企业从县级以上各级人民政

府财政部门及其他部门取得的应计入收入总额的财政性资金，凡同时符合以下条件的，可以作为不征税收入，在计算应纳税所得额时从收入总额中减除：（一）企业能够提供规定资金专项用途的资金拨付文件；（二）财政部门或其他拨付资金的政府部门对该资金有专门的资金管理办法或具体管理要求；（三）企业对该资金以及以该资金发生的支出单独进行核算。”

根据《关于印发〈增值税会计处理规定〉的通知》（财会〔2016〕22号）第二条第（十）项规定：“关于小微企业免征增值税的会计处理规定。小微企业在取得销售收入时，应当按照税法的规定计算应交增值税，并确认为应交税费，在达到增值税制度规定的免征增值税条件时，将有关应交增值税转入当期损益。”

根据上述规定，小规模纳税人享受直接减免的增值税属于企业取得的财政性资金，但该项财政性资金既不属于国家投资和资金使用后要求归还本金的情形，也不具备确认为不征税收入的条件。因此，小规模纳税人免征的增值税应计入企业当年收入总额缴纳企业所得税。

180. 无法偿付的应付款项是否需要缴纳企业所得税

某供电公司在办公楼改建项目中应支付某材料供应商一笔货款，根据合同约定，付款条件成就时，却无法联系上材料供应商，导致该笔货款无法偿付，该笔应付款项是否需要缴纳企业所得税?

答：根据《中华人民共和国企业所得税法实施条例》（中华人民共和国国务院令第512号）第二十二条规定，“企业所得税法第六条第（九）项所称其他收入，是指企业取得的除企业所得税法第六条第（一）项至第（八）项规定的收入外的其他收入，包括企业资产溢余收入、逾期未退包装物押金收入、确实无法偿付的应付款项、已作坏账损失处理后又收回的应收款项、债务重组收入、补贴收入、违约金收入、汇兑收益等。”

根据上述规定，企业确实无法偿付的应付款项，应并入收入总额，计算缴纳企业所得税。

181. 一次性取得的跨年度租金收入能否分期计算缴纳企业所得税

某电网公司将名下房产出租给某电力信息技术公司，2020年12月4日一次性收取全年租金200万元，租赁期从2020年12月开始。请问企业取得的跨年租金收入是否可以分期缴纳企业所得税?

答：根据《国家税务总局关于贯彻落实企业所得税法若干税收问题的通知》(国税函〔2010〕79号) 第一条规定，“关于租金收入确认问题。根据《实施条例》第十九条的规定，企业提供固定资产、包装物或者其他有形资产的使用权取得的租金收入，应按交易合同或协议规定的承租人应付租金的日期确认收入的实现。其中，如果交易合同或协议中规定租赁期限跨年度，且租金提前一次性支付的。根据《实施条例》第九条规定的收入与费用配比原则，出租人可对上述已确认的收入，在租赁期内，分期均匀计入相关年度收入。”

根据上述规定，企业按照合同约定一次性收取的租金收入，在租赁期内，可以分期确认收入，缴纳企业所得税。

182. 企业发生资产盘盈，是否需要并入收入总额

某电网公司在股权多元化改革过程中，对现有资产进行盘点，盘点结果发生盘盈。请问对于盘盈的资产是否需要并入收入总额?

答：根据《中华人民共和国企业所得税法》(中华人民共和国主席令第六十三号) 第六条第 (九) 项规定，“企业以货币形式和非货币形式从各种来源取得的收入，为收入总额。包括：其他收入。”

根据《中华人民共和国企业所得税法实施条例》(中华人民共和国国务院令第512号) 第二十二条规定，“企业所得税法第六条第 (九) 项所称其他收入，是指企业取得的除企业所得税法第六条第 (一) 项至第 (八) 项规定的收入外的其他收入，包括企业资产溢余收入、逾期未退包装物押金收入、确实无法偿付的应付款项、已作坏账损失处理后又收回的应收款项、债务重组收入、补贴收入、违约金收入、汇兑收益等。”

根据上述规定，企业发生资产盘盈，属于其他收入范围，应并入收入

总额。

183. 收到违约金，是否需要确认收入

某电力发展公司与某科技公司于2020年3月12日签订了购销合同，某科技公司作为供货方，某电力发展公司作为收货方，按照合同约定，某科技公司应在6月1日前交付货物，某电力发展公司需要支付相应货款50万元。2020年5月20日某科技公司因厂房发生火灾，导致存货毁损不能如期发货。2020年6月8日，某电力发展公司收到某科技公司支付的违约金20万元。请问某电力发展公司收到的违约金是否应当确认为收入？

答：根据《中华人民共和国企业所得税法实施条例》（中华人民共和国国务院令第512号）第二十二条规定，“企业所得税法第六条第（九）项所称其他收入，是指企业取得的除企业所得税法第六条第（一）项至第（八）项规定的收入外的其他收入，包括企业资产溢余收入、逾期未退包装物押金收入、确实无法偿付的应付款项、已作坏账损失处理后又收回的应收款项、债务重组收入、补贴收入、违约金收入、汇兑收益等。”

根据上述规定，企业按照合同约定收取的违约金需要确认收入。

184. 融资性售后回租业务中，承租人出售资产的行为，是否需要缴纳企业所得税

某电力实业公司2015年3月5日将机器设备出售给某租赁公司，取得本金500万元，随后又把它租回，在回租过程中，约定租赁期间为5年，向租赁公司每年支付100万元租金。2020年3月4日，租赁期届满，企业将该机器设备出售，请问是否需要缴纳企业所得税？

答：根据《国家税务总局关于融资性售后回租业务中承租方出售资产行为有关税收问题的公告》（国家税务总局公告2010年第13号）第二条的规定，“根据现行企业所得税法及有关收入确定规定，融资性售后回租业务中，承租人出售资产的行为，不确认为销售收入，对融资性租赁的资产，仍按承租人出售前原账面价值作为计税基础计提折旧。租赁期间，承租人支付的属于融资利息的部分，作为企业财务费用在税前扣除。”

根据上述规定，在融资性售后回租业务中，企业出售资产的行为，不确认为销售收入，无须缴纳企业所得税。

185. 企业取得拆迁补偿款是否需要缴纳企业所得税

某电力物资公司因政府规划改造将江西中路的办公房选择产权置换的方式进行搬迁，于2020年5月与政府签订了国有土地房屋征收产权置换协议书。由于调换房屋为期房，尚未完工交付。截至2020年12月31日企业收到拆迁补偿款2050万元。根据协议规定，该补偿款用于产权置换房屋交付时根据征收房屋价值与产权置换房屋价值结算差价。请问，企业收到的拆迁补偿款是否应当计入当期收入计算缴纳企业所得税?

答：根据《国家税务总局关于发布〈企业政策性搬迁所得税管理办法〉的公告》（国家税务总局公告2012年第40号）第三条规定：“企业政策性搬迁，是指由于社会公共利益的需要，在政府主导下企业进行整体搬迁或部分搬迁。企业由于下列需要之一，提供相关文件证明资料的，属于政策性搬迁：

（一）国防和外交的需要；

（二）由政府组织实施的能源、交通、水利等基础设施的需要；

（三）由政府组织实施的科技、教育、文化、卫生、体育、环境和资源保护、防灾减灾、文物保护、社会福利、市政公用等公共事业的需要；

（四）由政府组织实施的保障性安居工程建设的需要；

（五）由政府依照《中华人民共和国城乡规划法》有关规定组织实施的对危房集中、基础设施落后等地段进行旧城区改建的需要；

（六）法律、行政法规规定的其他公共利益的需要。”

第五条规定，“企业的搬迁收入，包括搬迁过程中从本企业以外（包括政府或其他单位）取得的搬迁补偿收入，以及本企业搬迁资产处置收入等。”

第六条规定，“企业取得的搬迁补偿收入，是指企业由于搬迁取得的货币性和非货币性补偿收入。具体包括：

（一）对被征用资产价值的补偿；

（二）因搬迁、安置而给予的补偿；

（三）对停产停业形成的损失而给予的补偿；

（四）资产搬迁过程中遭到毁损而取得的保险赔款；

（五）其他补偿收入。”

第十五条规定，“企业在搬迁期间发生的搬迁收入和搬迁支出，可以暂不计入当期应纳税所得额，而在完成搬迁的年度，对搬迁收入和支出进行汇总清算纳税。”

根据上述政策，企业收到的拆迁补偿款可以暂不计入当期应纳税所得额计算缴纳企业所得税。待完成搬迁的年度，对搬迁收入和支出进行汇总清算纳税。

186. 增值税增量留抵退税，是否需缴纳企业所得税

某电力技术公司 2020 年 10 月申请了增值税增量留抵退税 30 万元，税务局受理后，税款于 11 月初已退公司银行账户。请问企业是否将这 30 万元计入“其他收益”，并缴纳企业所得税?

答：根据《中华人民共和国企业所得税法实施条例》（中华人民共和国国务院令第 512 号）第二十六条规定：“企业所得税法第七条第（三）项所称国务院规定的其他不征税收入，是指企业取得的，由国务院财政、税务主管部门规定专项用途并经国务院批准的财政性资金。”

根据《财政部 国家税务总局关于财政性资金行政事业性收费政府性基金有关企业所得税政策问题的通知》（财税〔2008〕151 号）第一条第（一）项规定：“企业取得的各类财政性资金，除属于国家投资和资金使用后要求归还本金的以外，均应计入企业当年收入总额。本条所称财政性资金，是指企业取得的来源于政府及其有关部门的财政补助、补贴、贷款贴息，以及其他各类财政专项资金，包括直接减免的增值税和即征即退、先征后退、先征后返的各种税收，但不包括企业按规定取得的出口退税款；所称国家投资，是指国家以投资者身份投入企业、并按有关规定相应增加企业实收资本（股本）的直接投资。”

根据上述政策，企业收到的增值税增量留抵退税需要计入“其他收益”，缴纳企业所得税。

187. 企业取得的不征税收入未按规定进行管理应如何处理

某电网公司 2020 年 4 月 8 日取得一笔不征税的财政补助，但未对该资金

以及以该资金发生的支出单独进行核算，应如何处理?

根据《国家税务总局关于企业所得税应纳税所得额若干税务处理问题的公告》(国家税务总局公告2012年第15号)第七条规定，“企业取得的不征税收入，应按照《财政部国家税务总局关于专项用途财政性资金企业所得税处理问题的通知》(财税〔2011〕70号，以下简称《通知》)的规定进行处理。凡未按照《通知》规定进行管理的，应作为企业应税收入计入应纳税所得额，依法缴纳企业所得税。”

根据《财政部 国家税务总局关于专项用途财政性资金企业所得税处理问题的通知》(财税〔2011〕70号)第一条规定，“企业从县级以上各级人民政府财政部门及其他部门取得的应计入收入总额的财政性资金，凡同时符合以下条件的，可以作为不征税收入，在计算应纳税所得额时从收入总额中减除：

(一)企业能够提供规定资金专项用途的资金拨付文件；

(二)财政部门或其他拨付资金的政府部门对该资金有专门的资金管理办法或具体管理要求；

(三)企业对该资金以及以该资金发生的支出单独进行核算。”

根据上述规定，企业取得的不征税收入未按规定进行管理的应作为企业应税收入计入应纳税所得额，依法缴纳企业所得税。

188. 销售货物是否于收到款项时确认主营业务收入

某电力科技公司于2020年8月3日销售一批变压器到某物资公司，含税金额113万元，成本80万元。合同约定2020年11月1日某物资公司支付货款至某电力科技公司。请问：在合同约定付款时间的前提下，该电力科技公司能否在2020年2月1日收到货款时再确认为主营业务收入?

答：根据《企业会计准则第14号——收入》(财会〔2017〕22号)第四条规定，“企业应当在履行了合同中的履约义务，即在客户取得相关商品控制权时确认收入。取得相关商品控制权，是指能够主导该商品的使用并从中获得几乎全部的经济利益。”

第五条规定，“当企业与客户之间的合同同时满足下列条件时，企业应当在客户取得相关商品控制权时确认收入：

(一)合同各方已批准该合同并承诺将履行各自义务；

（二）该合同明确了合同各方与所转让商品或提供劳务（以下简称“转让商品”）相关的权利和义务；

（三）该合同有明确的与所转让商品相关的支付条款；

（四）该合同具有商业实质，即履行该合同将改变企业未来现金流量的风险、时间分布或金额；

（五）企业因向客户转让商品而有权取得的对价很可能收回。”

根据《国家税务总局关于确认企业所得税收入若干问题的通知》（国税函〔2008〕875号）第一条规定，“除企业所得税法及实施条例另有规定外，企业销售收入的确认，必须遵循权责发生制原则和实质重于形式原则。企业销售商品同时满足下列条件的，应确认收入的实现：

1. 商品销售合同已经签订，企业已将商品所有权相关的主要风险和报酬转移给购货方；

2. 企业对已售出的商品既没有保留通常与所有权相联系的继续管理权，也没有实施有效控制；

3. 收入的金额能够可靠地计量；

4. 已发生或将发生的销售方的成本能够可靠地核算。”

根据上述规定，企业销售变压器应于2020年8月确认为主营业务收入。

189. 企业获得政府的奖励费，是否需要缴纳企业所得税

某地政府为了表彰某电力公司在大型活动中保障工作出色，奖励给该电力企业一笔费用，该笔奖励是否需要缴纳企业所得税?

答：根据《财政部 国家税务总局关于专项用途财政性资金企业所得税处理问题的通知》（财税〔2011〕70号）规定，“企业从县级以上各级人民政府财政部门及其他部门取得的应计入收入总额的财政性资金，凡同时符合以下条件的，可以作为不征税收入，在计算应纳税所得额时从收入总额中减除：（一）企业能够提供规定资金专项用途的资金拨付文件；（二）财政部门或其他拨付资金的政府部门对该资金有专门的资金管理办法或具体管理要求；（三）企业对该资金以及以该资金发生的支出单独进行核算。”

根据上述规定，该笔奖励符合上述条件的，则无须缴纳企业所得税；否则应并入收入总额，计算缴纳企业所得税。

190. 企业为员工提供无息借款的所得税处理

某电网公司为稳定员工就业，为员工提供无息住房借款，员工在任职期内分期偿还，在企业所得税上需要做纳税调整增加利息收入吗？

答：根据《国家税务总局关于完善关联申报和同期资料管理有关事项的公告》（国家税务总局公告2016年第42号）第二条规定，企业与其他企业、组织或者个人具有下列关系之一的，构成本公告所称关联关系：

（一）一方直接或者间接持有另一方的股份总和达到25%以上；双方直接或者间接同为第三方所持有的股份达到25%以上。

（二）双方存在持股关系或者同为第三方持股，虽持股比例未达到本条第（一）项规定，但双方之间借贷资金总额占任一方实收资本比例达到50%以上，或者一方全部借贷资金总额的10%以上由另一方担保（与独立金融机构之间的借贷或者担保除外）。

（三）双方存在持股关系或者同为第三方持股，虽持股比例未达到本条第（一）项规定，但一方的生产经营活动必须由另一方提供专利权、非专利技术、商标权、著作权等特许权才能正常进行。

（四）双方存在持股关系或者同为第三方持股，虽持股比例未达到本条第（一）项规定，但一方的购买、销售、接受劳务、提供劳务等经营活动由另一方控制。

（五）一方半数以上董事或者半数以上高级管理人员（包括上市公司董事会秘书、经理、副经理、财务负责人和公司章程规定的其他人员）由另一方任命或者委派，或者同时担任另一方的董事或者高级管理人员；或者双方各自半数以上董事或者半数以上高级管理人员同为第三方任命或者委派。

（六）具有夫妻、直系血亲、兄弟姐妹以及其他抚养、赡养关系的两个自然人分别与双方具有本条第（一）至（五）项关系之一。

（七）双方在实质上具有其他共同利益。

除本条第（二）项规定外，上述关联关系年度内发生变化的，关联关系按照实际存续期间认定。

根据上述规定，企业与员工之间不存在上述关系，在企业所得税上不适用调整政策，企业也不必调整企业所得税应税收入。而股东如果达到上述关联方条件的，税务机关有权调整，股东为个人的涉及个人所得税、股东为法人的涉及企业所得税。

191. 总分机构之间调拨固定资产是否涉及企业所得税

某电网公司将一批变压器调拨至其下属电力设备公司，则该总分机构之间调拨固定资产活动是否涉及企业所得税？

答：根据《国家税务总局关于企业处置资产所得税处理问题的通知》（国税函〔2008〕828号）第一条的规定，“企业发生下列情形的处置资产，除将资产转移至境外以外，由于资产所有权属在形式和实质上均不发生改变，可作为内部处置资产，不视同销售确认收入，相关资产的计税基础延续计算。

（一）将资产用于生产、制造、加工另一产品；

（二）改变资产形状、结构或性能；

（三）改变资产用途（如自建商品房转为自用或经营）；

（四）将资产在总机构及其分支机构之间转移；

（五）上述两种或两种以上情形的混合；

（六）其他不改变资产所有权属的用途。”

根据上述规定，企业将变压器划拨至下属设备公司属于将资产在总机构及其分支机构之间转移的行为，不涉及企业所得税。

192. 样品试用是否应确认收入

某电力科学研究院全资子公司主营电力及其他工业控制设备生产，2020年将研究开发新设备给客户试用。请问该项活动是否要计入收入缴纳所得税？

答：根据《国家税务总局关于确认企业所得税收入若干问题的通知》（国税函〔2008〕875号）第一条第（一）项规定，“除企业所得税法及实施条例另有规定外，企业销售收入的确认，必须遵循权责发生制原则和实质重于形式原则。

（一）企业销售商品同时满足下列条件的，应确认收入的实现：

1. 商品销售合同已经签订，企业已将商品所有权相关的主要风险和报酬转移给购货方；

2. 企业对已售出的商品既没有保留通常与所有权相联系的继续管理权，也没有实施有效控制；

3. 收入的金额能够可靠地计量；

4. 已发生或将发生的销售方的成本能够可靠地核算。

根据《中华人民共和国企业所得税法实施条例》（中华人民共和国国务院令第512号）第二十五条规定，“企业发生非货币性资产交换，以及将货物、财产、劳务用于捐赠、偿债、赞助、集资、广告、样品、职工福利或者利润分配等用途的，应当视同销售货物、转让财产或者提供劳务，但国务院财政、税务主管部门另有规定的除外。”

根据上述规定，企业将研究开发新设备给客户试用，应按照视同销售确认收入缴纳企业所得税。

193. 内地企业投资者买卖香港基金取得所得是否确认收入

某电力公司通过基金互认买卖香港基金份额，请问企业取得所得是否需要缴纳企业所得税？

答：根据《财政部 国家税务总局证监会关于内地与香港基金互认有关税收政策的通知》（财税〔2015〕125号）第一条第2点规定，“对内地企业投资者通过基金互认买卖香港基金份额取得的转让差价所得，计入其收入总额，依法征收企业所得税。”

第一条第4点规定，“对内地企业投资者通过基金互认从香港基金分配取得的收益，计入其收入总额，依法征收企业所得税。”

根据上述规定，企业通过基金互认买卖香港基金份额取得的转让差价所得，计入其收入总额，依法征收企业所得税。

194. 个税手续费返还收入是否需要缴纳企业所得税

某电力能源公司于2020年9月20日收到个税手续费返还50000元，增值税率6%，请问企业收到的个税手续费返还是否需缴纳企业所得税？

答：根据《中华人民共和国企业所得税法》（中华人民共和国主席令第六十三号）第六条规定，“企业以货币形式和非货币形式从各种来源取得的收入，为收入总额。包括：

（一）销售货物收入；

（二）提供劳务收入；

（三）转让财产收入；

（四）股息、红利等权益性投资收益；

（五）利息收入；

（六）租金收入；

（七）特许权使用费收入；

（八）接受捐赠收入；

（九）其他收入。”

根据上述规定，企业收到的个税手续费返还属于“其他收入”，应并入企业当期收入，缴纳企业所得税。

195. 投资企业从被投资企业撤回或减少的投资是否需确认收入

某电力实业公司 2018 年投资给某电力发展公司 2000 万元，占某电力发展公司 30% 股份，2020 年 4 月经股东会决议，同意某电力集体企业抽回其投资，某电力集体企业分得现金 3500 万元。截至 2019 年底，某电力发展公司共有未分配利润和盈余公积 4000 万元，按照某电力集体企业的注册资本比例计算，某电力集体企业应享有 1200 万元。请问企业该部分撤回的投资额是否需要确认收入，缴纳企业所得税?

答：根据《国家税务总局关于企业所得税若干问题的公告》（国家税务总局公告 2011 年第 34 号）第五条规定，“投资企业从被投资企业撤回或减少投资，其取得的资产中，相当于初始出资的部分，应确认为投资收回；相当于被投资企业累计未分配利润和累计盈余公积按减少实收资本比例计算的部分，应确认为股息所得；其余部分确认为投资资产转让所得。”

根据上述规定，企业股权撤资所得 $=3500-2000-4000\times30\%=300$（万元）。按照股权比例撤资，企业收回股权价值对应的某电力发展公司 30% 的净资产，也就是 $2000+4000\times30\%=3200$（万元），但实际收回的股权折价是 3500 万元，这其中首先包含股息红利 $4000\times30\%=1200$（万元），其次是股权投资成本 2000 万元，撤资所产生的利得是 300 万元。因此，企业应当将

300 万元按照投资资产转让所得确认收入，缴纳企业所得税。

196. 企业资本公积转增股本是否需缴纳企业所得税

2019 年 3 月某电网公司拟投资某电力技术公司，经评估某电力技术公司价值为 5000 万元，因此某电力公司注入资本 5000 万元，其中 2000 万元作为注册资本，3000 万元作为资本溢价。某电力技术公司增资扩股后，某电网公司持股 50%。2020 年 4 月，某电力技术公司将资本公积 3000 万元全部转增注册资本，转股后，某电网公司名下注册资本为 3500 万元。请问某电网公司对转股的 1500 万元资本公积是否确认股息、红利所得缴纳企业所得税?

答：根据《国家税务总局关于贯彻落实企业所得税法若干税收问题的通知》（国税函〔2010〕79 号）第四条规定："关于股息、红利等权益性投资收益收入确认问题。被投资企业将股权（票）溢价所形成的资本公积转为股本的，不作为投资方企业的股息、红利收入，投资方企业也不得增加该项长期投资的计税基础。"

根据上述规定，虽然某电网公司持有某电力技术公司的注册资本金额由 2000 万元，增长到 3500 万元，但是资本溢价属于投资者投入的一部分，而所得税应当是对股东投入成本取得的所得征税，而不能对投入成本本身征税，资本溢价和注册资本都是股东投入的组成部分，并不能产生所得，因此某电网公司对转股的 1500 万元资本公积不确认所得。

197. 企业取得的财产转让收入能否分期确认收入

2020 年 8 月某电力科技公司将一项专利技术使用权转让给了某电力设备公司，取得转让收入 100 万元，请问企业能否将取得的专利技术使用权的转让收入进行分期确认收入?

答：根据《国家税务总局关于企业取得财产转让等所得企业所得税处理问题的公告》（国家税务总局公告 2010 年第 19 号）第一条规定，"企业取得财产（包括各类资产、股权、债权等）转让收入、债务重组收入、接受捐赠收入、无法偿付的应付款收入等，不论是以货币形式、还是非货币形式体现，除另有规定外，均应一次性计入确认收入的年度计算缴纳企业所得税。"

根据上述规定，企业取得的转让专利技术使用权收入应该一次性计入确认收入的年度计算缴纳企业所得税。

198. 企业存货盘盈是否需要缴纳企业所得税

某电力物资公司于2020年12月31日盘点存货时，发现存货盘盈8万元，请问企业盘盈的存货是否需要缴纳企业所得税？

答：根据《中华人民共和国企业所得税法》（中华人民共和国主席令第六十三号）第六条第（九）项规定，“企业以货币形式和非货币形式从各种来源取得的收入，为收入总额。包括：其他收入。”

根据《中华人民共和国企业所得税法实施条例》（中华人民共和国国务院令第512号）第二十二条规定，“企业所得税法第六条第（九）项所称其他收入，是指企业取得的除企业所得税法第六条第（一）项至第（八）项规定的收入外的其他收入，包括企业资产溢余收入、逾期未退包装物押金收入、确实无法偿付的应付款项、已作坏账损失处理后又收回的应收款项、债务重组收入、补贴收入、违约金收入、汇兑收益等。”

根据上述规定，企业存货盘盈8万元属于企业“其他收入”中的“资产溢余收入”。因此，企业发生盘盈的存货应当并入企业收入总额，缴纳企业所得税。

199. 自产产品用于职工福利的涉税处理

某电力实业集团下属电力企业服务公司将自产的月饼作为中秋节福利发放给员工，所发放的月饼生产成本20万元，市场销售价格25万元，请问企业发放给员工的月饼是否需要视同销售缴纳企业所得税？

答：根据《中华人民共和国企业所得税法实施条例》（中华人民共和国国务院令第512号）第二十五条规定，“企业发生非货币性资产交换，以及将货物、财产、劳务用于捐赠、偿债、赞助、集资、广告、样品、职工福利或者利润分配等用途的，应当视同销售货物、转让财产或者提供劳务，但国务院财政、税务主管部门另有规定的除外。”

根据《国家税务总局关于企业处置资产所得税处理问题的通知》（国税函

〔2008〕828号）第二条规定，“企业将资产移送他人的下列情形，因资产所有权属已发生改变而不属于内部处置资产，应按规定视同销售确定收入。

（一）用于市场推广或销售；

（二）用于交际应酬；

（三）用于职工奖励或福利；

（四）用于股息分配；

（五）用于对外捐赠；

（六）其他改变资产所有权属的用途。”

根据《国家税务总局关于企业所得税有关问题的公告》（国家税务总局公告2016年第80号）第二条规定，“企业发生《国家税务总局关于企业处置资产所得税处理问题的通知》（国税函〔2008〕828号）第二条规定情形的，除另有规定外，应按照被移送资产的公允价值确定销售收入。”

根据上述规定，企业发放给员工的月饼应视同销售，按照月饼的市场价计算销售收入，并入应纳税所得额缴纳企业所得税。

200. 企业清算时账面负债如何进行税务处理

某电力集体企业下属建设监理公司于2020年4月准备注销清算，遂委托某事务所对其进行清算，清算时发现企业自行在经营期末对一笔无法支付的其他应付款450万元转为营业外收入。在清算的鉴证报告中，事务所认为企业确实无法偿付的450万元属于企业清算期间应支付但由于清算资产不足以偿还的未付款项，无须并入清算所得征税，遂进行纳税调减450万元。请问：企业在清算时对该企业无法支付的450万元是否应并入清算所得？

答：根据《中华人民共和国公司法》（2018修正）（中华人民共和国主席令第四十二号）第一百八十三条规定，“公司因本法第一百八十条第（一）项、第（二）项、第（四）项、第（五）项规定而解散的，应当在解散事由出现之日起十五日内成立清算组，开始清算。有限责任公司的清算组由股东组成，股份有限公司的清算组由董事或者股东大会确定的人员组成。逾期不成立清算组进行清算的，债权人可以申请人民法院指定有关人员组成清算组进行清算。人民法院应当受理该申请，并及时组织清算组进行清算。

根据《财政部 国家税务总局关于企业清算业务企业所得税处理若干问题

的通知》（财税〔2009〕60号）第三条规定，“企业清算的所得税处理包括以下内容：（一）全部资产均应按可变现价值或交易价格，确认资产转让所得或损失；（二）确认债权清理、债务清偿的所得或损失；（三）改变持续经营核算原则，对预提或待摊性质的费用进行处理；（四）依法弥补亏损，确定清算所得；（五）计算并缴纳清算所得税；（六）确定可向股东分配的剩余财产、应付股息等。”

根据上述规定，清算期间申报债权时已确认不需要支付的应付款项，也应并入清算所得。鉴于清算所得的计算在开始偿还债务之前，对于清算期间应支付的款项，由于清算资产变现收入需按照顺序偿债，对于不足以支付的债务，不需并入清算所得。

201. 销售退回业务如何确认销售收入

2019年12月某电力设备公司销售一批变压器设备给某玻璃纤维公司，2020年6月某玻璃纤维公司提出该批变压器有质量原因要求退货，某电力设备公司已同意退货并收到变压器，请问企业在税收上是调整2019年的销售收入还是记入退货当期的销售收入？

答：根据《中华人民共和国企业所得税实施条例》（中华人民共和国国务院令第512号）第九条规定，“企业应纳税所得额的计算，以权责发生制为原则，属于当期的收入和费用，不论款项是否收付，均作为当期的收入和费用；不属于当期的收入和费用，即使款项已经在当期收付，均不作为当期的收入和费用。本条例和国务院财政、税务主管部门另有规定的除外。”

根据《国家税务总局关于确认企业所得税收入若干问题的通知》（国税函〔2008〕875号）第一条第（五）项规定，“企业因售出商品的质量不合格等原因而在售价上给的减让属于销售折让；企业因售出商品质量、品种不符合要求等原因而发生的退货属于销售退回。企业已经确认销售收入的售出商品发生销售折让和销售退回，应当在发生当期冲减当期销售商品收入。”

根据上述规定，企业销售商品后因质量问题退货，应当在发生当期冲减当期销售商品收入。即2019年已经结转销售收入的商品，在2020年6月发生退回时，所得税上直接冲减2020年6月的销售收入。

202. 分期收款转让股权能否分期确认企业所得税收入

某电网公司于2020年7月发生一笔股权转让业务，协议约定分期收款，请问企业能否分期确认股权转让企业所得税收入?

答：根据《中华人民共和国企业所得税实施条例》（中华人民共和国国务院令第512号）第九条规定，“企业应纳税所得额的计算，以权责发生制为原则，属于当期的收入和费用，不论款项是否收付，均作为当期的收入和费用；不属于当期的收入和费用，即使款项已经在当期收付，均不作为当期的收入和费用。本条例和国务院财政、税务主管部门另有规定的除外。”

根据《国家税务总局关于贯彻落实企业所得税法若干税收问题的通知》（国税函〔2010〕79号）第三条规定，“企业转让股权收入，应于转让协议生效、且完成股权变更手续时，确认收入的实现。转让股权收入扣除为取得该股权所发生的成本后，为股权转让所得。企业在计算股权转让所得时，不得扣除被投资企业未分配利润等股东留存收益中按该项股权所可能分配的金额。”

根据《国家税务总局关于企业取得财产转让等所得企业所得税处理问题的公告》（国家税务总局公告2010年第19号）第一条规定，“企业取得财产（包括各类资产、股权和债权等）转让收入、债务重组收入、接受捐赠收入和无法偿付的应付款收入等，不论是以货币形式、还是非货币形式体现，除另有规定外，均应一次性计入确认收入的年度计算缴纳企业所得税。”

根据上述规定，企业发生股权转让收入应于转让协议生效、且完成股权变更手续时，一次性确认企业所得税收入的实现。

203. 母公司收取子公司的管理费用涉税问题

某电力实业公司为了加强管理，每年按照全资子公司销售收入的0.5%收取一定的管理费用，请问企业收取子公司的管理服务费，是否应确认为收入?

答：根据《国家税务总局关于母子公司间提供服务支付费用有关企业所得税处理问题的通知》（国税发〔2008〕86号）第一条规定，“母公司为其子公司（以下简称子公司）提供各种服务而发生的费用，应按照独立企业之间公平交易原则确定服务的价格，作为企业正常的劳务费用进行税务处理。

母子公司未按照独立企业之间的业务往来收取价款的，税务机关有权予以调整。”

第三条规定，“母公司向其子公司提供各项服务，双方应签订服务合同或协议，明确规定提供服务的内容、收费标准及金额等，凡按上述合同或协议规定所发生的服务费，母公司应作为营业收入申报纳税；子公司作为成本费用在税前扣除。”

根据上述规定，企业向子公司提供的管理服务，双方应签订服务合同或协议，明确规定提供服务的内容、收费标准及金额，收取的管理费用应作为营业收入纳税申报。

二、费用项目

（一）工资薪金

204. 员工每月交通费应作为福利费还是工资薪金支出在税前扣除

某电网公司的工资制度规定对在职员工每月补贴交通费，与工资一并发放，请问应作为福利费还是工资薪金支出税前扣除?

答：根据《国家税务总局关于企业工资薪金及职工福利费扣除问题的通知》（国税函〔2009〕3号）第一条规定，“关于合理工资薪金问题。《实施条例》第三十四条所称的‘合理工资薪金’，是指企业按照股东大会、董事会、薪酬委员会或相关管理机构制订的工资薪金制度规定实际发放给员工的工资薪金。税务机关在对工资薪金进行合理性确认时，可按以下原则掌握：（一）企业制订了较为规范的员工工资薪金制度；（二）企业所制订的工资薪金制度符合行业及地区水平；（三）企业在一定时期所发放的工资薪金是相对固定的，工资薪金的调整是有序进行的；（四）企业对实际发放的工资薪金，已依法履行了代扣代缴个人所得税义务。（五）有关工资薪金的安排，不以减少或逃避税款为目的。”

第三条第（二）项规定，“关于职工福利费扣除问题。《实施条例》第四十条规定的企业职工福利费，包括以下内容：（二）为职工卫生保健、生活、住房、交通等所发放的各项补贴和非货币性福利，包括企业向职工发放的因公外地就医费用、未实行医疗统筹企业职工医疗费用、职工供养直系亲属医疗补贴、供暖费补贴、职工防暑降温费、职工困难补贴、救济费、职工食堂经费补贴、职工交通补贴等。”

根据《国家税务总局关于企业工资薪金和职工福利费等支出税前扣除问题的公告》（国家税务总局公告2015年第34号）第一条规定，“列入企业员工工资薪金制度、固定与工资薪金一起发放的福利性补贴，符合《国家税务总局关于企业工资薪金及职工福利费扣除问题的通知》（国税函〔2009〕3号）第一条规定的，可作为企业发生的工资薪金支出，按规定在税前扣除。不能同时符合上述条件的福利性补贴，应作为国税函〔2009〕3号文件第三条规定的职工福利费，按规定计算限额税前扣除。”

根据上述规定，企业为员工每月发放的交通费符合《国家税务总局关于企业工资薪金及职工福利费扣除问题的通知》（国税函〔2009〕3号）第一条规定，可作为企业发生的工资薪金支出按规定在税前扣除。不能同时符合上述条件的福利性补贴，应作为国税函〔2009〕3号文件第三条规定的职工福利费，按规定计算限额税前扣除。

205. 临时工工资能否计入费用计提基数

某电网公司雇用临时工，发生的工资支出，能否作为工资薪金在企业所得税前扣除，并作为计算其他各项相关费用扣除的依据?

答：根据《国家税务总局关于企业所得税应纳税所得额若干税务处理问题的公告》（国家税务总局公告2012年第15号）第一条的规定，“关于季节工、临时工等费用税前扣除问题。企业因雇用季节工、临时工、实习生以及返聘离退休人员所实际发生的费用，应区分为工资薪金支出和职工福利费支出，并按《企业所得税法》规定在企业所得税前扣除。其中属于工资薪金支出的，准予计入企业工资薪金总额的基数，作为计算其他各项相关费用扣除的依据。”

根据上述规定，企业雇用临时工，发生的工资薪金支出，准予计入企业工资薪金总额的基数，作为计算其他各项相关费用扣除的依据。

206. 企业解除劳动合同支付的一次性补偿金是否可以税前扣除

某集体企业下属清洁能源公司与某职工解除劳动合同，按照劳动合同法相关规定应向其支付经济补偿金3万元。请问企业支付的这笔一次性补偿金能否税前扣除?

答：根据《中华人民共和国企业所得税法》（根据2018年12月29日第十三届全国人民代表大会常务委员会第七次会议《关于修改〈中华人民共和国电力法〉等四部法律的决定》第二次修正）第八条规定，“企业实际发生的与取得收入有关的、合理的支出，包括成本、费用、税金、损失和其他支出，准予在计算应纳税所得额时扣除。”

根据《中华人民共和国企业所得税法实施条例》（中华人民共和国国务院令第512号）第二十七条规定，“企业所得税法第八条所称有关的支出，是指与取得收入直接相关的支出。同时第三十三条也规定，企业所得税法第八条所称合理的支出，是指符合生产经营活动常规，应当计入当期损益或者有关资产成本的必要和正常的支出。”

根据上述规定，企业与受雇人员解除劳动合同，支付给职工的一次性补偿金，属于与取得收入有关的、合理的支出。因此，企业支付的一次性补偿金，允许在企业所得税税前扣除。

（二）职工福利费

207. 给员工购买手机的费用能否在税前扣除

某电力发展公司年终福利，给优秀员工每人购置了一部手机，总共费用为30万元，请问这30万元能否在企业所得税税前扣除?

答：根据《中华人民共和国企业所得税法》（根据2018年12月29日第十三届全国人民代表大会常务委员会第七次会议《关于修改〈中华人民共和国电力法〉等四部法律的决定》第二次修正）第八条规定：“企业实际发生的与取得收入有关的、合理的支出，包括成本、费用、税金、损失和其他支出，准予在计算应纳税所得额时扣除。”

根据《中华人民共和国企业所得税法实施条例》(国务院令第512号)第二十七条规定:“企业所得税法第八条所称有关的支出,是指与取得收入直接相关的支出。企业所得税法第八条所称合理的支出,是指符合生产经营活动常规,应当计入当期损益或者有关资产成本的必要和正常的支出。”

根据上述规定,企业给员工购买手机发生的费用,无法准确区分是否属于与取得收入有关的合理的支出,不可以在企业所得税税前扣除。

208. 企业员工服饰费用支出是否可以税前扣除

某供电公司营销部门,为全部门成员订制了工作服,该费用是否可以税前扣除?

答:根据《国家税务总局关于企业所得税若干问题的公告》(国家税务总局公告2011年第34号)第二条规定,“企业根据其工作性质和特点,由企业统一制作并要求员工工作时统一着装所发生的工作服饰费用,可以作为企业合理的支出给予税前扣除。”

根据上述规定,企业因工作需要,统一工作形象,为全部门成员订制工作服而产生的费用,可以税前扣除。

209. 企业统一组织员工体检,发生的费用能否税前扣除

某供电公司,为了保障全体员工的身体健康,统一组织全体员工体检,发生的费用能否税前扣除?

答:根据《国家税务总局关于企业工资薪金及职工福利费扣除问题的通知》(国税函〔2009〕3号)第三条第(二)项规定,“《中华人民共和国企业所得税法实施条例》第四十条规定的企业职工福利费,包括以下内容:

(二)为职工卫生保健、生活、住房、交通等所发放的各项补贴和非货币性福利,包括企业向职工发放的因公外地就医费用、未实行医疗统筹企业职工医疗费用、职工供养直系亲属医疗补贴、供暖费补贴、职工防暑降温费、职工困难补贴、救济费、职工食堂经费补贴、职工交通补贴等。”

根据上述规定,企业每年组织员工进行体检属于此范围之内,可以按照职工福利费在企业所得税前扣除。

210. 企业组织职工外出旅游，支付的旅游费能否作为职工福利费列支

某电网公司组织员工外出旅游，费用由企业承担，该笔费用能否作为福利费列支？

答：根据《国家税务总局关于企业工资薪金及职工福利费扣除问题的通知》（国税函〔2009〕3号）第三条规定，“《企业所得税实施条例》第四十条规定的企业职工福利费，包括以下内容：

（一）尚未实行分离办社会职能的企业，其内设福利部门所发生的设备、设施和人员费用，包括职工食堂、职工浴室、理发室、医务所、托儿所、疗养院等集体福利部门的设备、设施及维修保养费用和福利部门工作人员的工资薪金、社会保险费、住房公积金、劳务费等。

（二）为职工卫生保健、生活、住房、交通等所发放的各项补贴和非货币性福利，包括企业向职工发放的因公外地就医费用、未实行医疗统筹企业职工医疗费用、职工供养直系亲属医疗补贴、供暖费补贴、职工防暑降温费、职工困难补贴、救济费、职工食堂经费补贴、职工交通补贴等。

（三）按照其他规定发生的其他职工福利费，包括丧葬补助费、抚恤费、安家费、探亲假路费等。”

根据上述规定，上述文件对职工福利费是列举式的，该文件并未将职工旅游费列为职工福利费。企业发生的旅游费支出不能作为职工福利费列支。

211. 企业为职工发放的防暑降温费如何税前扣除

某供电公司按规定每年6月至9月安排员工在高温天气下露天工作以及不能采取有效措施将工作场所温度降低到33°C以下的，应当向劳动者支付高温季节津贴，标准为每月200元。请问企业为每位员工发放的防暑降温费用，如何税前扣除？

答：根据《国家税务总局关于企业工资薪金及职工福利费扣除问题的通知》（国税函〔2009〕3号）第三条规定，“《企业所得税实施条例》第四十条规定的企业职工福利费，包括以下内容：

（一）尚未实行分离办社会职能的企业，其内设福利部门所发生的设备、

设施和人员费用，包括职工食堂、职工浴室、理发室、医务所、托儿所、疗养院等集体福利部门的设备、设施及维修保养费用和福利部门工作人员的工资薪金、社会保险费、住房公积金、劳务费等。

（二）为职工卫生保健、生活、住房、交通等所发放的各项补贴和非货币性福利，包括企业向职工发放的因公外地就医费用、未实行医疗统筹企业职工医疗费用、职工供养直系亲属医疗补贴、供暖费补贴、职工防暑降温费、职工困难补贴、救济费、职工食堂经费补贴、职工交通补贴等。

（三）按照其他规定发生的其他职工福利费，包括丧葬补助费、抚恤费、安家费、探亲假路费等。”

根据上述规定，企业为职工支付的具有福利性质的职工防暑降温费不能直接在企业所得税税前扣除，应当按照职工福利费扣除限额标准在税前列支扣除，即企业发生的职工福利费支出，不超过工资薪金总额14%的部分，准予扣除。

212. 企业为职工提供住宿发生的租金可否税前扣除

某供电公司为员工提供集体宿舍需要承租了一栋职工宿舍楼，并承担了相应的租金，该部分费用可否税前扣除?

答：根据《国家税务总局关于企业工资薪金及职工福利费扣除问题的通知》（国税函〔2009〕3号）第三条关于职工福利费扣除问题规定，“《企业所得税实施条例》第四十条规定的企业职工福利费，包括以下内容：

（一）尚未实行分离办社会职能的企业，其内设福利部门所发生的设备、设施和人员费用，包括职工食堂、职工浴室、理发室、医务所、托儿所、疗养院等集体福利部门的设备、设施及维修保养费用和福利部门工作人员的工资薪金、社会保险费、住房公积金、劳务费等。

（二）为职工卫生保健、生活、住房、交通等所发放的各项补贴和非货币性福利，包括企业向职工发放的因公外地就医费用、未实行医疗统筹企业职工医疗费用、职工供养直系亲属医疗补贴、供暖费补贴、职工防暑降温费、职工困难补贴、救济费、职工食堂经费补贴、职工交通补贴等。

（三）按照其他规定发生的其他职工福利费，包括丧葬补助费、抚恤费、安家费、探亲假路费等。”

根据上述规定，企业为职工提供住宿而发生的租金凭房屋租赁合同及合法凭证在职工福利费中列支，准予税前扣除。

213. 企业发生的丧葬补助费未取得发票能否作为福利费在所得税税前扣除

某电网公司2020年3月向员工王某发放丧葬补助费，未取得发票，请问企业能否在福利费中列支并在企业所得税税前扣除?

答：根据《国务院关于修改〈中华人民共和国发票管理办法〉的决定》（中华人民共和国国务院令第587号）规定，所有单位和从事生产、经营活动的个人在购买商品、接受服务以及从事其他经营活动支付款项，应当向收款方取得发票。

《中华人民共和国企业所得税法实施条例》（中华人民共和国国务院令第512号）规定，企业发生的职工福利费支出，不超过工资、薪金总额14%的部分，准予扣除。《国家税务总局关于企业工资薪金及职工福利费扣除问题的通知》（国税函〔2009〕3号）规定，企业职工福利费包括丧葬补助费、抚恤费等等。

《国家税务总局关于企业所得税若干问题的公告》（国家税务总局公告2011年第34号）规定，企业当年度实际发生的相关成本、费用，由于各种原因未能及时取得该成本、费用的有效凭证，企业在预缴季度所得税时，可暂按账面发生金额进行核算；但在汇算清缴时，应补充提供该成本、费用的有效凭证。

根据上述规定，企业按规定发生的丧葬补助费，不属于经营性行为，不需要取得发票。企业按照国家统一财务会计制度的相关规定确定入账凭证并进行相应账务处理即可，但有关凭证需要在税法规定的期限内取得。同时，丧葬补助费应作为职工福利费，按规定比例在企业所得税税前扣除。

214. 企业食堂经费是否按职工福利费在税前扣除

某供电公司食堂实行内部核算，经费由财务部门从职工福利费中按期拨付，是否可做为实际发生的职工福利在税前扣除?

答：根据《中华人民共和国企业所得税法实施条例》（中华人民共和国国

务院令第512号）第四十条规定，“企业发生的职工福利费支出，不超过工资薪金总额14%的部分，准予扣除。”

根据《国家税务总局关于企业工资薪金及职工福利费扣除问题的通知》（国税函〔2009〕3号）第三条规定的企业职工福利费，“包括职工食堂等集体福利部门的设备、设施及维修保养费用和福利部门工作人员的工资薪金、社会保险费、住房公积金、劳务费以及职工食堂经费补贴等。”

根据上述规定，某供电公司内设的职工食堂属于企业的福利部门，发生的设备、设施及维修保养费用和工作人员的工资薪金、社会保险费、住房公积金、劳务费以及职工食堂经费补贴都属于职工福利费的列支范围，可以按税法规定在税前扣除。

（三）工会经费

215. 以前年度未拨缴的工会经费如何处理

某电网公司本年度工会经费已计提拨缴，并有工会组织开具的专用收据。但存在以前年度未拨缴的工会经费，对于以前年度未拨缴的工会经费该如何处理？

答：根据《中华人民共和国企业所得税法实施条例》（中华人民共和国国务院令第512号）第九条规定，“企业应纳税所得额的计算，以权责发生制为原则，属当期的收入和费用，不论款项是否收付，均作为当期的收入和费用；不属于当期的收入和费用，即使款项已经在当期收付，均不作为当期的收入和费用。”

根据上述规定，以前年度未拨缴的工会经费，不能作为本年度的费用税前扣除。

（四）职工教育经费

216. 员工接受继续教育学费可以在所得税税前扣除吗

某供电公司鼓励员工继续深造，规定若员工顺利完成继续深造，取得相应证书的，继续教育的学费由企业承担。该部分费用能否税前扣除？

答：根据《中华人民共和国企业所得税法》（中华人民共和国主席令第六十三号）第八条规定，“企业实际发生的与取得收入有关的、合理的支出，包括成本、费用、税金、损失和其他支出，准予在计算应纳税所得额时扣除。”

根据《关于企业职工教育经费提取与使用管理的意见》（财建〔2006〕317号）第三条第（九）项规定，“企业职工参加社会上的学历教育以及个人为取得学位而参加的在职教育，所需费用应由个人承担，不能挤占企业的职工教育培训经费。”

根据上述规定，企业员工接受继续教育所发生的学费属于员工个人消费，不属于职工教育经费的范畴，不得税前扣除。

（五）保险费用

217. 为退休人员缴纳的补充养老保险等是否可以在企业所得税税前扣除

某供电公司为退休人员缴纳的补充养老保险、补充医疗保险，发生的费用可否税前扣除？

答：根据《财政部 国家税务总局关于补充养老保险费 补充医疗保险费有关企业所得税政策问题的通知》（财税〔2009〕27号）规定，“自2008年1月1日起，企业根据国家有关政策规定，为在本企业任职或者受雇的全体员工支付的补充养老保险费、补充医疗保险费，分别在不超过职工工资总额5%标准内的部分，在计算应纳税所得额时准予扣除；超过的部分，不予扣除。”

根据上述规定，因退休人员不属于文件规定的在本企业任职或者受雇的员工，所以企业支付的这部分费用不能在企业所得税前扣除。

218. 企业支付给员工的补充养老保险能否在税前扣除

某供电公司为员工缴纳的补充养老保险，发生的费用可否税前扣除？

答：根据《财政部 国家税务总局关于补充养老保险费补充医疗保险费有关企业所得税政策问题的通知》（财税〔2009〕27号）规定，“自2008年1月1日起，企业根据国家有关政策规定，为在本企业任职或者受雇的全体员工支付的补充养老保险费、补充医疗保险费，分别在不超过职工工资总额5%

标准内的部分，在计算应纳税所得额时准予扣除；超过的部分，不予扣除。”

根据上述规定，企业为职工缴纳的补充养老保险，不超过职工工资总额5%标准内的部分，在计算应纳税所得额时准予扣除；超过的部分，不予扣除。

219. 车辆购置税能否一次性在税前扣除

2020年4月某电力公司企业购入了一辆办公用小汽车16万元，缴纳的车辆购置税1.6万元，请问企业所缴纳的车辆购置税能否一次性在企业所得税税前扣除?

答：根据《中华人民共和国企业所得税法》（中华人民共和国主席令第六十三号）第八条规定，“企业实际发生的与取得收入有关的、合理的支出，包括成本、费用、税金、损失和其他支出，准予在计算应纳税所得额时扣除。”

根据《中华人民共和国企业所得税法实施条例》（中华人民共和国国务院令第512号）第二十八条规定，“企业发生的支出应当区分收益性支出和资本性支出。收益性支出在发生当期直接扣除；资本性支出应当分期扣除或者计入有关资产成本，不得在发生当期直接扣除。

除另有规定外，企业实际发生的成本、费用、税金、损失和其他支出，不得重复扣除。”

第五十八条第（一）项规定，“固定资产按照以下方法确定计税基础：（一）外购的固定资产，以购买价款和支付的相关税费以及直接归属于使该资产达到预定用途发生的其他支出为计税基础。”

根据上述规定，企业购买办公用小汽车所缴纳的车辆购置税可以在企业所得税税前扣除，但因缴纳车辆购置税是小汽车在公安机关登记注册的前置环节，属于达到预定可使用状态之前发生的必要支出，应当计入小汽车的计税基础，按照规定以折旧方式分期摊销，不得一次性在企业所得税税前扣除。

220. 雇主责任险是否允许在税前扣除

某电力建筑公司2020年向保险公司进行了雇主责任险的投保业务，雇主责任险的责任范围为：凡被保险人所雇用的员工，在保险有效期内，在受雇过程中，从事保单所载明的被保险人的业务有关工作时，遭受意外而致受伤、死亡或患有与业务有关的职业性疾病，所致伤残或死亡，被保险人根据雇用合同，需付医药费及经济赔偿责任，包括应支付的诉讼费用，由保险公司负责赔偿。请问，企业购买雇主责任险发生的费用能否在企业所得税税前扣除？

答：根据《中华人民共和国企业所得税法实施条例》（中华人民共和国国务院令第512号）第四十六条的规定，“企业参加财产保险，按照规定缴纳的保险费，准予扣除。”

根据《中华人民共和国保险法》（中华人民共和国主席令第十一号）第九十五条第（二）项规定，“财产保险业务包括财产损失保险、责任保险、信用保险、保证保险等保险业务。”

根据《国家税务总局关于责任保险费企业所得税税前扣除有关问题的公告》（国家税务总局公告2018年第52号）规定，“企业参加雇主责任险、公众责任险等责任保险，按照规定缴纳的保险费，准予在企业所得税税前扣除。”

根据上述规定，企业购买雇主责任险发生的费用可以在企业所得税税前扣除。

221. 为职工投保家庭财产险可否在税前扣除

某电网公司为了保证职工家庭财产安全，拟为全体职工投保家庭财产安全险。请问，这项保险费用可否在税前扣除？

答：根据《中华人民共和国企业所得税法实施条例》（中华人民共和国国务院令第512号）第三十五条规定，“企业依照国务院有关主管部门或者省级人民政府规定的范围和标准为职工缴纳的基本养老保险费、基本医疗保险费、失业保险费、工伤保险费、生育保险费等基本社会保险费和住房公积金，准予扣除。

企业为投资者或者职工支付的补充养老保险费、补充医疗保险费，在国务院财政、税务主管部门规定的范围和标准内，准予扣除。”

第三十六条规定，“除企业依照国家有关规定为特殊工种职工支付的人身安全保险费和国务院财政、税务主管部门规定可以扣除的其他商业保险费外，企业为投资者或者职工支付的商业保险费，不得扣除。”

根据上述规定，除上述规定的保险费用外，企业为职工缴纳的其他类商业保险一律不得在企业所得税前扣除，需要在年度汇算清缴时作纳税调增处理。因此，企业为职工投保家庭财产险不得税前扣除。

222. 员工春节回家报销往返车票能否在税前扣除

某电力集体企业下属建设监理有限公司员工刘某回家探亲，按照公司规定允许报销来回飞机票2000元。请问员工春节回家报销往返车票能否在税前扣除？

答：根据《国家税务总局关于企业工资薪金及职工福利费扣除问题的通知》（国税函〔2009〕3号）第三条第（三）项规定，“关于职工福利费扣除问题。《实施条例》第四十条规定的企业职工福利费，包括以下内容：（三）按照其他规定发生的其他职工福利费，包括丧葬补助费、抚恤费、安家费、探亲假路费等。”

根据《中华人民共和国企业所得税法实施条例》（中华人民共和国国务院令第512号）第四十条的规定，“企业发生的职工福利费支出，不超过工资薪金总额14%的部分，准予企业所得税税前扣除。”

根据上述规定，探亲假路费是属于企业职工福利费列支范围，员工春节回家报销往返车票可以税前扣除。

223. 为职工支付的特殊工种职工人身安全保险费是否可以在税前扣除

某集体企业下属建筑公司为员工购买特殊工种人身安全保险，能否在税前扣除？

答：根据《中华人民共和国企业所得税法实施条例》（中华人民共和国国务院令第512号）第三十六条规定，“除企业依照国家有关规定为特殊工种职工支付的人身安全保险费和国务院财政税务主管部门规定可以扣除的其他商业保险费外，企业为投资者或者职工支付的商业保险费，不得扣除。”

根据《中华人民共和国建筑法》（中华人民共和国主席令第四十六号）第四十八条规定，“建筑施工企业应当依法为职工参加工伤保险缴纳工伤保险费。鼓励企业为从事危险作业的职工办理意外伤害保险，支付保险费。”

根据上述规定，特殊工种是指按照有关部门规定从事特殊岗位工作的统称，企业为特殊工种职工支付的保险费应符合政府有关部门的相关规定。建筑企业为职工购买的意外伤害保险属于国家法律法规所强制性的规定，可以据实税前扣除。

（六）广告费

224. 关联企业广告费和业务宣传费如何在税前扣除

某集体企业与下属信息科技公司签订了广告费分摊协议，双方约定集体企业发生的广告宣传费由信息科技公司负担40%。2020年集体企业销售收入为6000万元，实际发生的广告宣传费950万元。对集体企业发生的广告宣传费按协议分摊至信息科技公司的部分，如何在企业所得税税前扣除？

答：根据《财政部 税务总局关于广告费和业务宣传费支出税前扣除有关事项的公告》（财税〔2020〕43号）第二条规定，“对签订广告费和业务宣传费分摊协议（以下简称分摊协议）的关联企业，其中一方发生的不超过当年销售（营业）收入税前扣除限额比例内的广告费和业务宣传费支出可以在本企业扣除，也可以将其中的部分或全部按照分摊协议归集至另一方扣除。另一方在计算本企业广告费和业务宣传费支出企业所得税税前扣除限额时，可将按照上述办法归集至本企业的广告费和业务宣传费不计算在内。”

根据上述规定，集体企业2020年销售收入为6000万元，当年实际发生广告宣传费950万元，广告宣传费的扣除限额 = 6000 × 15% = 900（万元）。集体企业可以选择是在本企业扣除，还是签订协议分摊至信息科技公司扣除，广告宣传费的分摊有两种计算方法：一是按实际发生额计算，即950 × 40% = 380（万元），集体企业可以在自己企业抵扣广告宣传费900 - 380 = 520（万元），剩余结转数额 = 950 - 900 = 50（万元）；二是按照扣除限额计算，即900 × 40% = 360（万元），集体企业可抵扣900 - 360 = 540（万元），剩余结转数为900 - 540 = 360（万元）。

（七）捐赠支出

225. 公益性捐赠超过年度利润总额12%的部分，能否结转以后年度

某电力工程安装公司2020年发生的公益性捐赠支出15万元，当年的利润总额为100万元，企业发生的公益性捐赠支出超过年度利润总额12%的部分，能否结转以后年度扣除？

答：根据《财政部 税务总局关于公益性捐赠支出企业所得税税前结转扣除有关政策的通知》（财税〔2018〕15号）规定，“一、企业通过公益性社会组织或者县级（含县级）以上人民政府及其组成部门和直属机构，用于慈善活动、公益事业的捐赠支出，在年度利润总额12%以内的部分，准予在计算应纳税所得额时扣除；超过年度利润总额12%的部分，准予结转以后三年内在计算应纳税所得额时扣除。

本条所称公益性社会组织，应当依法取得公益性捐赠税前扣除资格。

本条所称年度利润总额，是指企业依照国家统一会计制度的规定计算的大于零的数额。

二、企业当年发生及以前年度结转的公益性捐赠支出，准予在当年税前扣除的部分，不能超过企业当年年度利润总额的12%。

三、企业发生的公益性捐赠支出未在当年税前扣除的部分，准予向以后年度结转扣除，但结转年限自捐赠发生年度的次年起计算最长不得超过三年。”

根据上述规定，2020年允许所得税税前扣除公益性捐赠支出金额为100×12%=12万元，实际发生的支出为15万元，超过扣除限额部分为15-12=3万元，准予结转以后三年内在计算应纳税所得额时扣除。

226. 公益性团体和政府机构在接受捐赠时捐赠资产价值如何确认

某供电公司2019年向某公益性团体捐赠格力空调空调50台，请问公益性社会团体和县级以上人民政府及其组成部门和直属机构在接受捐赠时，捐赠资产价值如何确认？是否需要提供所捐赠资产价值的证明？

答：根据《财政部 税务总局 民政部关于公益性捐赠税前扣除有关事项

的公告》（财政部 税务总局 民政部公告2020年第27号）第十三条规定，“除另有规定外，公益性社会组织、县级以上人民政府及其部门等国家机关在接受企业或个人捐赠时，按以下原则确认捐赠额：

（一）接受的货币性资产捐赠，以实际收到的金额确认捐赠额。

（二）接受的非货币性资产捐赠，以其公允价值确认捐赠额。捐赠方在向公益性社会组织、县级以上人民政府及其部门等国家机关捐赠时，应当提供注明捐赠非货币性资产公允价值的证明；不能提供证明的，接受捐赠方不得向其开具捐赠票据。”

根据上述规定，企业捐赠的空调的价值应当以其公允价值计算，并且应当提供所捐赠空调公允价值的证明，如销售方开具的专用发票等。

（八）利息支出

227. 认缴制下投资未到位发生的利息支出能否在税前扣除

某集体企业下属物资分公司2019年成立，注册资本1000万元，认缴出资的截止时间为2029年，物资分公司2020年向金融机构贷款1200万元，请问物资分公司支付的贷款利息能否税前扣除？

答：根据《国家税务总局关于企业投资者投资未到位而发生的利息支出企业所得税前扣除问题的批复》（国税函〔2009〕312号）规定“凡企业投资者在规定期限内未缴足其应缴资本额的，该企业对外借款所发生的利息，相当于投资者实缴资本额与在规定期内应缴资本额的差额应计付的利息，其不属于企业合理的支出，应由企业投资者负担，不得在计算企业应纳税所得额时扣除。”

根据上述规定，由于物资分公司认缴出资的截止时间为2029年，也就是说股东投资款到位时间最晚为2029年，企业支付2020年的贷款利息支出，不属于投资者投资未到位而发生的利息支出，可以按相关规定计入当期损益或者有关资产成本进行税前扣除。

228. 贴现利息高于同期银行承兑汇票的贴现利息，能否在所得税税前扣除

某电网公司取得企业商业承兑汇票，到开户银行票据贴现，银行贴现利

息高于同期银行承兑汇票的贴现利息，能不能在所得税税前扣除？

答：根据《中华人民共和国企业所得税法实施条例》（中华人民共和国国务院令第512号）第三十八条规定，“企业在生产经营活动中发生的下列利息支出，准予扣除：（一）非金融企业向金融企业借款的利息支出、金融企业的各项存款利息支出和同业拆借利息支出、企业经批准发行债券的利息支出；（二）非金融企业向非金融企业借款的利息支出，不超过按照金融企业同期同类贷款利率计算的数额的部分。”

根据上述规定，非金融企业向金融企业借款的利息支出、金融企业的各项存款利息支出和同业拆借利息支出、企业经批准发行债券的利息支出，准予扣除。

229. 关联方的利息支出税前扣除问题

某电网企业2020年度权益性投资额为200万元，当年1月1日为生产经营向关联方借入1年期经营性资金600万元，关联借款利息支出60万元，同期银行同类贷款利率为7%，请问该企业在计算2020年企业所得税应纳税所得额时，准予扣除的利息支出如何计算？

答：《财政部 国家税务总局关于企业关联方利息支出税前扣除标准有关税收政策问题的通知》（财税〔2008〕121号）第一条规定，“在计算应纳税所得额时，企业实际支付给关联方的利息支出，不超过以下规定比例和税法及其实施条例有关规定计算的部分，准予扣除，超过的部分不得在发生当期和以后年度扣除。

企业实际支付给关联方的利息支出，除符合本通知第二条规定外，其接受关联方债权性投资与其权益性投资比例为：

（一）金融企业，为5∶1；

（二）其他企业，为2∶1。”

第二条规定，“企业如果能够按照税法及其实施条例的有关规定提供相关资料，并证明相关交易活动符合独立交易原则的；或者该企业的实际税负不高于境内关联方的，其实际支付给境内关联方的利息支出，在计算应纳税所得额时准予扣除。”

根据上述规定，向关联方借款的利息支出，税前扣除应满足2个条件：

①不能超过同期银行同类贷款利率计算的利息支出；②非金融企业实际支付给关联方的利息支出，最多不能超过权益性投资的2倍计算的利息金额。准予扣除的利息支出 $=200\times2\times7\%=28$ 万元。

230. 企业向员工借款的利息支出能否在税前扣除

某集体企业下属运输公司2020年发生利息支出10万元，属于向员工个人借款100万元，年利率10%，同期银行同类贷款利率为7%，请问这笔利息支出能否税前扣除？

答：根据《国家税务总局关于企业向自然人借款的利息支出企业所得税税前扣除问题的通知》（国税函〔2009〕777号）第二条规定，“企业向除第一条规定以外的内部职工或其他人员借款的利息支出，其借款情况同时符合以下条件的，其利息支出在不超过按照金融企业同期同类贷款利率计算的数额的部分，根据《企业所得税法》第八条和《企业所得税法实施条例》第二十七条规定，准予扣除：

（一）企业与个人之间的借贷是真实、合法、有效的，并且不具有非法集资目的或其他违反法律、法规的行为。

（二）企业与个人之间签订了借款合同。”

根据上述规定，企业向内部职工借款利息支出不超过按照金融企业同期同类贷款利率计算的数额部分，准予扣除。因此，企业准予扣除的利息支出 $=100\times7\%=7$ 万元，需要纳税调增的利息费用 $=10-7=3$ 万元。

（九）其他

231. 党组织工作经费扣除限额

某供电公司2020年发生职工工资总额9000万元，实际列支党组织工作经费60万元，请问企业当年发生的党组织工作经费是否允许全额税前扣除？

答：根据《中共中央组织部 财政部 国务院国资委党委 国家税务总局关于国有企业党组织工作经费问题的通知》（组通字〔2017〕38号）第一条规定，“国有企业（包括国有独资、全资和国有资本绝对控股、相对控股企业）

党组织工作经费主要通过纳入管理费用、党费留存等渠道予以解决。纳入管理费用的部分，一般按照企业上年度职工工资总额1%的比例安排，每年年初由企业党组织本着节约的原则编制经费使用计划，由企业纳入年度预算。”

第二条规定，“纳入管理费用的党组织工作经费，实际支出不超过职工年度工资薪金总额1%的部分，可以据实在企业所得税前扣除。年末如有结余，结转下一年度使用。累计结转超过上一年度职工工资总额2%的，当年不再从管理费用中安排。”

根据上述规定，企业管理费用的党组织工作经费，实际支出不超过职工年度工资薪金总额1%的部分，且要求“实际支出”部分允许扣除，计提未使用部分要进行纳税调增。因此，企业2020年发生的党组织工作经费允许税前全额扣除。

232. 取得境外支付凭证能否作为企业所得税税前扣除凭证

某供电公司员工境外出差，取得了一些境外发票，请问取得的境外发票能否作为企业所得税的税前扣除凭证?

答：根据《国家税务总局关于发布〈企业所得税税前扣除凭证管理办法〉的公告》（国家税务总局公告2018年第28号）第十一条的规定，“企业从境外购进货物或者劳务发生的支出，以对方开具的发票或者具有发票性质的收款凭证、相关税费缴纳凭证作为税前扣除凭证。”

根据《国务院关于修改〈中华人民共和国发票管理办法〉的决定》（中华人民共和国国务院令第587号）规定：“单位和个人从中国境外取得的与纳税有关的发票或者凭证，税务机关在纳税审查时有疑义的，可以要求其提供境外公证机构或者注册会计师的确认证明，经税务机关审核认可后，方可作为记账核算的凭证。”

根据上述规定，纳税人取得境外的支付凭证，与企业实际发生的与取得收入有关的、合理的支出，可以作为税前扣除的凭证。因此，企业员工在境外出差取得的支付凭证可以作为企业所得税税前扣除凭证。如税务机关在纳税审查时有疑义的，应提供境外公证机构或者注册会计师的确认证明，经税务机关审核认可后，作为记账核算的凭证。

233. 公司报销员工个人抬头的通信费发票能否作为企业所得税税前扣除凭证

某电力企业服务公司给员工报销通信费，取得的是运营商（如移动、联通或电信）开给员工个人的发票，能否作为公司企业所得税前扣除凭证？

答：根据《国家税务总局关于企业工资薪金和职工福利费等支出税前扣除问题的公告》（国家税务总局公告2015年第34号）第一条规定："企业福利性补贴支出税前扣除问题。列入企业员工工资薪金制度、固定与工资薪金一起发放的福利性补贴，符合《国家税务总局关于企业工资薪金及职工福利费扣除问题的通知》（国税函〔2009〕3号）第一条规定的，可作为企业发生的工资薪金支出，按规定在税前扣除。

根据《国家税务总局关于企业工资薪金及职工福利费扣除问题的通知》（国税函〔2009〕3号）第三条规定，"《企业所得税实施条例》第四十条规定的企业职工福利费，包括以下内容：

（一）尚未实行分离办社会职能的企业，其内设福利部门所发生的设备、设施和人员费用，包括职工食堂、职工浴室、理发室、医务所、托儿所、疗养院等集体福利部门的设备、设施及维修保养费用和福利部门工作人员的工资薪金、社会保险费、住房公积金、劳务费等。

（二）为职工卫生保健、生活、住房、交通等所发放的各项补贴和非货币性福利，包括企业向职工发放的因公外地就医费用、未实行医疗统筹企业职工医疗费用、职工供养直系亲属医疗补贴、供暖费补贴、职工防暑降温费、职工困难补贴、救济费、职工食堂经费补贴、职工交通补贴等。

（三）按照其他规定发生的其他职工福利费，包括丧葬补助费、抚恤费、安家费、探亲假路费等。"

根据上述规定，企业为职工发放的通信费补贴应计入工资薪金，职工凭票报销的通信费可计入职工福利费。

234. 实际支付给外聘的董事、监事劳务报酬可否在税前扣除

某电力实业公司2018年董事会成员、监事会成员中分别有外部董事监事

各一名，请问公司实际支付给外聘的董事、监事的劳务报酬可否税前扣除？

答：根据《国家税务总局关于明确个人所得税若干政策执行问题的通知》（国税发〔2009〕121号）第二条规定，“（一）《国家税务总局关于印发〈征收个人所得税若干问题的规定〉的通知》（国税发〔1994〕089号）第八条规定个人担任公司董事、监事，且不在公司任职、受雇的董事费按劳务报酬所得项目征税。”

根据《国家税务总局关于发布〈企业所得税税前扣除凭证管理办法〉的公告》（国家税务总局公告2018年第28号）第九条规定，“企业在境内发生的支出项目属于增值税应税项目，对方为已办理税务登记的增值税纳税人，其支出以发票（包括按照规定由税务机关代开的发票）作为税前扣除凭证；对方为依法无须办理税务登记的单位或者从事小额零星经营业务的个人，其支出以税务机关代开的发票或者收款凭证及内部凭证作为税前扣除凭证，收款凭证应载明收款单位名称、个人姓名及身份证号、支出项目、收款金额等相关信息。”

根据上述规定，企业实际支付给外聘的董事、监事的劳务报酬，应凭发票在税前扣除。

235. 企业为职工租房发生的租金支出如何在税前扣除

某电力工程设计公司2020年自行计算的研发费用为2000万元，其中包括省外某项工程为职工提供住宿而发生的租赁支出3万元，请问为职工租房发生的租金支出如何在税前扣除？

答：根据《国家税务总局关于企业工资薪金及职工福利费扣除问题的通知》（国税函〔2009〕3号）第三条第（二）项规定，“关于职工福利费扣除问题。《实施条例》第四十条规定的企业职工福利费，包括以下内容：（二）为职工卫生保健、生活、住房、交通等所发放的各项补贴和非货币性福利，包括企业向职工发放的因公外地就医费用、未实行医疗统筹企业职工医疗费用、职工供养直系亲属医疗补贴、供暖费补贴、职工防暑降温费、职工困难补贴、救济费、职工食堂经费补贴、职工交通补贴等。”

根据《国家税务总局关于研发费用税前加计扣除归集范围有关问题的公告》（国家税务总局公告2017年第40号）第六条规定，“其他相关费用。指与研发活动直接相关的其他费用，如技术图书资料费、资料翻译费、专家咨询费、高新科技研发保险费，研发成果的检索、分析、评议、论证、鉴定、评审、评估、验收费用，知识产权的申请费、注册费、代理费，差旅费、会议费，职工福利费、补充养老保险费、补充医疗保险费。

此类费用总额不得超过可加计扣除研发费用总额的10%。”

根据以上规定，企业为职工提供住宿而发生的房屋租赁支出，凭房屋租赁合同及合法凭证在职工福利费中列支。其中为研发人员租房发生的租金支出属于研发费用加计扣除项目中的“其他费用”，因此企业列支的为职工租房发生的租金支出等其他费用，在不超过可加计扣除研发费用总额10%的部分允许加计扣除。

236. 跨年取得发票能否在税前扣除

某电力工程设计公司2020年某项业务实际发生管理费用20万元，并且进行了会计处理，但取得发票是在2021年，请问2020年汇算清缴是否需要调增应纳税所得额?

答：按照《国家税务总局关于企业所得税若干问题的公告》（国家税务总局公告2011年第34号）第六条规定，“企业当年度实际发生的相关成本、费用，由于各种原因未能及时取得该成本、费用的有效凭证，企业在预缴季度所得税时，可暂按账面发生金额进行核算；但在汇算清缴时，应补充提供该成本、费用的有效凭证。”

根据上述规定，企业2020年实际发生的费用并且已进行会计处理，在汇算清缴时已补充提供该成本、费用的有效凭证，不需要调整应纳税所得额；如果在汇算清缴前未取得发票，则应调增应纳税所得额。

237. 差旅意外综合保险的税前扣除

某电网公司于2020年为公司所有员工投保差旅意外综合保险，包括交通工具意外险及出差过程中伤害补偿，保险期限一年。公司所有员工投保差旅意外综合保险是否允许税前扣除?

答：根据《国家税务总局关于企业所得税有关问题的公告》（国家税务总局公告2016年第80号）第一条规定，“关于企业差旅费中人身意外保险费支出税前扣除问题。企业职工因公出差乘坐交通工具发生的人身意外保险费支出，准予企业在计算应纳税所得额时扣除。”

根据上述规定，企业为职工所投保的险种内容除包含交通工具意外险外，还承保出差过程发生的伤害补偿，无法明确划分具体单一险种金额，应全额按照商业保险处理，不得在企业所得税税前扣除。

238. 党团活动经费能否在税前扣除

某电网公司设有党建部门，平时会发生一些会议、培训、出差等支出，该电力公司在管理费用下设二级明细科目“党团活动经费”，这类费用能否在企业所得税税前扣除？

答：根据《中华人民共和国企业所得税法》（中华人民共和国主席令第六十三号）第八条规定，“企业实际发生的与取得收入有关的、合理的支出，包括成本、费用、税金、损失和其他支出，准予在计算应纳税所得额时扣除。

根据《中共中央组织部 财政部 国家税务总局关于非公有制企业党组织工作经费问题的通知》（组通字〔2014〕42号）第二条规定，“根据《中华人民共和国公司法》‘公司应当为党组织的活动提供必要条件’规定和中办发〔2012〕11号文件‘建立并落实税前列支制度’等要求，非公有制企业党组织工作经费纳入企业管理费列支，不超过职工年度工资薪金总额1%的部分，可以据实在企业所得税前扣除。”

根据上述规定，企业的党员活动经费支出不超过职工年度工资薪金总额1%的部分，可以据实在企业所得税税前扣除。

239. 企业因政府行为承担的费用能否在税前扣除

某电力设备公司根据国资委相关文件将企业内部的不良资产无偿划转给国资委规定的接收公司，相关不良资产划转后企业根据国资委文件每年负担一定比例的补助款给予接收不良资产的公司，并获取合规票据。企业因政府行为承担的在税收方面没有明确规定费用，能否在税前扣除？

答：根据《中华人民共和国企业所得税法》（中华人民共和国主席令第六十三号）第八条规定，“企业实际发生的与取得收入有关的、合理的支出，包括成本、费用、税金、损失和其他支出，准予在计算应纳税所得额时扣除。”

根据上述规定，企业在划转不良资产后支付给接收公司的补助费相对应的资产已不属于企业所有，补助费也无法为企业带来未来的经济利益流入，故应属于与企业收入无关支出。所以不允许在税前扣除。

240. 企业购买预付卡所得税税前如何扣除

某电网企业购买加油卡，取得预付卡充值的不征税发票，发生的费用是否可以在企业所得税税前扣除?

答：根据《中华人民共和国企业所得税法》(中华人民共和国主席令第六十三号）第八条规定，在计算应纳税所得额时，可以扣除与企业取得的收入相关的合理支出，包括成本，费用，税金，损失和其他费用。

根据《国家税务总局关于发布〈企业所得税税前扣除凭证管理办法〉的公告》(国家税务总局公告2018年第28号）第十条的规定，“企业在境内发生的支出项目不属于应税项目的，对方为单位的，以对方开具的发票以外的其他外部凭证作为税前扣除凭证；对方为个人的，以内部凭证作为税前扣除凭证。

企业在境内发生的支出项目虽不属于应税项目，但按税务总局规定可以开具发票的，可以发票作为税前扣除凭证。”

根据上述规定，对于企业购买、充值预付卡，应在业务实际发生时税前扣除。按照购买或充值、发放和使用等不同情形进行以下税务处理：

(1）在购买或充值环节，预付卡应作为企业的资产进行管理，购买或充值时发生的相关支出不得税前扣除；

(2）在发放环节，凭相关内外部凭证，证明预付卡所有权已发生转移的，根据使用用途进行归类，按照税法规定进行税前扣除（如发放给职工的可作为工资、福利费，用于交际应酬的作为业务招待费进行税前扣除)；

(3）本企业使用的预付卡，在相关支出实际发生时，凭相关凭证在税前扣除。

241. 以公允价值模式计量的投资性房地产是否能计提折旧在企业所得税税前扣除

某电网公司自有办公楼一栋，该办公楼账面原值6000万元，已计提折旧

2000万元，2020年3月，某电网公司将该办公楼租赁给某电力科技公司，租赁期限为10年，对该办公楼采用公允价值模式计量。请问企业以公允价值模式计量的投资性房地产是否能计提折旧在企业所得税前扣除?

答：根据《中华人民共和国企业所得税法》（中华人民共和国主席令第六十三号）第二十一条规定，“在计算应纳税所得额时，企业财务、会计处理办法与税收法律、行政法规的规定不一致的，应当依照税收法律、行政法规的规定计算。”

根据《国家税务总局关于企业所得税应纳税所得额若干税务处理问题的公告》（国家税务总局公告2012年第15号）第八条规定，“根据《企业所得税法》第二十一条规定，对企业依据财务会计制度规定，并实际在财务会计处理上已确认的支出，凡没有超过《企业所得税法》和有关税收法规规定的税前扣除范围和标准的，可按企业实际会计处理确认的支出，在企业所得税税前扣除，计算其应纳税所得额。”

根据上述规定，以公允价值模式计量的投资性房地产，在会计上不计提折旧，不属于“实际在财务会计处理上已确认的支出”。因此，不得计提折旧在企业所得税前扣除。

242. 集团内“上挂下派”人工成本的企业所得税税前扣除

某电力实业集团公司派出一定人员在集团控股的某信息科技公司服务一定时期，某电力实业集团公司为派出人员发放工资、缴纳社保，工资薪酬及差旅费由某信息科技公司承担。请问某电力实业集团公司派出人员发生的工资、社保和差旅费应该如何在企业所得税税前扣除?

答：根据《国家税务总局关于个人所得税偷税案件查处中有关问题的补充通知》（国税函发〔1996〕602号）第三条规定，按照个人所得税法的法规，向个人支付所得的单位和个人为扣缴义务人。由于支付所得的单位和个人与取得所得的人之间有多重支付的现象，有时难以确定扣缴义务人。为保证全国执行的统一，现将认定标准法规为：凡税务机关认定对所得的支付对象和支付数额有决定权的单位和个人，即为扣缴义务人。

根据规定，集团内部“上挂下派”，工资由某电力实业集团公司发放，最终由某信息科技公司承担，若某信息科技公司以劳务费等符合规定的形式向母公司支付该部分费用，相应的支出可以作为某信息科技公司的成本费用在税前扣除。

243. 关联企业之间支付技术服务费能否税前扣除

某供电公司需要向其下属信息技术公司支付一笔技术服务费，该笔技术服务费是否可以在企业所得税税前扣除?

答：根据《中华人民共和国企业所得税法》（中华人民共和国主席令第六十三号）第四十一条规定：“企业与其关联方之间的业务往来，不符合独立交易原则而减少企业或者其关联方应纳税收入或者所得额的，税务机关有权按照合理方法调整。”

根据《中华人民共和国企业所得税法实施条例》（中华人民共和国国务院令第512号）第一百二十一条：“税务机关根据税收法律、行政法规的规定，对企业做出特别纳税调整的，应当对补征的税款自税款所属年度的次年6月1日起至补缴税款之日止的期间，按日加收利息。”

第一百二十三条规定，“企业与其关联方之间的业务往来，不符合独立交易原则，或者企业实施其他不具有合理商业目的的安排的，税务机关有权在该业务发生的纳税年度起10年内，进行纳税调整。”

根据上述规定，企业向信息技术公司支付技术服务费应按照独立交易原则进行。

三、资产项目

244. 未取得全额发票的固定资产折旧如何税前扣除

某电网公司自建的办公大楼转资投入使用后，因竣工决算尚未完成，工程款项尚未结清未取得全额发票，所计提的折旧可否在税前扣除?

答：根据《国家税务总局关于贯彻落实企业所得税法若干税收问题的通知》（国税函〔2010〕79号）第五条规定，“企业固定资产投入使用后，由于工程款项尚未结清未取得全额发票的，可暂按合同规定的金额计入固定资产计税基础计提折旧，待发票取得后进行调整。但该项调整应在固定资产投入使用后12个月内进行。”

根据上述规定，固定资产投入使用后，由于尚未办理竣工决算未取得全额发票的，可暂按合同规定的金额计入固定资产计税基础，并自固定资产投入使用月份的次月起计算折旧；在12个月内取得发票的，按发票金额调整原来的计税基础，补提的折旧应相应调整所属年度的应纳税所得额。12个月以后取得发票的，发票金额高于合同金额的差额部分，计算的折旧额不得在税前扣除，发票金额高于合同金额的差额待资产实际处置时允许在税前扣除。

245. 以公允价值模式计量的投资性房地产是否能计提折旧税前扣除

某电网公司名下有一栋以公允价值模式计量的投资性房地产，是否能计提折旧在企业所得税税前扣除？

答：《国家税务总局关于企业所得税应纳税所得额若干税务处理问题的公告》（国家税务总局公告2012年第15号）第八条规定，“根据《企业所得税法》第二十一条规定，对企业依据财务会计制度规定，并实际在财务会计处理上已确认的支出，凡没有超过《企业所得税法》和有关税收法规规定的税前扣除范围和标准的，可按企业实际会计处理确认的支出，在企业所得税税前扣除，计算其应纳税所得额。”

根据上述规定，以公允价值模式计量的投资性房地产，在会计上不计提折旧，不属于“实际在财务会计处理上已确认的支出”，因此，不得计提折旧在企业所得税前扣除。

246. 固定资产达到预定可使用状态之后利息支出资本化问题

某电网公司为建造办公楼，向银行借款用于建造一建设期为两年的办公楼，办公楼投入使用后，企业发生的利息支出计入当期损益税前扣除，还是应资本化计入办公楼的计税基础？

答：按照《中华人民共和国企业所得税法实施条例》（中华人民共和国国务院令第512号）第三十七条的规定，“企业为购置、建造固定资产、无形资产和经过12个月以上的建造才能达到预定可销售状态的存货发生借款的，在有关资产购置、建造期间发生的合理的借款费用，应当作为资本性支出计入有关资产的成本。

根据《企业会计准则第17号——借款费用》（财会〔2006〕3号）第十二条规定，“购建或者生产符合资本化条件的资产达到预定可使用或者可销售状态时，借款费用应当停止资本化。在符合资本化条件的资产达到预定可使用或者可销售状态之后所发生的借款费用，应当在发生时根据其发生额确认为费用，计入当期损益。”

根据上述规定，企业借款发生的利息支出，在建造办公楼期间发生的利息支出应资本化计入办公楼的计税基础，办公楼已达到预定使用状态时不需再将利息支出资本化，而应费用化，计入当期财务费用在税前扣除。

247. 不征税收入购入固定资产的折旧能否税前扣除

某电网公司2020年取得一笔政府补助100万元，用于购买了一台机器设备，请问该设备的折旧是否可以在所得税税前扣除？

答：根据《中华人民共和国企业所得税法实施条例》（中华人民共和国国务院令第512号）第二十八条规定，“企业的不征税收入用于支出所形成的费用或者财产，不得扣除或者计算对应的折旧、摊销扣除。”

根据《财政部 国家税务总局关于财政性资金 行政事业性收费 政府性基金有关企业所得税政策问题的通知》（财税〔2008〕151号）第三条规定，“企业的不征税收入用于支出所形成的费用，不得在计算应纳税所得额时扣除；企业的不征税收入用于支出所形成的资产，其计算的折旧、摊销不得在计算应纳税所得额时扣除。”

根据《财政部 国家税务总局关于专项用途财政性资金企业所得税处理问题的通知》（财税〔2011〕70号）第一条规定，“企业从县级以上各级人民政府财政部门及其他部门取得的应计入收入总额的财政性资金，凡同时符合以下条件的，可以作为不征税收入，在计算应纳税所得额时从收入总额中减除：

（1）企业能够提供规定资金专项用途的资金拨付文件；

（2）财政部门或其他拨付资金的政府部门对该资金有专门的资金管理办法或具体管理要求；

（3）企业对该资金以及以该资金发生的支出单独进行核算。”

根据上述规定，企业取得的政府补助属于不征税收入，其购入机器设备形成的折旧不允许税前扣除。

248. 停产期间发生的固定资产折旧是否可以税前扣除

某供电公司根据检修安排，对部分机器进行检修停产，停产期间发生的固定资产折旧可以税前扣除吗？

答：根据《中华人民共和国企业所得税法》（中华人民共和国主席令第六十三号）第十一条规定，在计算应纳税所得额时，企业按照规定计算的固定资产折旧，准予扣除。下列固定资产不得计算折旧扣除：

（一）房屋、建筑物以外未投入使用的固定资产；

（二）以经营租赁方式租入的固定资产；

（三）以融资租赁方式租出的固定资产；

（四）已足额提取折旧仍继续使用的固定资产；

（五）与经营活动无关的固定资产；

（六）单独估价作为固定资产入账的土地；

（七）其他不得计算折旧扣除的固定资产。

根据上述规定，企业暂时停产期间的机器设备不属于以上情况，按规定提取的固定资产折旧可在税前扣除。

249. 融资租赁费是否可以在税前一次性扣除

某电网公司以融资租赁方式租入的机器设备，融资租赁费可以在税前一次性扣除吗？

答：根据《中华人民共和国企业所得税法实施条例》（中华人民共和国国务院令第512号）第四十七条第（二）项规定，以融资租赁方式租入固定资产发生的租赁费支出，按照规定构成融资租入固定资产价值的部分应当提取折旧费用，分期扣除。

根据上述规定，企业以融资租赁方式租入固定资产发生的租赁费支出，按照规定构成融资租入固定资产价值的部分应当提取折旧费用，分期扣除。

250. 新购房屋发生的装修费用是否资本化

某电力科技公司2020年5月新购入房产用于办公，发生的装修费支出是否应计入房屋原值?

答：根据《企业会计准则第4号——固定资产》（财会〔2006〕3号）第八条规定，“外购固定资产的成本，包括购买价款、相关税费、使固定资产达到预定可使用状态前所发生的可归属于该项资产的运输费、装卸费、安装费和专业人员服务费等。”

根据《中华人民共和国企业所得税法实施条例》（中华人民共和国国务院令第512号）第五十八条规定，“（一）外购的固定资以购买价款和支付的相关税及直接归属于使该资产达到预定用途发生的其他支出为计税基础。”

根据上述规定，企业会计制度和企业所得税的规定是相互吻合的。因为购买时即出现装修，表明这个房子还没达到预定可使用情况，只有经过装修后才会够使用。而固定资产达到预定可使用情况之前所产生的装修费用应当予以资本。因此，新购入房产的装修支出属于资产达到预定可使用状态的条件，所以应当资本化计入固定资产的成本。

251. 财务软件的摊销年限问题

某电网公司购买了一套企业财务软件，在财务处理时计入无形资产。请问该套财务软件的摊销期是多久?

答：根据《财政部 国家税务总局关于进一步鼓励软件产业和集成电路产业发展企业所得税政策的通知》（财税〔2012〕27号）第七条规定，“企业外购的软件，凡符合固定资产或无形资产确认条件的，可以按照固定资产或无形资产进行核算，其折旧或摊销年限可以适当缩短，最短可为2年（含）。”

根据上述规定，企业购入的财务软件最短可以按照2年摊销。

252. 建筑物固定资产未足额提取折旧前改扩建如何处理

某电网公司2020年4月1日对一栋办公楼进行改建，该办公楼原值1000

万元，折旧年限20年，已经计提了12年折旧，计提折旧600万元。2020年11月30日改建完工，发生改建支出300万元，增加了部分面积。请问企业对改建完工后的办公楼再如何计提折旧?

答：根据《国家税务总局关于企业所得税若干问题的公告》（国家税务总局公告2011年第34号）第四条规定，“企业对房屋、建筑物固定资产在未足额提取折旧前进行改扩建的，如属于推倒重置的，该资产原值减除提取折旧后的净值，应并入重置后的固定资产计税成本，并在该固定资产投入使用后的次月起，按照税法规定的折旧年限，一并计提折旧；如属于提升功能、增加面积的，该固定资产的改扩建支出，并入该固定资产计税基础，并从改扩建完工投入使用后的次月起，重新按税法规定的该固定资产折旧年限计提折旧，如该改扩建后的固定资产尚可使用的年限低于税法规定的最低年限的，可以按尚可使用的年限计提折旧。”

根据上述规定，企业改建办公楼支付的300万元并入该固定资产计税基础，并从改扩建完工投入使用后的次月起，重新按照20年计提折旧，而前面已经计提了12年的折旧需要进行追溯调整。

253. 企业对租入的房屋进行装修所发生的费用支出，企业所得税应如何进项摊销

某供电公司2020年6月对其租赁的某处办公用房进行装修，请问发生的装修费支出如何在企业所得税前扣除?

答：根据《中华人民共和国企业所得税法》（中华人民共和国主席令第六十三号）第十三条规定，“在计算应纳税所得额时，企业发生的下列支出作为长期待摊费用，按照规定摊销的，准予扣除：

（一）已足额提取折旧的固定资产的改建支出；

（二）租入固定资产的改建支出；

（三）固定资产的大修理支出；

（四）其他应当作为长期待摊费用的支出。”

根据《中华人民共和国企业所得税法实施条例》（中华人民共和国国务院令第512号）第六十八条规定，“固定资产的改建支出，是指改变房屋或者建筑物结构、延长使用年限等发生的支出。租入固定资产的改建支出按照合同

约定的剩余租赁期限分期摊销。"

根据上述规定，企业对租入的办公用房进行装修发生的支出，属于租入固定资产的改建支出，应作为长期待摊费用，按照合同约定的剩余租赁期限分期摊销。

254. 以前年度未扣除的资产损失可否在以后年度扣除

某电网公司2019年度发生的资产损失，未能在当年申报扣除的，可否在以后年度申报扣除？

答：根据《国家税务总局关于发布〈企业资产损失所得税税前扣除管理办法〉的公告》（国家税务总局公告2011年第25号）第五条规定，"企业发生的资产损失，应按规定的程序和要求向主管税务机关申报后方能在税前扣除。未经申报的损失，不得在税前扣除。"

第六条规定，"企业以前年度发生的资产损失未能在当年税前扣除的，可以按照本办法的规定，向税务机关说明并进行专项申报扣除。其中，属于实际资产损失，准予追补至该项损失发生年度扣除，其追补确认期限一般不得超过5年。属于法定资产损失，应在申报年度扣除。"

根据《国家税务总局关于企业所得税资产损失资料留存备查有关事项的公告》（国家税务总局公告2018年第15号）第一条规定，"企业向税务机关申报扣除资产损失，仅需填报企业所得税年度纳税申报表《资产损失税前扣除及纳税调整明细表》，不再报送资产损失相关资料。相关资料由企业留存备查。"第三条规定，"本公告规定适用于2017年度及以后年度企业所得税汇算清缴。"

根据上述规定，企业2019年度发生的资产损失，未能在当年申报扣除的，可以在以后年度申报扣除。

255. 因存货被盗而转出的进项税额的涉税处理

某集体企业下属物资分公司2020年5月购进一批物资，当年被盗，公司按照《财政部 国家税务总局关于全面推开营业税改征增值税试点的通知》（财税〔2016〕36号）的规定将进项税额转出，请问该转出的进项税额能否在计算企业所得税应纳税所得额时扣除?

答：根据《财政部 国家税务总局关于企业资产损失税前扣除政策的通知》（财税〔2009〕57号）第十条规定：企业因存货盘亏、毁损、报废、被盗等原因不得从增值税销项税额中抵扣的进项税额，可以与存货损失一起在计算应纳税所得额时扣除。

根据上述规定，企业因存货盘亏等原因不得从增值税销项税额中抵扣的进项税额，可以在计算企业应纳税所得额时按规定进行扣除。

256. 被盗窃产品损失能否申报税前扣除

某电力物资公司于2018年5月1日发生盗窃案件，直接损失达80万元，至今仍未破案。能否向税务机关申报税前扣除?

答：《国家税务总局企业资产损失所得税税前扣除管理办法》（国家税务总局公告2011年第25号）第四十九条规定，"企业因刑事案件原因形成的损失，应由企业承担的金额，或经公安机关立案侦查两年以上仍未追回的金额，可以作为资产损失并准予在税前申报扣除，但应出具公安机关、人民检察院的立案侦查情况或人民法院的判决书等损失原因证明材料。"第五十二条，"本办法自2011年1月1日起施行。本办法生效之日前尚未进行税务处理的资产损失事项，应按本办法执行。"

根据《国家税务总局关于企业所得税资产损失资料留存备查有关事项的公告》（国家税务总局公告2018年第15号）第一条规定："企业向税务机关申报扣除资产损失，仅需填报企业所得税年度纳税申报表《资产损失税前扣除及纳税调整明细表》，不再报送资产损失相关资料。相关资料由企业留存备查。"本公告规定适用于2017年度及以后年度企业所得税汇算清缴。

根据上述规定，企业所盗物品超过两年未追回，因此可以按照本办法规定，在向税务机关提供司法机关证明材料后申报办理扣除事宜。

257. 企业为其他企业提供担保造成的损失可否税前扣除

某电网公司两年前替一家企业担保，取得银行贷款100万元，因贷款到期企业无力偿还，银行便扣划该公司的存款。请问，这部分损失可否税前扣除？

答：根据《企业资产损失所得税税前扣除管理办法》（国家税务总局公告2011年第25号）第四十四条规定，“企业对外提供与本企业生产经营活动有关的担保，因被担保人不能按期偿还债务而承担连带责任，经追索，被担保人无偿还能力，对无法追回的金额，比照应收款项损失进行处理。

与本企业生产经营活动有关的担保是指企业对外提供的与本企业应税收入、投资、融资、材料采购、产品销售等生产经营活动相关的担保。”

根据上述规定，如果上述提供的担保与企业生产经营活动有关，这部分损失可以在税前扣除。反之，则不能在税前扣除。

258. 县公司代市公司建设小型基建的涉税处理

某县供电公司2020年代市公司建设小型基建，账面资产属于县公司，但实际产权属于市公司，由于该房产跟县公司实际经营无关，请问如果折旧在所得税税前列支是否存在税务风险？

答：根据《中华人民共和国企业所得税法》（中华人民共和国主席令第六十三号）第十一条第（五）项规定，“与经营活动无关的固定资产不得计算折旧扣除。”

根据《企业会计准则第4号——固定资产》（财会〔2006〕3号）第四条规定，“同时满足下列条件的，才能予以确认固定资产：（一）与该固定资产有关的经济利益很可能流入企业；（二）该固定资产的成本能够可靠地计量。”

根据上述规定，该固定资产的实际产权在市公司，应由市公司计提折旧。县公司代市公司建设小型基建，可以作为一笔代建收入，计入“其他业务收入”科目，并开具建安发票给市公司，发生的相应成本计入“其他业务支出”科目，市公司收到县公司开具的建安发票在财务核算上入账“在建工程”，再转入“固定资产”科目。

259. 停用的固定资产折旧能否税前扣除

某供电公司2020年搬入新办公楼，原有的办公楼暂时停用，请问停用办公楼会计上是否还应当计提折旧，如果计提折旧能否在企业所得税税前扣除？

答：根据《企业会计准则第 4 号——固定资产》（财会〔2006〕3 号）第十四条规定，“企业应当对所有固定资产计提折旧。但是，已提足折旧仍继续使用的固定资产和单独计价入账的土地除外。”

根据《中华人民共和国企业所得税法实施条例》（中华人民共和国国务院令第 512 号）第五十九条第二款规定，“企业应当自固定资产投入使用月份的次月起计算折旧；停止使用的固定资产，应当自停止使用月份的次月起停止计算折旧。”

《中华人民共和国企业所得税法》（中华人民共和国主席令第六十三号）第十一条第（一）项规定，“在计算应纳税所得额时，房屋、建筑物以外未投入使用的固定资产不得计算折旧扣除。”

根据上述规定，停用的固定资产应当停止计算折旧，而根据会计准则规定，该办公楼应当继续计提折旧。因此，会计上计提的折旧不能税前扣除，税会规定不一致的，应进行纳税调整。

260. 无偿借出固定资产的折旧能否在企业所得税税前扣除

某供电公司 2020 年将商业用房无偿借出给下属物资分公司办公使用，请问在借出期间该商业用房的折旧能否在企业所得税前扣除?

答：根据《中华人民共和国企业所得税法》（中华人民共和国主席令第六十三号）第八条规定，“企业实际发生的与取得收入有关的、合理的支出，包括成本、费用、税金、损失和其他支出，准予在计算应纳税所得额时扣除。”

根据《中华人民共和国企业所得税法实施条例》（中华人民共和国国务院令第 512 号）第二十七条规定，“企业所得税法第八条所称有关的支出，是指与取得收入直接相关的支出。企业所得税法第八条所称合理的支出，是指符合生产经营活动常规，应当计入当期损益或者有关资产成本的必要和正常的支出。”

《中华人民共和国税收征收管理法》（中华人民共和国主席令第四十九号）第三十六条规定，“企业或外国企业在中国境内设立的从事生产、经营的机构、场所与其关联企业之间的业务往来收取或支付价款、费用，而减少其应纳税的收入或者所得额的，税务机关有权进行合理调整。”

根据上述规定，企业将商业用房无偿借出给关联方使用，借出期间该商业用房的折旧可以税前扣除。

261. 会计折旧年限与税法规定的最低折旧年限不一致时的涉税处理

某供电公司2020年7月购入一辆公务用车，按8年计提折旧，请问会计折旧年限与税法规定的最低折旧年限不一致，应如何处理?

答：根据《中华人民共和国企业所得税法实施条例》（中华人民共和国国务院令第512号）第六十条规定，“飞机、火车、轮船以外的运输工具，最低折旧年限为4年。”

根据《国家税务总局关于企业所得税应纳税所得额若干问题的公告》（国家税务总局公告2014年第29号）第五条第（二）项规定，“企业固定资产会计折旧年限如果长于税法规定的最低折旧年限，其折旧应按会计折旧年限计算扣除，税法另有规定除外。”

第五条第（四）项规定，“企业按税法规定实行加速折旧的，其按加速折旧办法计算的折旧额可全额在税前扣除。”

根据上述规定，企业购入公务用车会计折旧年限8年长于税法规定的最低折旧年限4年，可以按照会计折旧年限计算扣除。

262. 房屋建筑物未足额提取折旧前改扩建如何计提折旧

某供电公司2020年8月对其一栋办公楼进行改扩建装修，并于当年12月改扩建完成投入使用，该办公楼是2002年自建，未足额提取折旧，请问该办公楼改扩建后如何计提折旧?

答：根据《国家税务总局关于企业所得税若干问题的公告》（国家税务总局公告2011年第34号）第四条规定，“企业对房屋、建筑物固定资产在未足额提取折旧前进行改扩建的，如属于推倒重置的，该资产原值减除提取折旧后的净值，应并入重置后的固定资产计税成本，并在该固定资产投入使用后的次月起，按照税法规定的折旧年限，一并计提折旧；如属于提升功能、增加面积的，该固定资产的改扩建支出，并入该固定资产计税基础，并从改扩建完工投入使用后的次月起，重新按税法规定的该固定资产折旧年限计提折旧，如该改扩建后的固定资产尚可使用的年限低于税法规定的最低年限的，可以按尚可使用的年限计提折旧。”

根据上述规定，企业对办公楼改扩建装修支出，并入计税基础，重新计提折旧。剩余折旧年限低于税法规定的最低折旧年限的，按税法规定最低折旧年限计提。

263. 无形资产能否按合同约定的使用年限摊销

某电力技术公司2020年1月通过受让取得一项专利，约定使用年限为6年，企业所得税法规定的无形资产摊销年限不得低于10年，请问该专利按合同规定年限计提的摊销是否需要纳税调整?

答：根据《中华人民共和国企业所得税法实施条例》(中华人民共和国国务院令第512号）第六十七条规定，“无形资产按照直线法计算的摊销费用，准予扣除。无形资产的摊销年限不得低于10年。作为投资或者受让的无形资产，有关法律规定或者合同约定了使用年限的，可以按照规定或者约定的使用年限分期摊销。”

根据上述规定，企业受让的无形资产，有关法律规定或者合同约定了使用年限的，可以按照规定或者约定的使用年限分期摊销。

264. 固定资产大修理支出的涉税处理

某供电公司某些资产因取得时年代较为久远，计税基础相较于现时偏低，而现在由于人工、材料成本较高，时常会出现某些固定资产的修理支出较高的情况，请问是否存在应资本化而未进行资本化的涉税风险?

答：根据《中华人民共和国企业所得税法实施条例》(中华人民共和国国务院令第512号）第六十九条规定，“企业所得税法第十三条第（三）项所称固定资产的大修理支出，是指同时符合下列条件的支出：

（一）修理支出达到取得固定资产时的计税基础50%以上；

（二）修理后固定资产的使用年限延长2年以上。”

企业所得税法第十三条第（三）项规定的支出，按照固定资产尚可使用年限分期摊销。

根据《中华人民共和国企业所得税法》(中华人民共和国主席令第六十三

号）第十三条规定，“在计算应纳税所得额时，企业发生的下列支出作为长期待摊费用，按照规定摊销的，准予扣除：（一）已足额提取折旧的固定资产的改建支出；（二）租入固定资产的改建支出；（三）固定资产的大修理支出；（四）其他应当作为长期待摊费用的支出。”

根据上述规定，如果固定资产的修理支出达到取得固定资产时的计税基础50%以上且修理后固定资产的使用年限延长2年以上的，应作为长期待摊费用按照固定资产尚可使用年限分期摊销。

265. 将房屋推倒重置如何计算新房的计税成本

某电力设备制造公司有一处房产，净值80万元，2019年12月计划将该房屋推倒重置，截至2020年12月发生建造成本600万元，2020年12月31日完工，达到预定使用状态。请问如何计算新房的计税成本？

答：根据《国家税务总局关于企业所得税若干问题的公告》（国家税务总局公告2011年第34号）第四条规定，“企业对房屋、建筑物固定资产在未足额提取折旧前进行改扩建的，如属于推倒重置的，该资产原值减除提取折旧后的净值，应并入重置后的固定资产计税成本，并在该固定资产投入使用后的次月起，按照税法规定的折旧年限，一并计提折旧。”

根据上述规定，企业对房屋在未足额提取折旧前推倒重置的，应将原资产原值减除折旧后的净值并入重置后的固定资产成本确定计税成本。因此，企业应当以680万元确认房产改造后的价值。

266. 新建房屋并投入使用但未取得发票应当如何处理

某电力设备公司2020年11月在建厂房已完工并使用，但未取得发票，请问该厂房能否估价入账，并计提折旧？

答：根据《国家税务总局关于贯彻落实企业所得税法若干税收问题的通知》（国税函〔2010〕79号）第五条规定，“企业固定资产投入使用后，由于工程款项尚未结清未取得全额发票的，可暂按合同规定的金额计入固定资产计税基础计提折旧，待发票取得后进行调整。但该项调整应在固定资产投入使用后12个月内进行。”

根据《国家税务总局关于企业所得税若干问题的公告》（国家税务总局2011年34号公告）第六条规定，“企业当年度实际发生的相关成本、费用，由于客观原因未能及时取得该成本、费用的有效凭证，企业在预缴季度所得税时，可暂按账面价值发生额进行核算；但在汇算清缴时，应补充提供该成本、费用的有效凭证。”

根据《〈企业会计准则第4号——固定资产〉应用指南》第一条第（二）项规定，“已达到预定可使用状态但尚未办理竣工决算的固定资产，应当按照估计价值确定其成本，并计提折旧。待办理竣工决算后，再按实际成本调整原来的暂估价值，但不需要调整原已计提的折旧额。”

根据上述规定，对于估价入账的固定资产，应在汇缴期内取得合法票据。如果未在汇缴期内取得发票，对会计上已计入相应的折旧部分应作纳税调增处理，待以后年度取得发票时，再纳税调减。另外，在12个月内办理工程决算并取得发票的，会计上按实际成本调整原来的暂估价值，不需要调整原已计提的折旧额。但企业所得税对估价计提折旧与实际到票计提折旧之间的差额，仍应作纳税调整，如果跨年度的，还应当追索到所属年度进行纳税调整。

267. 出售固定资产的涉税处理

2020年10月15日，某电力实业公司将一台旧设备对外出售。该设备账面价值20万元，累计折旧16万元，销售收到价款5.65万元存入银行。该设备购进时抵扣过进项税额，且享受过固定资产一次性税前扣除优惠政策。请问该设备的变卖所得是否需要缴纳企业所得税？

答：根据《中华人民共和国企业所得税法》（中华人民共和国主席令第六十三号）第三条规定，“居民企业应当就其来源于中国境内、境外的所得缴纳企业所得税。”

根据《中华人民共和国企业所得税法实施条例》（中华人民共和国国务院令第512号）第六条规定，“企业所得税法第三条所称所得，包括销售货物所得、提供劳务所得、转让财产所得、股息红利等权益性投资所得、利息所得、租金所得、特许权使用费所得、接受捐赠所得和其他所得。”

根据上述规定，企业取得设备变卖所得应按规定计算缴纳企业所得税。由于该设备享受过固定资产一次性税前扣除优惠政策，因此计税基础为0，变卖取得销售收入 5 万元，减去计税基础后，固定资产处置利得 5 万元，应计入企业所得税的应税收入缴纳企业所得税。

268. 企业资产损失报损及取得保险赔偿收入如何处理

某电力设备制造公司的一批存货于 2018 年 4 月因不可抗力导致毁损，通过保险公司获得部分赔偿，请问如何进行资产损失的报损，取得的保险赔偿收入如何处理?

答：根据《企业资产损失所得税税前扣除管理办法》（国家税务总局公告 2011 年第 25 号）第五条规定，“企业发生的资产损失，应按规定的程序和要求向主管税务机关申报核准后方能在税前扣除。”

第二十七条规定，“存货报废、毁损或变质损失，为其计税成本扣除残值及责任人赔偿后的余额，应依据以下证据材料确认：

（一）存货计税成本的确定依据；

（二）企业内部关于存货报废、毁损、变质、残值情况说明及核销资料；

（三）涉及责任人赔偿的，应当有赔偿情况说明；

（四）该项损失数额较大的（指占企业该类资产计税成本 10% 以上，或减少当年应纳税所得、增加亏损 10% 以上，下同），应有专业技术鉴定意见或法定资质中介机构出具的专项报告等。”

根据《中华人民共和国企业所得税法实施条例》（中华人民共和国国务院令第 512 号）第三十二条规定，“企业所得税法第八条所称损失，是指企业在生产经营活动中发生的固定资产和存货的盘亏、毁损、报废损失，转让财产损失，呆账损失，坏账损失，自然灾害等不可抗力因素造成的损失以及其他损失。企业发生的损失，减除责任人赔偿和保险赔款后的余额，依照国务院财政、税务主管部门的规定扣除。企业已经作为损失处理的资产，在以后纳税年度又全部收回或者部分收回时，应当计入当期收入。”

根据《国家税务总局关于企业所得税资产损失资料留存备查有关事项的公告》（国家税务总局公告 2018 年第 15 号）第一条规定，“企业向税务机关申报扣除资产损失，仅需填报企业所得税年度纳税申报表《资产损失税前扣除及纳税调整明细表》，不再报送资产损失相关资料。相关资料由企业留存备查。”

根据上述规定，公司发生资产损失时，应按上述规定做好税前扣除处理，相关资料留存备查，在计算资产损失时相关保险赔偿收入应作为损失的减项处理。

269. 融资租赁费能否在税前一次性扣除

某电力科技公司以融资租赁方式租入机器设备，请问融资租赁费可以在税前一次性扣除吗？

答：根据《中华人民共和国企业所得税法实施条例》（中华人民共和国国务院令第512号）第四十七条第（二）项规定，“以融资租赁方式租入固定资产发生的租赁费支出，按照规定构成融资租入固定资产价值的部分应当提取折旧费用，分期扣除。”

根据上述规定，企业以融资租赁方式租入固定资产发生的租赁费支出，不可以在税前一次性扣除，需要分期扣除。

270. 资产损失资料改为留存备查，企业发生的实际资产损失能否追补扣除

某供电公司在进行2020年所得税汇算清缴时，发现企业在2019年5月由于暴雨损毁了一批设备，但由于资料没有准备齐全，未在当年及时申报扣除，根据最新规定，企业资产损失资料改为留存备查，请问企业发生的实际资产损失，还能追补扣除吗？

答：根据《国家税务总局关于发布〈企业资产损失所得税税前扣除管理办法〉的公告》（国家税务总局公告2011年第25号）第六条规定，“企业以前年度发生的资产损失未能在当年税前扣除的，可以按照本办法的规定，向税务机关说明并进行专项申报扣除。其中，属于实际资产损失，准予追补至该项损失发生年度扣除，其追补确认期限一般不得超过五年，但因计划经济体制转轨过程中遗留的资产损失、企业重组上市过程中因权属不清出现争议而未能及时扣除的资产损失、因承担国家政策性任务而形成的资产损失以及政策定性不明确而形成资产损失等特殊原因形成的资产损失，其追补确认期限经国家税务总局批准后可适当延长。属于法定资产损失，应在申报年度扣除。

企业因以前年度实际资产损失未在税前扣除而多缴的企业所得税税款，

可在追补确认年度企业所得税应纳税款中予以抵扣，不足抵扣的，向以后年度递延抵扣。

企业实际资产损失发生年度扣除追补确认的损失后出现亏损的，应先调整资产损失发生年度的亏损额，再按弥补亏损的原则计算以后年度多缴的企业所得税税款，并按前款办法进行税务处理。”

根据上述规定，实际资产损失已实际发生且会计上进行年度扣除处理。如未及时申报扣除，企业可追补至实际损失年度扣除。现在取消了备案及资料报送，企业发生了实际损失且会计上进行了损失处理，在年度申报时填写了资产损失表，表明企业已经进行了所得税前扣除。如果发生损失当年，企业由于资料未齐全等原因，通过填写申报表把会计上已进行处理的损失，进行了纳税调整，没有在当年所得税前扣除。以后年度资料齐全时，可按25号公告规定，在规定期限内，追补至损失年度扣除。

271. 提前报废固定资产如何申报扣除

某供电公司有一台机器设备尚未达到规定使用年限，因无法正常使用而提前报废，所报废的损失，应怎样判断属于清单申报还是专项申报？应如何进行申报扣除？

答：根据《国家税务总局关于发布〈企业资产损失所得税税前扣除管理办法〉的公告》（国家税务总局公告2011年第25号）第九条规定，“下列资产损失，应以清单申报的方式向税务机关申报扣除：

（一）企业在正常经营管理活动中，按照公允价格销售、转让、变卖非货币资产的损失；

（二）企业各项存货发生的正常损耗；

（三）企业固定资产达到或超过使用年限而正常报废清理的损失；

（四）企业生产性生物资产达到或超过使用年限而正常死亡发生的资产损失；

（五）企业按照市场公平交易原则，通过各种交易场所、市场等买卖债券、股票、期货、基金以及金融衍生产品等发生的损失。”

第十条规定，“前条以外的资产损失，应以专项申报的方式向税务机关申报扣除。企业无法准确判别是否属于清单申报扣除的资产损失，可以采取专项申报的形式申报扣除。”

第三十条规定，“固定资产报废、毁损损失，为其账面净值扣除残值和责任人赔偿后的余额，应依据以下证据材料确认：

（一）固定资产的计税基础相关资料；

（二）企业内部有关责任认定和核销资料；

（三）企业内部有关部门出具的鉴定材料；

（四）涉及责任赔偿的，应当有赔偿情况的说明；

（五）损失金额较大的或自然灾害等不可抗力原因造成固定资产毁损、报废的，应有专业技术鉴定意见或法定资质中介机构出具的专项报告等。”

根据上述规定，企业固定资产达到或超过使用年限而正常报废清理的损失属于清单申报，其他报废损失应以专项申报的方式向税务机关申报扣除。企业无法准确判别是否属于清单申报扣除的资产损失，可以采取专项申报的形式申报扣除。

272. 逾期三年以上的应收账款能否作为坏账损失税前扣除

某电力工程安装公司2020年对往来款进行清理，发现一笔应收账款末核销，该笔应收账款是2016年形成的，金额为4万元，对方企业未在工商注销，但实际已不存在，找不到机构和相关人员。请问该笔坏账损失需取得什么样的证明材料可以税前扣除？

答：根据《国家税务总局关于发布〈企业资产损失所得税税前扣除管理办法〉的公告》（国家税务总局公告2011年第25号）第二十二条规定，“企业应收及预付款项坏账损失应依据以下相关证据材料确认：（一）相关事项合同、协议或说明；（二）属于债务人破产清算的，应有人民法院的破产、清算公告；（三）属于诉讼案件的，应出具人民法院的判决书或裁决书或仲裁机构的仲裁书，或者被法院裁定终（中）止执行的法律文书；（四）属于债务人停止营业的，应有工商部门注销、吊销营业执照证明；（五）属于债务人死亡、失踪的，应有公安机关等有关部门对债务人个人的死亡、失踪证明；（六）属于债务重组的，应有债务重组协议及其债务人重组收益纳税情况说明；（七）属于自然灾害、战争等不可抗力而无法收回的，应有债务人受灾情况说明以及放弃债权申明。

第二十三条规定，企业逾期三年以上的应收款项在会计上已作为损失处理的，可以作为坏账损失，但应说明情况，并出具专项报告；

第二十四条规定，企业逾期一年以上，单笔数额不超过五万或者不超过企业年度收入总额万分之一的应收款项，会计上已经作为损失处理的，可以作为坏账损失，但应说明情况，并出具专项报告。”

根据上述规定，企业该笔应收账款已逾期三年以上，单笔数额不超过5万元，在会计上已作为损失处理的，需要留存备查自行出具的有法定代表人、主要负责人和财务负责人签章证实有关损失的书面申明。

273. 新购房屋发生的装修费用是否资本化

某电力物资公司于2020年5月购入某偏远地区相邻两间店面，面积和市价相同，均为100平方米，房价240万元。物资公司决定做仓库兼发货点，装修后才搬进去，发生装修费10万元。请问公司新购入房产，发生的装修支出如何会计处理？

答：根据《企业会计准则第4号——固定资产》（财会〔2006〕3号）第八条规定，“外购固定资产的成本，包括购买价款、相关税费、使固定资产达到预定可使用状态前所发生的可归属于该项资产的运输费、装卸费、安装费和专业人员服务费等。”

根据《中华人民共和国企业所得税法实施条例》（中华人民共和国国务院令第512号）第五十八条规定，“（一）外购的固定资以购买价款和支付的相关税及直接归属于使该资产达到预定用途发生的其他支出为计税基础。”

根据上述规定，企业会计制度和企业所得税的规定是相互吻合的。因为购买时即出现装修，表明这个房子还没达到预定可使用状态，只有经过装修后才能够使用。而固定资产达到预定可使用状态之前所产生的装修费用应当予以资本化。

四、税收优惠

274. 不征税收入对应的研发费支出是否可以加计抵扣

某电力技术公司2020年发生研发支出200万元，其中50万元是属于政府财政补助（企业选择作不征税收入处理），请问企业所形成的研发支出可否税前加计扣除？

答：根据《财政部 国家税务总局关于财政性资金 行政事业性收费 政府性基金有关企业所得税政策问题的通知》（财税〔2008〕151号）第三条规定："企业的不征税收入用于支出所形成的费用，不得在计算应纳税所得额时扣除；企业的不征税收入用于支出所形成的资产，其计算的折旧、摊销不得在计算应纳税所得额时扣除。"

根据《国家税务总局关于企业研究开发费用税前加计扣除政策有关问题的公告》（国家税务总局公告2015年第97号）第二条第（五）项规定："财政性资金的处理。企业取得作为不征税收入处理的财政性资金用于研发活动所形成的费用或无形资产，不得计算加计扣除或摊销。"

第二条第（六）项规定，"不允许加计扣除的费用。法律、行政法规和国务院财税主管部门规定不允许企业所得税前扣除的费用和支出项目不得计算加计扣除。"

根据上述规定，若企业取得的50万元政府补助选择按不征税收入处理，则该项研发支出可税前加计扣除金额为150×75%＝112.5万元；若企业取得的50万元政府补助选择按应税收入处理，则税前加计扣除金额为200×75%＝150万元。

275. 单位价值不超过500万元的固定资产能否一次性扣除

2021年2月某电网公司购买了一台价值300万元的变压器，请问企业所得税上能否一次性税前扣除？

答：根据《财政部 税务总局关于设备、器具扣除有关企业所得税政策的通知》（财会〔2018〕54号）第一条规定，企业在2018年1月1日至2020年12月31日期间新购进的设备、器具，单位价值不超过500万元的，允许一次性计入当期成本费用在计算应纳税所得额时扣除，不再分年度计算折旧；单位价值超过500万元的，仍按《企业所得税法实施条例》、《财政部 国家税务总局关于完善固定资产加速折旧企业所得税政策的通知》（财税〔2014〕75号）、《财政部 国家税务总局关于进一步完善固定资产加速折旧企业所得税政策的通知》（财税〔2015〕106号）等相关规定执行。

《财政部 税务总局关于延长部分税收优惠政策执行期限的公告》（财政部 税务总局公告2021年第6号）第一条规定，《财政部 税务总局关于设备器具扣除有关企业所得税政策的通知》（财税〔2018〕54号）等16个文件规定的税收优惠政策凡已经到期的，执行期限延长至2023年12月31日。

根据上述规定，企业购买的设备价值不超过500万元的，允许一次性计入当期成本费用在计算应纳税所得额时扣除，不再分年度计算折旧。

276. 取得国债利息收入未备案应当如何处理

某电网公司2020年取得国债利息收入免征企业所得税，但在汇算清缴期内未备案，请问应当如何处理？

答：根据《国家税务总局关于发布修订后的〈企业所得税优惠政策事项办理办法〉的公告》（国家税务总局公告2018年第23号）第二条规定，本办法所称优惠事项是指企业所得税法规定的优惠事项，以及国务院和民族自治地方根据企业所得税法授权制定的企业所得税优惠事项。包括免税收入、减计收入、加计扣除、加速折旧、所得减免、抵扣应纳税所得额、减低税率、税额抵免等。第四条规定，企业享受优惠事项采取“自行判别、申报享受、相关资料留存备查”的办理方式。企业应当根据经营情况以及相关税收规定自行判断是否符合优惠事项规定的条件，符合条件的可以按照《目录》列示的时间自行计算减免税额，并通过填报企业所得税纳税申报表享受税收优惠。同时，按照本办法的规定归集和留存相关资料备查。第六条规定，企业享受优惠事项的，应当在完成年度汇算清缴后，将留存备查资料归集齐全并整理完成，以备税务机关核查。根据《企业所得税优惠事项管理目录（2017年版）》规定，企业享受国债利息收入免征企业所得税优惠政策，需准备以下资料清单：1. 国债净价交易交割单；2. 购买、转让国债的证明，包括持有时间、票面金额、利率等相关材料；3. 应收利息（投资收益）科目明细账或按月汇总表；4. 减免税计算过程的说明。

根据上述规定，企业享受国债利息收入免征企业所得税优惠政策，应当采取“自行判别、申报享受、相关资料留存备查”的办理方式，在完成年度汇算清缴后，将留存备查资料归集齐全并整理完成，以备税务机关核查。

277. 居民企业之间的股息、红利等权益性投资收益免征企业所得税

某电网公司 2020 年 3 月从其投资的某上市公司分得股息红利 200 万元，公司从 2018 年 1 月开始一直持有该上市公司股份，且未出售，请问 2020 年分得的该权益性投资收益是否属于企业所得税免税收入？

答：根据《中华人民共和国企业所得税法》（中华人民共和国主席令第六十三号）第二十六条规定，“企业的下列收入为免税收入：

（二）符合条件的居民企业之间的股息、红利等权益性投资收益；

（三）在中国境内设立机构、场所的非居民企业从居民企业取得与该机构、场所有实际联系的股息、红利等权益性投资收益；”

根据《中华人民共和国企业所得税法实施条例》（中华人民共和国国务院令第 512 号）第八十三条规定：“企业所得税法第二十六条第（二）项所称符合条件的居民企业之间的股息、红利等权益性投资收益，是指居民企业直接投资于其他居民企业取得的投资收益。企业所得税法第二十六条第（二）项和第（三）项所称股息、红利等权益性投资收益，不包括连续持有居民企业公开发行并上市流通的股票不足 12 个月取得的投资收益。”

根据上述规定，企业 2020 年分得的该权益性投资收益免征企业所得税。

278. 转让外购专利权能否享受技术转让企业所得税优惠

2020 年 3 月某电力技术公司转让一项外购的专利权，请问该行为是否适用符合条件的技术转让所得免征、减征企业所得税的优惠政策？

答：根据《财政部 国家税务总局关于居民企业技术转让有关企业所得税政策问题的通知》（财税〔2010〕111 号）第一条规定，“技术转让的范围，包括居民企业转让专利技术、计算机软件著作权、集成电路布图设计权、植物新品种、生物医药新品种，以及财政部和国家税务总局确定的其他技术。其中：专利技术，是指法律授予独占权的发明、实用新型和非简单改变产品图案的外观设计。”

第二条规定，“本通知所称技术转让，是指居民企业转让其拥有符合本通知第一条规定技术的所有权或 5 年以上（含 5 年）全球独占许可使用权的

行为。”

根据上述规定，企业转让符合条件的专利权，应强调的是企业是否拥有规定技术的所有权，外购取得技术专利权或者自行研发取得技术专利权不是判断纳税人转让专利技术是否可以享受技术转让所得免征、减征企业所得税优惠的标准。

279. 高新技术企业技术转让能否适用15%税率减半缴纳所得税

某电力科技公司为高新技术企业，2020年生产经营所得2000万元，另外本年度还将一项专利技术转让给非关联企业，取得技术转让所得600万元，符合税收优惠条件，请问企业取得的技术转让所得能否按15%的税率减半缴纳企业所得税？

答：根据《中华人民共和国企业所得税法实施条例》（中华人民共和国国务院令第512号）第九十条规定，“企业所得税法第二十七条第（四）项所称符合条件的技术转让所得免征、减征企业所得税，是指一个纳税年度内，居民企业技术转让所得不超过500万元的部分，免征企业所得税；超过500万元的部分，减半征收企业所得税。”

根据《国家税务总局关于进一步明确企业所得税过渡期优惠政策执行口径问题的通知》（国税函〔2010〕157号）第一条规定，“居民企业取得《中华人民共和国企业所得税法实施条例》第八十六条、第八十七条、第八十八条和第九十条规定可减半征收企业所得税的所得，是指居民企业应就该部分所得单独核算并依照25%的法定税率减半缴纳企业所得税。”

根据上述规定，高新技术企业取得技术转让所得超过500万元的部分不能适用15%的税率减半缴纳企业所得税，技术转让所得超过500万元的部分要按25%的税率减半缴纳企业所得税。企业应缴纳的企业所得税为2000×15%＋（600－500）×50%×25%＝312.5万元。

280. 取得高新技术企业资格后从何时开始享受优惠

某电力技术公司是一家从事智能电网技术开发为主的企业，公司2020年8月获得高新技术企业证书，被评为高新技术企业，企业取得高新技术企业资格后，从何时开始享受高新技术企业优惠？

答：根据《科技部 财政部 国家税务总局关于修订印发〈高新技术企业认定管理办法〉的通知》（国科发火〔2016〕32号）第十条规定："企业获得高新技术企业资格后，自高新技术企业证书颁发之日所在年度起享受税收优惠，可依照本办法第四条的规定到主管税务机关办理税收优惠手续。"

根据《国家税务总局关于实施高新技术企业所得税优惠政策有关问题的公告》（国家税务总局公告2017年第24号）第一条规定："企业获得高新技术企业资格后，自高新技术企业证书注明的发证时间所在年度起申报享受税收优惠，并按规定向主管税务机关办理备案手续。"

根据上述规定，企业可以在2020年度申报享受税收优惠，并按规定向主管税务机关办理备案手续。

281. 高新技术企业注销清算时是否适用15%税率

某电力发展公司现享受15%的高新技术企业所得税优惠税率，现公司准备注销，请问清算所得应适用什么税率？能否按优惠税率缴纳企业所得税？

答：根据《财政部 国家税务总局关于企业清算业务企业所得税处理若干问题的通知》（财税〔2009〕60号）第四条规定，"企业的全部资产可变现价值或交易价格，减除资产的计税基础、清算费用、相关税费，加上债务清偿损益等后的余额，为清算所得。企业应将整个清算期作为一个独立的纳税年度计算清算所得。"

根据《国家税务总局关于印发〈中华人民共和国企业清算所得税申报表〉的通知》（国税函〔2009〕388号）附件2《中华人民共和国企业清算所得税申报表及附表填报说明》的规定，第12行"税率"明确"填报企业所得税法规定的税率25%"。

根据上述规定，企业在清算期间作为一个独立的纳税年度，清算所得应依照25%的法定税率缴纳企业所得税。

282. 高新技术企业资格期满，重新认定前按什么税率预缴企业所得税

某电力技术公司2018—2020年被认定为高新技术企业，2020年高新技术

企业资格期满，在通过重新认定前企业所得税按什么税率进行预缴？

答：根据《国家税务总局关于实施高新技术企业所得税优惠政策有关问题的公告》（国家税务总局公告2017年第24号）第一条规定：“企业的高新技术企业资格期满当年，在通过重新认定前，其企业所得税暂15%的税率预缴，在年底前仍未取得高新技术企业资格的，应按规定补缴相应期间的税款。”

根据上述规定，企业在高新技术重新认定前，其企业所得税暂按15%的税率预缴。

283. 高新技术企业能否同时享受软件企业减半征收政策

某电力技术公司2020年被认定为高新技术企业，同时公司又处于软件企业的减半优惠期，请问两项优惠能同时享受吗？

答：根据《国家税务总局关于进一步明确企业所得税过渡期优惠政策执行口径问题的通知》（国税函〔2010〕157号）第一条规定，“关于居民企业选择适用税率及减半征税的具体界定问题。（二）居民企业被认定为高新技术企业，同时又符合软件生产企业和集成电路生产企业定期减半征收企业所得税优惠条件的，该居民企业的所得税适用税率可以选择适用高新技术企业的15%税率，也可以选择依照25%的法定税率减半征税，但不能享受15%税率的减半征税。”

根据上述规定，两项优惠不能同时享受，由企业自行选择享受一项。

284. 核定征收企业能否享受研发费用加计扣除

某电力工程设计公司是一家2020年新成立的小型科技公司，目前企业所得税采取核定征收方式缴纳，公司现有一研发项目，请问能否享受研发费用加计扣除的所得税优惠政策？

答：根据《财政部 国家税务总局 科技部关于完善研究开发费用税前加计扣除政策的通知》（财税〔2015〕119号）第五条第1点规定，“本通知适用于会计核算健全、实行查账征收并能够准确归集研发费用的居民企业。”

根据规定上述，企业不能享受研发费用加计扣除的政策优惠。

285. 科技型中研发项目最终研发失败，相关研发费用是否还可以享受企业所得税税前加计扣除

某电力设计院2020年部分研发项目失败，请问企业研发失败项目所发生的资本化费用可否享受研发费用加计扣除

答：根据《国家税务总局关于研发费用税前加计扣除归集范围有关问题的公告》（国家税务总局公告2017年第40号）第七条第（四）项规定，“失败的研发活动所发生的研发费用可享受税前加计扣除政策。”

《研发费用加计扣除政策执行指引》第二条第（十）项规定，“失败的研发活动所发生的研发费用也可享受加计扣除。一是企业的研发活动具有一定的风险和不可预测性，既可能成功也可能失败，政策是对研发活动予以鼓励，并非单纯强调结果；二是失败的研发活动也并不是毫无价值的，在一般情况下的‘失败’是指没有取得预期的结果，但可以取得其他有价值的成果；三是许多研发项目的执行是跨年度的，在研发项目执行当年，其发生的研发费用就可以享受加计扣除，不是在项目执行完成并取得最终结果以后才申请加计扣除，在享受加计扣除时实际无法预知研发成果，如强调研发成功才能加计扣除，将极大地增加企业享受优惠的成本，降低政策激励的有效性。”

根据上述规定，失败的研发活动所发生的研发费用可享受税前加计扣除政策。

286. 与研发活动相关的差旅费、会议费能否加计扣除

某电力技术公司2020年4—7月发生与研发活动相关的差旅费、会议费，请问能否享受研发费用加计扣除?

答：根据《国家税务总局关于研发费用税前加计扣除归集范围有关问题的公告》（国家税务总局公告2017年第40号）第六条规定，“其他相关费用。指与研发活动直接相关的其他费用，如技术图书资料费、资料翻译费、专家咨询费、高新科技研发保险费，研发成果的检索、分析、评议、论证、鉴定、评审、评估、验收费用，知识产权的申请费、注册费、代理费，差旅费、会议费，职工福利费、补充养老保险费、补充医疗保险费。此类费用总额不得

超过可加计扣除研发费用总额的10%。”

根据上述规定，与研发活动直接相关的差旅费、会议费作为其他相关费用可以享受研发费用加计扣除，其他相关费用限额＝允许加计扣除的研发费用中的第1项至第5项的费用之和×10%÷（1－10%），当其他相关费用实际发生数小于限额时，按实际发生数计算税前加计扣除数额；当其他相关费用实际发生数大于限额时，按限额计算税前加计扣除数额。

287. 从事研发活动外聘研发人员的劳务费用能否加计扣除

某电力科技公司有符合加计扣除条件的研发项目，部分直接从事项目研发活动的辅助人员采取劳务派遣方式，取得劳务派遣公司开具的发票金额100万元，其中工资薪金85万元、五险一金10万元，服务费5万元，某电力科技公司公司按100万元计入“管理费用——研发费”。请问某电力科技公司可以享受加计扣除的人工费用金额是多少?

答:《国家税务总局关于研发费用税前加计扣除归集范围有关问题的公告》（国家税务总局公告2017年第40号）第一条规定，“人员人工费用。指直接从事研发活动人员的工资薪金、基本养老保险费、基本医疗保险费、失业保险费、工伤保险费、生育保险费和住房公积金，以及外聘研发人员的劳务费用。（一）直接从事研发活动人员包括研究人员、技术人员、辅助人员。研究人员是指主要从事研究开发项目的专业人员；技术人员是指具有工程技术、自然科学和生命科学中一个或一个以上领域的技术知识和经验，在研究人员指导下参与研发工作的人员；辅助人员是指参与研究开发活动的技工。外聘研发人员是指与本企业或劳务派遣企业签订劳务用工协议（合同）和临时聘用的研究人员、技术人员、辅助人员。接受劳务派遣的企业按照协议（合同）约定支付给劳务派遣企业，且由劳务派遣企业实际支付给外聘研发人员的工资薪金等费用，属于外聘研发人员的劳务费用。”

《国家税务总局关于〈国家税务总局关于研发费用税前加计扣除归集范围有关问题的公告〉的解读》第二条第（一）项指出，“考虑到直接支付给员工个人和支付给劳务派遣公司，仅是支付方式不同，并未改变企业劳务派遣用工的实质，为体现税收公平，公告明确外聘研发人员包括与劳务派遣公司签订劳务用工协议（合同）的形式，将按照协议（合同）约定直接支付给劳务派遣公司，且由劳务派遣公司实际支付给研发人员的工资薪金等，纳入加计扣除范围。”

根据《财政部 国家税务总局 科技部关于完善研究开发费用税前加计扣除政策的通知》（财税〔2015〕119号）第一条第（一）项规定，“允许加计扣除的人员人工费用，包括直接从事研发活动人员的工资薪金、基本养老保险费、基本医疗保险费、失业保险费、工伤保险费、生育保险费和住房公积金，以及外聘研发人员的劳务费用”。

根据上述规定，企业支付给劳务派遣公司的研发人员的工资薪金、基本养老保险费、基本医疗保险费、失业保险费、工伤保险费、生育保险费和住房公积金金额合计95万元作为人员人工费用享受加计扣除，支付给劳务派遣公司的5万元服务费不能享受加计扣除。

288. 加速摊销的无形资产加计扣除口径如何确定

某电力设计院在2020年1月购入并投入使用一专门用于研发活动的软件，单位价值30万元，会计处理按3年折旧。企业对该软件选择缩短摊销年限的摊销方式，摊销年限缩短为2年。请问，企业加速摊销的软件加计扣除口径如何确定?

答：根据《国家税务总局关于研发费用税前加计扣除归集范围有关问题的公告》（国家税务总局公告〔2017〕40号）第四条第（二）项规定，“用于研发活动的无形资产，符合税法规定且选择缩短摊销年限的，在享受研发费用税前加计扣除政策时，就税前扣除的摊销部分计算加计扣除。”

根据上述规定，2020年企业会计处理摊销的费用10万元（30÷3=10），税收上选择缩短摊销年限优惠可以摊销的费用是15万元（30÷2=15），若该软件2年内用途未发生变化，则企业在2年内每年可直接就其摊销的费用15万元进行加计扣除。

289. 房屋的租赁费是否属于研发费用加计扣除的范围

某电力工程设计公司是一家从事电力行业专业设计的企业，公司2018年自行计算的研发费用为2000万元，其中包括企业研发的房屋租赁费24万元，请问企业研发部门的房屋租赁费是否属于研发费用加计扣除的范围?

答：根据《财政部 国家税务总局 科技部关于完善研究开发费用税前加计扣除政策的通知》（财税〔2015〕119号）第一条第（一）项第3点规定，“直接投入费用。（3）用于研发活动的仪器、设备的运行维护、调整、检验、维修等费用，以及通过经营租赁方式租入的用于研发活动的仪器、设备租赁费。”

根据上述规定，属于研发费用加计扣除的范围仅包括通过经营租赁方式租入的用于研发活动的仪器、设备租赁费，房屋租赁费不属于研发费用加计扣除的范围。

290. 研发形成产品对外销售对应的材料费用能否加计扣除

某电力设备制造公司是一家从事电力设备专业研发与销售的企业，公司2018年自行计算的研发费用为2000万元，其中包括企业研发过程中直接形成产品的材料费用600万元，请问企业研发中直接形成产品的材料费用是否属于研发费用加计扣除的范围?

答：根据《国家税务总局关于研发费用税前加计扣除归集范围有关问题的公告》（国家税务总局公告2017年第40号）第二条第（二）项规定，“企业研发活动直接形成产品或作为组成部分形成的产品对外销售的，研发费用中对应的材料费用不得加计扣除。产品销售与对应的材料费用发生在不同纳税年度且材料费用已计入研发费用的，可在销售当年以对应的材料费用发生额直接冲减当年的研发费用，不足冲减的，结转以后年度继续冲减。”

根据上述规定，企业研发活动直接形成产品对外销售的，研发费用中对应的材料费用不得加计扣除。由于企业研发领用材料当期已经享受加计扣除，研发活动形成产品对外销售时，销售当年需将产品中对应的材料金额冲减当年的研发费用，当年研发费用不足冲减的，结转以后年度继续冲减。

291. 融资租赁设备用于研发，其折旧能否加计扣除

某电力设备公司以融资租赁方式租入的固定资产，用于研发活动发生的折旧费用，能否加计扣除?

答：根据《中华人民共和国企业所得税法实施条例》（中华人民共和国国

务院令第512号）第四十七条第（二）项规定，“企业根据生产经营活动的需要租入固定资产支付的租赁费，按照以下方法扣除：（二）以融资租赁方式租入固定资产发生的租赁费支出，按照规定构成融资租入固定资产价值的部分应当提取折旧费用，分期扣除。”

根据《财政部 国家税务总局 科技部关于完善研究开发费用税前加计扣除政策的通知》（财税〔2015〕119号）第一条第（一）项第3点规定，“允许加计扣除的研发费用包括用于研发活动的仪器、设备的折旧费。”

根据上述规定，企业以融资租赁方式租入的固定资产，用于研发活动发生的折旧费用可以享受研发费用加计扣除。

292. 研发人员同时从事非研发活动的相关费用如何扣除

某电力技术公司是一家以从事电力发电、输电、变电、节能环保、智能电网、技术开发为主的企业，公司2020年自行计算的研发费用为3000万元，其中包括既用于研发也用于生产经营的人员工资20万元，请问如何进行加计扣除？

答：根据《国家税务总局关于研发费用税前加计扣除归集范围有关问题的公告》（国家税务总局公告2017年第40号）第一条规定，“人员人工费，指直接从事研发活动人员的工资薪金、基本养老保险费、基本医疗保险费、失业保险费、工伤保险费、生育保险费和住房公积金，以及外聘研发人员的劳务费用。

（一）直接从事研发活动人员包括研究人员、技术人员、辅助人员。研究人员是指主要从事研究开发项目的专业人员；技术人员是指具有工程技术、自然科学和生命科学中一个或一个以上领域的技术知识和经验，在研究人员指导下参与研发工作的人员；辅助人员是指参与研究开发活动的技工。外聘研发人员是指与本企业或劳务派遣企业签订劳务用工协议（合同）和临时聘用的研究人员、技术人员、辅助人员。

接受劳务派遣的企业按照协议（合同）约定支付给劳务派遣企业，且由劳务派遣企业实际支付给外聘研发人员的工资薪金等费用，属于外聘研发人员的劳务费用。

（二）工资薪金包括按规定可以在税前扣除的对研发人员股权激励的

支出。

（三）直接从事研发活动的人员、外聘研发人员同时从事非研发活动的，企业应对其人员活动情况做必要记录，并将其实际发生的相关费用按实际工时占比等合理方法在研发费用和生产经营费用间分配，未分配的不得加计扣除。”

根据上述规定，企业直接从事研发活动的人员、外聘研发人员同时从事非研发活动的，企业应对其人员活动情况做必要记录，并将其实际发生的相关费用按实际工时占比等合理方法在研发费用和生产经营费用间分配，未分配的不得加计扣除。

293. 企业发生的知识性、技术性活动是否都适用加计扣除政策

某电力集体企业从事精密仪器设备生产销售业务，产品出售后，对于一般性技术问题该公司通过网上远程售后服务系统软件指导客户处理。2020 年，该公司将网上远程售后服务系统进行常规性升级，发生支出费用 50 万元。在企业所得税汇算清缴时，该公司针对该笔支出按 75% 加计扣除 37.5 万元，该公司税务处理是否正确?

答：根据《财政部 国家税务总局 科学技术部关于完善研究开发费用税前加计扣除政策的通知》（财税〔2015〕119 号）第一条第（二）项规定，“下列活动不适用税前加计扣除政策：

（1）企业产品（服务）的常规性升级。

（2）对某项科研成果的直接应用，如直接采用公开的新工艺、材料、装置、产品、服务或知识等。

（3）企业在商品化后为顾客提供的技术支持活动。

（4）对现存产品、服务、技术、材料或工艺流程进行的重复或简单改变。

（5）市场调查研究、效率调查或管理研究。

（6）作为工业（服务）流程环节或常规的质量控制、测试分析、维修维护。

（7）社会科学、艺术或人文学方面的研究。”

根据上述规定，将网上远程售后服务系统进行常规性升级不适用税前加计扣除政策。

294. 同时开展多项研发活动时研发费用加计扣除限额如何计算

某电力技术公司于2020年开展了2项研发项目A和B，A项目共发生研发费用100万元，其中与研发活动直接相关的其他费用12万元；B项目共发生研发费用120万元，其中与研发活动直接相关的其他费用9万元。假设研发活动均符合加计扣除相关规定，请问公司可以享受的研发费用加计扣除限额是多少?

答：根据《国家税务总局关于企业研究开发费用税前加计扣除政策有关问题的公告》（国家税务总局公告2015年第97号）第二条第（三）项规定，"企业在一个纳税年度内进行多项研发活动的，应按照不同研发项目分别归集可加计扣除的研发费用。在计算每个项目其他相关费用的限额时应当按照以下公式计算：其他相关费用限额 = 《通知》第一条第一项允许加计扣除的研发费用中的第1项至第5项的费用之和 ×10% ÷（1 - 10%）。当其他相关费用实际发生数小于限额时，按实际发生数计算税前加计扣除数额；当其他相关费用实际发生数大于限额时，按限额计算税前加计扣除数额。"

根据上述规定，企业存在同时开展多项研发活动时，在计算其他相关费用扣除限额时，应按上述规定执行，不应将所有项目研发费用合计金额的10%作为可扣除其他费用的限额。

项目A：扣除限额 =（100 - 12）÷（1 - 10%）×10% = 9.78（万元），小于实际发生数12万元；则项目A允许加计扣除的研发费用 = 100 - 12 + 9.78 = 97.78（万元）。

项目B：扣除限额 =（120 - 9）÷（1 - 10%）×10% = 12.33（万元），大于实际发生数9万元；则项目B允许加计扣除的研发费用为120（万元）。

根据上述规定，企业2019年可以享受的研发费用加计扣除额 =（97.78 + 120）×75% = 163.34（万元）。

295. 研发过程中取得的特殊收入是否扣减相应的研发费用基数

某电力信息科技公司于2020年2月开展一项研发活动，12月停止项目研发并宣布研发失败。研发期间共发生费用287万元，未达研发目标标准的残次品器械5台，处置后取得收入共计295万元。请问研发过程中取得的特殊收入是否扣减相应研发费用基数？公司2020年此项研发活动当年可享受加计扣除的金额是多少？

答：根据《国家税务总局关于研发费用税前加计扣除归集范围有关问题的公告》（国家税务总局公告2017年第40号）第七条第（二）项规定，“企业取得研发过程中形成的下脚料、残次品、中间试制品特殊收入，在计算确认收入当年的加计扣除研发费用时，应从已归集研发费用中扣减该特殊收入，不足扣减的，加计扣除研发费用按零计算。”

根据上述规定，企业2020年发生了研发费用，但因当年取得研发过程中形成的下脚料、残次品以及中间试制品销售等收入超过当年实际发生的允许加计扣除的研发费用支出，因此，不允许加计扣除。对当期未抵扣完的部分，不用延续到以后年度扣除。

296. 企业是否可以追溯享受研发费加计扣除政策

某电力技术公司2019年发生的研究开发费用有一部分当年未加计扣除，请问2020年发现后能否在当年企业所得税汇算清缴时享受？

答：根据《财政部 国家税务总局 科技部关于完善研究开发费用税前加计扣除政策的通知》（财税〔2015〕119号）第五条第4点规定，“企业符合本通知规定的研发费用加计扣除条件而在2016年1月1日以后未及时享受该项税收优惠的，可以追溯享受并履行备案手续，追溯期限最长为3年。”

根据上述规定，企业应加计未加计扣除，追溯期限最长为3年。因此企业2019年发生的研发费用未加计扣除，至2020年仍可追溯享受。

297. 房地产企业能否享受研发费用加计扣除

某集团作为国家电网负责房地产业务的全资子公司，近年来也会对房屋建筑工程设计投入一些研发，相关的研发费用是否可以享受研发费加计扣除优惠政策？

答：按照《财政部 国家税务总局 科技部关于完善研究开发费用税前加计扣除政策的通知》（财税〔2015〕119号）第四条规定，“烟草制造业、住宿和餐饮业、批发和零售业、房地产业、租赁和商业服务业、娱乐业以及财政部和国家税务总局规定的其他行业属于不适用研发费税前加计扣除政策的行业范围。”

根据上述规定，若企业研发费用发生当年的房地产业务收入占收入总额减除不征税收入和投资收益的余额50%（不含）以上的，则属于房地产产业的企业，不得享受研发费加计扣除优惠。

298. 享受研发费用加计扣除税收优惠但未备案应如何处理

某电力设备制造公司成立于2017年8月，是一家从事电力设备研发与销售的企业，公司2017年自行计算的无形资产研发费用为2000万元，并在企业所得税汇算清缴时享受了企业税收优惠，但未按照规定向税务机关报送备案材料，请问公司享受的政策优惠会被剥夺吗?

答：根据《国家税务总局关于发布修订后的〈企业所得税优惠政策事项办理办法〉的公告》（国家税务总局公告2018年第23号）第四条的规定，“企业享受优惠事项采取‘自行判别、申报享受、相关资料留存备查’的办理方式。企业应当根据经营情况以及相关税收规定自行判断是否符合优惠事项规定的条件，符合条件的可以按照《目录》列示的时间自行计算减免税额，并通过填报企业所得税纳税申报表享受税收优惠。同时，按照本办法的规定归集和留存相关资料备查。”

根据上述规定，企业可以补齐相关资料，留存备查，无须向税务机关报送备案材料，但不影响其享受税收优惠。

299. 研发费用加计扣除是否需要备案

请问根据《国家税务总局关于发布修订后的〈企业所得税优惠政策事项办理办法〉的公告》（国家税务总局公告2018年第23号）的规定，企业研发费用加计扣除是否需要备案?

答：根据《国家税务总局关于发布修订后的〈企业所得税优惠政策事项办理办法〉的公告》（国家税务总局公告2018年第23号）第四条规定，“企业享受优惠事项采取‘自行判别、申报享受、相关资料留存备查’的办理方式。企业应当根据经营情况以及相关税收规定自行判断是否符合优惠事项规定的条件，符合条件的可以按照《目录》列示的时间自行计算减免税额，并通过填报企业所得税纳税申报表享受税收优惠。同时，按照本办法的规定归集和留存相关资料备查。”

第五条规定，“本办法所称留存备查资料是指与企业享受优惠事项有关的合同、协议、凭证、证书、文件、账册、说明等资料。留存备查资料分为主要留存备查资料和其他留存备查资料两类。主要留存备查资料由企业按照《目录》列示的资料清单准备，其他留存备查资料由企业根据享受优惠事项情况自行补充准备。”

第六条规定，“企业享受优惠事项的，应当在完成年度汇算清缴后，将留存备查资料归集齐全并整理完成，以备税务机关核查。”

第十五条规定，“本办法适用于2017年度企业所得税汇算清缴及以后年度企业所得税优惠事项办理工作。”

根据上述规定，企业研发费用加计扣除需要备案。

300. 委托外部机构或个人进行研发活动所发生的费用能否加计扣除

某电网公司委托某科研团队开发一项电力专用技术，委托费用为20万元，则该委托费用能否加计扣除?

答：根据《财政部 国家税务总局 科技部关于完善研究开发费用税前加计扣除政策的通知》（财税〔2015〕119号）第二条第1点规定，“企业委托外部机构或个人进行研发活动所发生的费用，按照费用实际发生额的80%计入委托方研发费用并计算加计扣除，受托方不得再进行加计扣除。委托外部研究开发费用实际发生额应按照独立交易原则确定。委托方与受托方存在关联关系的，受托方应向委托方提供研发项目费用支出明细情况。企业委托境外机构或个人进行研发活动所发生的费用，不得加计扣除。”

根据《国家税务总局关于企业研究开发费用税前加计扣除政策有关问题的公告》（国家税务总局公告2015年第97号）第三条规定，“企业委托外部机构或个人开展研发活动发生的费用，可按规定税前扣除；加计扣除时按照研发活动发生费用的80%作为加计扣除基数。委托个人研发的，应凭个人出具的发票等合法有效凭证在税前加计扣除。

企业委托境外研发所发生的费用不得加计扣除，其中受托研发的境外机构指依照其他国家和地区法律成立的企业和其他取得收入的组织。受托研发的境外个人指外国人和港、澳、台人员。”

根据《国家税务总局关于研发费用税前加计扣除归集范围有关问题的公告》（国家税务总局公告2017年第40号）第七条第（五）项：“国家税务总局公告2015年第97号第三条所称‘研发活动发生费用’是指委托方实际支付给受托方的费用。无论委托方是否享受研发费用税前加计扣除政策，受托方均不得加计扣除。委托方委托关联方开展研发活动的，受托方需向委托方提供研发过程中实际发生的研发项目费用支出明细情况。”

根据上述规定，企业委托外部机构或个人开展研发活动发生的费用，可按规定税前扣除，加计扣除时按照研发活动发生费用的80%作为加计扣除基数。

301. 已享受税收优惠的专用设备发生转让是否涉及补税

某电网公司2018年购买了环保专用设备，并在当年度享受了税额抵免。2020年5月将设备卖出，请问企业享受的税收优惠是否效?

答：根据《关于执行环境保护专用设备企业所得税优惠目录 节能节水专用设备企业所得税优惠目录和安全生产专用设备企业所得税优惠目录有关问题的通知》（财税〔2008〕48号）第五条规定，“企业购置并实际投入适用、已开始享受税收优惠的专用设备，如从购置之日起5个纳税年度内转让、出租的，应在该专用设备停止使用当月停止享受企业所得税优惠，并补缴已经抵免的企业所得税税款。转让的受让方可以按照该专用设备投资额的10%抵免当年企业所得税应纳税额；当年应纳税额不足抵免的，可以在以后5个纳税年度结转抵免。”

根据上述规定，企业2019年购买设备并享受税收优惠，在2020年转让，未完整的持有并使用5个纳税年度，原已享受的税收优惠应停止使用，并补缴税款。

302. 供电配套设施建设补偿费的涉税处理

某电力工程安装公司收到村改造项目（农民公寓）供电配套设施超过模式建设的架空线路造价补偿款，根据供电配套设施建设补偿协议中相关条款的约定，该补偿款实际上是对方要求按超过规定标准建设的，应由对方承担的超过标准架空线路的造价费用。

处理方法一：如已具备用户资产接收条件的，是否按照用户资产移交处理，计入专项应付款——其他专项应付款科目核算，根据财税〔2011〕35 号文件之规定，该补偿款应缴纳的企业所得税不征收入库，直接转增国家资本金。

处理方法二：按照收到与资产相关的政府补助处理，收到补助时计入递延收益科目，自资产可供使用起，按照资产的预计使用期限，将递延收益平均分摊转入当期损益，缴纳企业所得税。

请问此项经济业务按照哪种处理方法比较妥当？若按照用户资产接收处理时，是否存在所得税风险？计提的折旧能否税前列支？

答：根据《财政部 国家税务总局关于电网企业接受用户资产有关企业所得税政策问题的通知》（财税〔2011〕35 号）第一、二条规定，“对国家电网公司和中国南方电网有限责任公司及所属全资、控股企业接收用户资产应缴纳的企业所得税不征收入库，直接转增国家资本金。有关电网企业对接收的用户资产，可按接收价值计提折旧，并在企业所得税税前扣除。”

根据《财政部 国家税务总局关于财政性资金 行政事业性收费 政府性基金有关企业所得税政策问题的通知》（财税〔2008〕151 号）第一条规定，“（一）企业取得的各类财政性资金，除属于国家投资和资金使用后要求归还本金的以外，均应计入企业当年收入总额。（二）对企业取得的由国务院财政、税务主管部门规定专项用途并经国务院批准的财政性资金，准予作为不征税收入，在计算应纳税所得额时从收入总额中减除。（三）纳入预算管理的事业单位、社会团体等组织按照核定的预算和经费报领关系收到的由财政部门或上级单位拨入的财政补助收入，准予作为不征税收入，在计算应纳税所得额时从收入总额中减除，但国务院和国务院财政、税务主管部门另有规定的除外。本条所称财政性资金，是指企业取得的来源于政府及其有关部门的财政补助、补贴、贷款贴息，以及其他各类财政专项资金，包括直接减免的增值税和即征即退、先征后退、先征后返的各种税收，但不包括企业按规定取得的出口退税款；所称国家投资，是指国家以投资者身份投入企业、并按有关规定相应增加企业实收资本（股本）的直接投资。”

根据上述规定，如符合资产接收条件的，应当根据财税〔2011〕35 号规定处理。不符合资产接收条件的，如果补偿款由政府拨款的，则属于政府补助，按相关准则进行会计处理，按财税〔2008〕151 号规定一次性缴纳企业所得税；如果补偿款由村民集资的，则不属于政府补助。

303. 企业安置残疾人支付给残疾人的工资是否可以在预缴时享受加计扣除

某供电企业 2020 年安置两名残疾人就业，该两名职工均取得《中华人民共和国残疾人证》，并与企业签订了 1 年以上的劳动合同且在企业实际上岗工作，在按照支付给残疾职工工资据实扣除的基础上，是否还可以在预缴时进行加计扣除？

答：根据《财政部 国家税务总局关于安置残疾人员就业有关企业所得税优惠政策问题的通知》（财税〔2009〕70 号）第一条规定，“企业安置残疾人员的，在按照支付给残疾职工工资据实扣除的基础上，可以在计算应纳税所得额时按照支付给残疾职工工资的 100% 加计扣除。”

第二条规定，“残疾人员的范围适用《中华人民共和国残疾人保障法》的有关规定”

第三条规定，“企业享受安置残疾职工工资 100% 加计扣除应同时具备如下条件：

（一）依法与安置的每位残疾人签订了 1 年以上（含 1 年）的劳动合同或服务协议，并且安置的每位残疾人在企业实际上岗工作。

（二）为安置的每位残疾人按月足额缴纳了企业所在区县人民政府根据国家政策规定的基本养老保险、基本医疗保险、失业保险和工伤保险等社会保险。

（三）定期通过银行等金融机构向安置的每位残疾人实际支付了不低于企业所在区县适用的经省级人民政府批准的最低工资标准的工资。

（四）具备安置残疾人上岗工作的基本设施。”

根据上述规定，企业安置残疾人员只要符合规定条件，所支付的工资是可以在计算企业所得税时按100%加计扣除的。

304. 享受软件企业优惠事项的企业在完成年度汇算清缴后如何向税务机关提交资料

某电力技术企业属于享受软件企业优惠事项的企业，在完成年度汇算清缴后，应按照《企业所得税优惠事项管理目录》“后续管理要求”项目中列示的清单向税务机关提交资料。请问如何提交资料？是否需要报送税务机关？

答：按照《国家税务总局关于发布修订后的〈企业所得税优惠政策事项办理办法〉的公告》（国家税务总局公告2018年第23号）第十二条的规定，“享受集成电路生产企业、集成电路设计企业、软件企业、国家规划布局内的重点软件企业和集成电路设计企业等优惠事项的企业，应当在完成年度汇算清缴后，按照《目录》‘后续管理要求’项目中列示的清单向税务机关提交资料。”

根据《上海市经济信息化委关于2017年上海市软件和集成电路产业企业所得税优惠备案核查有关事项的通知》规定，企业应按照财税〔2016〕49号文的要求向税务机关提交纸质备案资料，并按附件序列装订成册。

根据以上规定，享受集成电路生产企业、集成电路设计企业、软件企业、国家规划布局内的重点软件企业和集成电路设计企业等优惠事项的企业，应当在完成年度汇算清缴后，通过国家税务总局上海市电子税务局按照提示提交相应的电子资料。

305. 三免三减半优惠期间购入节能节水专用设备涉税处理

某供电企业在企业所得税三免三减半优惠期间，出于安全生产和环境保护的要求，购入了符合条件的节能节水专用设备，设备购置价300万元，请问在享受企业所得税三免三减半优惠的同时能否按采购设备金额的10%抵免当年应纳所得税额？

答：根据《中华人民共和国企业所得税法实施条例》（中华人民共和国国务院令第512号）第八十七条规定，“企业从事前款规定的国家重点扶持的公共基础设施项目的投资经营的所得，自项目取得第一笔生产经营收入所属纳税年度起，第一年至第三年免征企业所得税，第四年至第六年减半征收企业所得税。”该优惠属于税基式减免。

根据《中华人民共和国企业所得税法实施条例》（中华人民共和国国务院令第512号）第一百条规定，“企业购置并实际使用《环境保护专用设备企业所得税优惠目录》《节能节水专用设备企业所得税优惠目录》和《安全生产专用设备企业所得税优惠目录》规定的环境保护、节能节水、安全生产等专用设备的，该专用设备的投资额的10%可以从企业当年的应纳税额中抵免；当年不足抵免的，可以在以后5个纳税年度结转抵免。”该优惠属于税额式减免。

根据上述规定，两项优惠属于不同类型的减免税方式，目前没有文件规定不能同时享受不同类型的减免税优惠，符合条件的情况下可以同时享受。

306. 享受企业所得税三免三减半优惠是否需要每年备案

某供电企业2018年度从事国家重点扶持的公共基础设施项目，根据规定投资经营的所得享受企业所得税三免三减半优惠，请问在享受优惠政策期间，该优惠事项是否每年都需要备案？

答：根据《国家税务总局关于发布修订后的〈企业所得税优惠政策事项办理办法〉的公告》（国家税务总局公告2018年第23号）第二条的规定，“本办法所称优惠事项是指企业所得税法规定的优惠事项，以及国务院和民族自治地方根据企业所得税法授权制定的企业所得税优惠事项。包括免税收入、减计收入、加计扣除、加速折旧、所得减免、抵扣应纳税所得额、减低税率、税额抵免等。”

第四条规定，“企业享受优惠事项采取‘自行判别、申报享受、相关资料留存备查’的办理方式。企业应当根据经营情况以及相关税收规定自行判断是否符合优惠事项规定的条件，符合条件的可以按照《目录》列示的时间自行计算减免税额，并通过填报企业所得税纳税申报表享受税收优惠。同时，按照本办法的规定归集和留存相关资料备查。”

根据上述规定，企业享受三免三减半优惠不再需要每年备案，只需要按规定归集和留存相关资料备查即可。

307. 免税收入对应的成本、费用能否税前扣除

某电力技术企业2020年3月取得联营企业A公司2017年度分红75万元，根据A公司和电力技术公司根据双方签订的广告宣传费分摊协议，A公司发生的广告费和业务宣传费的30%共计10万元应归集到电力技术公司扣除，请问该费用能否税前扣除?

答：根据《国家税务总局关于贯彻落实企业所得税法若干税收问题的通知》（国税函〔2010〕79号）第六条规定，“企业取得的各项免税收入所对应的各项成本费用，除另有规定者外，可以在计算企业应纳税所得额时扣除。”

《财政部 国家税务总局关于广告费和业务宣传费支出税前扣除政策的通知》（财税〔2012〕48号）第二条规定，“对签订广告费和业务宣传费分摊协议的关联企业，其中一方发生的不超过当年销售（营业）收入税前扣除限额比例内的广告费和业务宣传费支出可以在本企业扣除，也可以将其中的部分或全部按照分摊协议归集至另一方扣除。另一方在计算本企业广告费和业务宣传费支出企业所得税税前扣除限额时，可将按照上述办法归集至本企业的广告费和业务宣传费不计算在内。但应注意，关联企业之间应签订广告宣传费分摊协议，总体扣除限额不得超出规定标准，接受归集扣除的关联企业不占用本企业原扣除限额。”

根据上述规定，该笔广告费和业务宣传费可以在企业所得税前扣除。

308. 期间费用未合理分摊能否享受企业所得税优惠

某电力技术企业既从事应税项目，又从事减免税项目，公司2018年发生的广告费1000万元同时适用于应税项目和免税项目，但在进行所得税汇算清缴时发现并未按项目进行合理分摊，而是一并计入了减免税项目支出，请问该广告费能否完全享受所得税优惠减免?

答：根据《中华人民共和国企业所得税法实施条例》（中华人民共和国国务院令第512号）第一百零二条规定，“企业同时从事适用不同企业所得税待遇的项目的，其优惠项目应当单独计算所得，并合理分摊企业的期间费用；没有单独计算的，不得享受企业所得税优惠。”

根据上述规定，企业发生的广告费支出，必须进行合理分摊，分摊后将增加企业的所得减免额，减少应纳税额。分摊比例可按照投资额、销售收入、资产额、人员工资等参数确定，上述比例一经确定，不得随意变更。

309. 通过深港通取得香港公司的股权，其股息红利所得是否享受优惠

某电网企业2020年通过深港通已连续持股某香港公司的股权12个月，取得的股息红利所得是否需要缴纳企业所得税？是否可以参照居民企业之间的股息红利所得享受优惠？

答：根据《财政部 国家税务总局 证监会关于深港股票市场交易互联互通机制试点有关税收政策的通知》（财税〔2016〕127号）第一条第（四）项第1点规定，“对内地企业投资者通过深港通投资香港联交所上市股票取得的股息红利所得，计入其收入总额，依法计征企业所得税。其中，内地居民企业连续持有H股满12个月取得的股息红利所得，依法免征企业所得税。”

根据上述规定，公司取得的股息红利符合上述文件规定可以免征企业所得税。

310. 企业转让一项外购的企业专利权，是否可以享受企业所得税优惠

某电网公司转让一项外购的企业专利权，转让费用为5万元，则该企业可以享受企业所得税符合条件的技术转让所得免征、减征企业所得税的优惠吗？

答：根据《财政部 国家税务总局关于居民企业技术转让有关企业所得税政策问题的通知》（财税〔2010〕111号）第二条规定，“本通知所称技术转让，是指居民企业转让其拥有符合本通知第一条规定技术的所有权或5年以上（含5年）全球独占许可使用权的行为。”

根据《国家税务总局关于许可使用权技术转让所得企业所得税有关问题的公告》（国家税务总局公告2015年第82号）第二条规定，“企业转让符合条件的5年以上非独占许可使用权的技术，限于其拥有所有权的技术。”

根据上述规定，企业转让符合条件的专利权，应强调的是企业是否拥有规定技术的所有权，外购取得技术专利权或者自行研发取得技术专利权不是

判断纳税人转让专利技术是否可以享受技术转让所得免征、减征企业所得税优惠的标准。

311. 小型微利企业如何享受所得税优惠政策

某电网公司 2021 年度应纳税所得额不超过 300 万元、从业人数不超过 300 人、资产总额不超过 5000 万元，符合小微企业的认定标准，则该企业在缴纳企业所得税时可以享受哪些优惠政策呢？如何计算企业的应纳所得税额？

答：根据《财政部 税务总局关于实施小微企业普惠性税收减免政策的通知》（财税〔2019〕13 号）第二条规定，“对小型微利企业年应纳税所得额不超过 100 万元的部分，减按 25% 计入应纳税所得额，按 20% 的税率缴纳企业所得税；对年应纳税所得额超过 100 万元但不超过 300 万元的部分，减按 50% 计入应纳税所得额，按 20% 的税率缴纳企业所得税。”

根据《财政部 税务总局关于实施小微企业和个体工商户所得税优惠政策的公告》（财政部 税务总局公告 2021 年第 12 号）第一条规定，“为进一步支持小微企业和个体工商户发展，现就实施小微企业和个体工商户所得税优惠政策有关事项公告如下：一、对小型微利企业年应纳税所得额不超过 100 万元的部分，在《财政部 税务总局关于实施小微企业普惠性税收减免政策的通知》（财税〔2019〕13 号）第二条规定的优惠政策基础上，再减半征收企业所得税。”第三条规定，“本公告执行期限为 2021 年 1 月 1 日至 2022 年 12 月 31 日。”

根据上述规定，该电网公司符合小微企业的认定标准，从 2021 年起，年应纳税所得额不超过 100 万元的部分，在原有的优惠政策基础上再减半征收企业所得税。

五、其他

312. 企业增资扩股、稀释股权是否征收企业所得税

某电网企业根据发展的规划，计划引入战略投资者，拟通过增资扩股的方式进行股权多元化改革，补齐公司业务短板、获取市场资源，并完善公司

治理体系和市场化机制。扩股协议签约后，企业是否需要缴纳企业所得税?

答:《中华人民共和国企业所得税法》(中华人民共和国主席令第六十三号) 第六条及其实施条例相关条款规定了企业所得税收入的不同类型。企业增资扩股 (稀释股权)，是企业股东投资行为，可直接增加企业的实收资本(股本)，没有取得企业所得税应税收入，不做为企业应税收入征收企业所得税，也不存在征税问题。

根据上述规定，企业采用增资扩股 (稀释股权) 的方式进行股权多元化改革，不征收企业所得税。

313. 总分机构之间调拨固定资产是否涉及企业所得税

某省公司将部分固定资产调拨至市公司使用，省公司和市公司同属于一个法律主体，且资产的所有权在调拨过程中并未发生变化，该调拨过程是否涉及企业所得税?

答：根据《中华人民共和国企业所得税法》(中华人民共和国主席令第六十三号) 第五十条第 (二) 款规定，“居民企业在中国境内设立不具有法人资格的营业机构的，应当汇总计算并缴纳企业所得税。”

根据《国家税务总局关于企业处置资产所得税处理问题的通知》(国税函〔2008〕828 号) 第一条第四款的规定，“企业发生下列情形的处置资产，除将资产转移至境外以外，由于资产所有权属在形式和实质上均不发生改变，可作为内部处置资产，不视同销售确认收入，相关资产的计税基础延续计算。其中包括将资产在总机构及其分支机构之间转移的情形。”

根据上述规定，总分支机构之间调拨固定资产属于企业内部处置资产，不涉及企业所得税。

314. 所得税征收方式变更前工程预收款的涉税处理

某电力工程安装企业根据自身发展规划，于 2020 年将企业所得税的征收方式由“核定征收”改为“查账征收”，并已向主管税务机关申报，请问征收方式变更之前工程预收款预缴的企业所得税该如何进行处理?

答：根据《中华人民共和国企业所得税法实施条例》(中华人民共和国国

务院令第512号）第二十三条规定，“企业受托加工制造大型机械设备、船舶、飞机等，以及从事建筑、安装、装配工程业务或者提供劳务等，持续时间超过12个月的，按照纳税年度内完工进度或者完成的工作量确认收入的实现。”

根据《国家税务总局关于确认企业所得税收入若干问题的通知》（国税函〔2008〕875号）第二条规定，“企业在各个纳税期末，提供劳务交易的结果能够可靠估计的，应采用完工进度（完工百分比）法确认提供劳务收入。（一）提供劳务交易的结果能够可靠估计，是指同时满足下列条件：1. 收入的金额能够可靠地计量；2. 交易的完工进度能够可靠地确定；3. 交易中已发生和将发生的成本能够可靠地核算。（二）企业提供劳务完工进度的确定，可选用下列方法：1. 已完工作的测量；2. 已提供劳务占劳务总量的比例；3. 发生成本占总成本的比例。”

根据上述规定，建筑企业在核定征收期间已经完工未决算的项目，根据完工百分比法确认企业所得税收入的办法规定，已经构成企业所得税收入确认和依法缴纳企业所得税的纳税义务。“核定征收”改为“查账征收”，当年不能变更，到第二年才能变更为查账征收。工程是根据完工进度或完成的工作量确认收入，同时确认成本扣除，不存在预收款预缴企业所得税的问题。

315. 年度中间办理注销时是否需要申报企业所得税

某电力实业企业100%控股子公司B，由于经营目标调整，该电力实业公司计划于2020年5月吸收合并其子公司，请问该子公司注销时是否需要申报企业所得税？

答：根据《中华人民共和国企业所得税法》（中华人民共和国主席令第六十三号）第五十三条规定，“企业在一个纳税年度中间开业，或者终止经营活动，使该纳税年度的实际经营期不足十二个月的，应当以其实际经营期为一个纳税年度。企业依法清算时，应当以清算期间作为一个纳税年度。”

第五十五条规定，“企业在年度中间终止经营活动的，应当自实际经营终止之日起六十日内，向税务机关办理当期企业所得税汇算清缴。企业应当在办理注销登记前，就其清算所得向税务机关申报并依法缴纳企业所得税。”

根据上述规定，该子公司在年度中间办理注销前，应当以其实际经营期为一个纳税年度，进行纳税申报和汇算清缴；依法清算时，应当以清算期间作为一个纳税年度，依法计算清算所得及其应纳所得税。

316. 跨地区提供建筑服务预缴企业所得税时能否扣减分包款

某电力工程安装企业2018年跨市提供建筑服务，负责该建筑服务的项目部门由企业总机构跨地区直接管理，按照规定以0.2%预征率在项目所在地预缴企业所得税，请问该税款在预缴时是否按照扣减分包款后的金额计算?

答：根据《国家税务总局关于跨地区经营建筑企业所得税征收管理问题的通知》（国税函〔2010〕156号）第三条规定，“建筑企业总机构直接管理的跨地区设立的项目部，应按项目实际经营收入的0.2%按月或按季由总机构向项目所在地预分企业所得税，并由项目部向所在地主管税务机关预缴。”

根据上述规定，公司不得扣减分包款，应按项目实际经营收入的0.2%按月或按季由总机构向项目所在地预缴企业所得税，并由项目部向当地主管税务机关预缴。

317. 跨地区经营建筑企业的分支机构和项目部是否需要企业所得税汇算清缴

某电力工程安装企业为独立核算的建筑企业，其登记注册地及实际管理机构均在杭州市，但由于业务需要，其在金华市存在分支机构和项目部。其分支机构和项目部是否需要企业所得税汇算清缴?

答：根据《国家税务总局关于跨地区经营建筑企业所得税征收管理问题的通知》（国税函〔2010〕156号）第五条规定：“建筑企业总机构应按照有关规定办理企业所得税年度汇算清缴，各分支机构和项目部不进行汇算清缴。总机构年终汇算清缴后应纳所得税额小于已预缴的税款时，由总机构主管税务机关办理退税或抵扣以后年度的应缴企业所得税。”

第六条规定，“跨地区经营的项目部（包括二级以下分支机构管理的项目部）应向项目所在地主管税务机关出具总机构所在地主管税务机关开具的《外出经营活动税收管理证明》，未提供上述证明的，项目部所在地主管税务机关应督促其限期补办；不能提供上述证明的，应作为独立纳税人就地缴纳企业所得税。同时，项目部应向所在地主管税务机关提供总机构出具的证明该项目部属于总机构或二级分支机构管理的证明文件。”

根据规定，若金华市项目部可以出具总机构所在地主管税务机关开具的《外出经营活动税收管理证明》，则不需要就地独立纳税，也无需进行企业所得税汇算清缴。

318. 企业办理地址迁出准备在异地继续经营是否需要进行企业所得税清算

某电网企业因经营业务需要，于 2019 年 5 月办理企业地址迁出，从杭州整体搬迁到上海，并在上海持续经营，主要经营范围也未做改变，请问企业是否需要进行企业所得税清算?

答：根据《财政部 国家税务总局关于企业清算业务企业所得税处理若干问题的通知》（财税〔2009〕60 号）第一条规定，“企业清算的所得税处理，是指企业在不再持续经营，发生结束自身业务、处置资产、偿还债务以及向所有者分配剩余财产等经济行为时，对清算所得、清算所得税、股息分配等事项的处理。”

第二条规定，“下列企业应进行清算的所得税处理：

（一）按《公司法》、《企业破产法》等规定需要进行清算的企业；

（二）企业重组中需要按清算处理的企业。”

根据上述规定，企业迁出准备异地继续经营时，如果未结束自身业务，未对资产、债务进行处置，未向所有者分配剩余财产的，不需要进行企业所得税清算。

319. 因纳税人计算错误导致少缴税款补缴时是否征收滞纳金

某供电企业在 2020 年税收自查工作中发现由于企业会计人员疏忽，导致 2018 年度企业所得税汇算清缴时少缴税款 50 万元，随后企业补缴了该笔税款，请问该笔税款是否要征收滞纳金?

答：根据《中华人民共和国税收征收管理法》（中华人民共和国主席令第四十九号）第五十二条规定，“因税务机关的责任，致使纳税人、扣缴义务人未缴或者少缴税款的，税务机关在三年内可以要求纳税人、扣缴义务人补缴税款，但是不得加收滞纳金。因纳税人、扣缴义务人计算错误等失误，未缴或者少缴税款的，税务机关在三年内可以追征税款、滞纳金；有特殊情况的，追征期可以延长到五年。”

根据上述规定，企业由于自身会计人员计算错误导致少缴税款，应加收滞纳金。

320. 跨地区汇总纳税的企业能否采用核定征收方式缴纳企业所得税

某电力工程安装企业总机构位于上海市内，其分支机构B公司和C公司分别位于松江和崇明岛，B公司和C公司均为非独立核算的分公司，该安装企业实行跨地区汇总缴纳企业所得税，请问该企业能否采用核定征收方式缴纳企业所得税?

答：根据《国家税务总局关于印发〈跨地区经营汇总纳税企业所得税征收管理办法〉的公告》（国家税务总局公告2012年第57号）第三十一条规定：“汇总纳税企业不得核定征收企业所得税。”

根据上述规定，企业不能核定征收企业所得税。

321. 跨地区汇总缴纳企业在境外设立的二级分支机构是否就地分摊缴纳企业所得税

某电力工程安装企业是一家实行跨地区汇总缴纳企业所得税的企业，公司在2018年5月在境外某国设立了一个二级分支机构，该分支机构不具有法人资格，请问该二级分支机构是否就地分摊缴纳企业所得税?

答：根据《国家税务总局关于印发〈跨地区经营汇总纳税企业所得税征收管理办法〉的公告》（国家税务总局公告2012年第57号）第五条规定，“以下二级分支机构不就地分摊缴纳企业所得税：

（一）不具有主体生产经营职能，且在当地不缴纳增值税、营业税的产品售后服务、内部研发、仓储等汇总纳税企业内部辅助性的二级分支机构，不就地分摊缴纳企业所得税。

（二）上年度认定为小型微利企业的，其二级分支机构不就地分摊缴纳企业所得税。

（三）新设立的二级分支机构，设立当年不就地分摊缴纳企业所得税。

（四）当年撤销的二级分支机构，自办理注销税务登记之日所属企业所得税预缴期间起，不就地分摊缴纳企业所得税。

（五）汇总纳税企业在中国境外设立的不具有法人资格的二级分支机构，不就地分摊缴纳企业所得税。”

根据上述规定，企业在境外设立的某二级分支机构不就地分摊缴纳企业所得税。

322. 将无形资产使用权低价转让给关联企业，税务机关是否会调整价格

某电力技术企业100%控制子公司，2020年12月将一项专利技术低价转让给其下属关联企业子公司，子公司需要向某电力技术公司支付特许权使用费，符合独立交易原则。请问税务机关是否会就该费用金额调整价格?

答：根据《国家税务总局关于发布〈特别纳税调查调整及相互协商程序管理办法〉的公告》（国家税务总局公告2017年第6号）第三十二条规定：“企业与其关联方转让或者受让无形资产使用权而收取或者支付的特许权使用费，应当与无形资产为企业或者其关联方带来的经济利益相匹配。与经济利益不匹配而减少企业或者其关联方应纳税收入或者所得额的，税务机关可以实施特别纳税调整。未带来经济利益，且不符合独立交易原则的，税务机关可以按照已税前扣除的金额全额实施特别纳税调整。

企业向仅拥有无形资产所有权而未对其价值创造做出贡献的关联方支付特许权使用费，不符合独立交易原则的，税务机关可以按照已税前扣除的金额全额实施特别纳税调整。”

根据上述规定，该特许权使用费不需要进行金额调整。

323. 哪些关联交易可以不做转让定价调查、调整

某电力技术企业2020年与其关联企业进行了一系列关联交易，请问按照税法的规定，哪些关联交易可以不做转让定价调查、调整?

答：根据《国家税务总局关于发布〈特别纳税调查调整及相互协商程序

管理办法〉的公告》（国家税务总局公告2017年第6号）第三十八条规定："实际税负相同的境内关联方之间的交易，只要该交易没有直接或者间接导致国家总体税收收入的减少，原则上不作特别纳税调整。"

324. 特别纳税调整最多可以调整多少年

税务稽查人员2020年11月进场检查某电网公司税务情况，稽查人员在翻看往年账簿时发现了企业与关联方之间的部分业务往来不符合独立交易原则，请问税务机关针对不符合独立交易原则而进行的特别纳税调整可以调整多少年?

答：一、根据《中华人民共和国税收征收管理法》（第十二届全国人民代表大会常务委员会第十四次会议修正）第三十六条规定："企业或者外国企业在中国境内设立的从事生产、经营的机构、场所与其关联企业之间的业务往来，应当按照独立企业之间的业务往来收取或者支付价款、费用；不按照独立企业之间的业务往来收取或者支付价款、费用，而减少其应纳税的收入或者所得额的，税务机关有权进行合理调整。"

二、根据《中华人民共和国企业所得税法》（中华人民共和国主席令第63号）第四十一条第一款规定："企业与其关联方之间的业务往来，不符合独立交易原则而减少企业或者其关联方应纳税收入或者所得额的，税务机关有权按照合理方法调整。"

三、根据《中华人民共和国税收征收管理法实施细则》（中华人民共和国国务院令第362号）五十六条规定："纳税人与其关联企业未按独立企业之间的业务往来支付价款、费用的，税务机关自该业务往来发生的纳税年度起3年内进行调整；有特殊情况的，可以自该业务往来发生的纳税年度起10年内进行调整。"

四、根据《中华人民共和国企业所得税法实施条例》（中华人民共和国国务院令第512号）第一百二十三条规定："企业与其关联方之间的业务往来，不符合独立交易原则，或者企业实施其他不具有合理商业目的安排的，税务机关有权在该业务发生的纳税年度起10年内，进行纳税调整。"

根据上述规定，特别纳税调整最多可以调整到10年。

325. 福利费按工资总额 14% 税前扣除的标准

某电网企业 2019 年某月发生应付职工薪酬总额 150 万元，其中职工福利费 5 万元，福利费支出按照工资总额的 14% 税前扣除，请问工资总额指的是企业计提的工资总额，还是企业实际发放的工资总额?

答：根据《中华人民共和国企业所得税法实施条例》（中华人民共和国国务院令第 512 号）第四十条规定，“企业发生的职工福利费支出，不超过工资薪金总额 14% 的部分，准予扣除。”

根据《国家税务总局关于企业工资薪金及职工福利费扣除问题的通知》（国税函〔2009〕3 号）第一条规定，“《实施条例》第三十四条所称的‘合理工资薪金’，是指企业按照股东大会、董事会、薪酬委员会或相关管理机构制订的工资薪金制度规定实际发放给员工的工资薪金。税务机关在对工资薪金进行合理性确认时，可按以下原则掌握：

（一）企业制订了较为规范的员工工资薪金制度；

（二）企业所制订的工资薪金制度符合行业及地区水平；

（三）企业在一定时期所发放的工资薪金是相对固定的，工资薪金的调整是有序进行的；

（四）企业对实际发放的工资薪金，已依法履行了代扣代缴个人所得税义务；

（五）有关工资薪金的安排，不以减少或逃避税款为目的。”

根据《国家税务总局关于企业工资薪金和职工福利费等支出税前扣除问题的公告》（国家税务总局公告 2015 年第 34 号）第二条规定，“企业在年度汇算清缴结束前向员工实际支付的已预提汇缴年度工资薪金，准予在汇缴年度按规定扣除。”

根据以上规定，福利费按照工资总额的 14% 税前扣除是指实际发放的合理的工资总额。

326. 与国外企业发生业务往来在计算源泉扣缴的税款时如何进行外币换算

某电力技术企业 2020 年 11 月与外国一家企业发生业务往来，业务款项均以美元支付，由于该外国企业在国内未设立机构、场所，由电力公司根据相关规定进行代扣代缴，请问在计算源泉扣缴的税款时应如何进行外币换算？

答：根据《国家税务总局关于非居民企业所得税源泉扣缴有关问题的公告》（国家税务总局公告2017年第37号）第四条规定，“扣缴义务人支付或者到期应支付的款项以人民币以外的货币支付或计价的，分别按以下情形进行外币折算：

（一）扣缴义务人扣缴企业所得税的，应当按照扣缴义务发生之日人民币汇率中间价折合成人民币，计算非居民企业应纳税所得额。扣缴义务发生之日为相关款项实际支付或者到期应支付之日。

（二）取得收入的非居民企业在主管税务机关责令限期缴纳税款前自行申报缴纳应源泉扣缴税款的，应当按照填开税收缴款书之日前一日人民币汇率中间价折合成人民币，计算非居民企业应纳税所得额。

（三）主管税务机关责令取得收入的非居民企业限期缴纳应源泉扣缴税款的，应当按照主管税务机关作出限期缴税决定之日前一日人民币汇率中间价折合成人民币，计算非居民企业应纳税所得额。”

根据上述规定，企业应当按照填开税收缴款书之日前一日人民币汇率中间价折合成人民币，计算非居民企业应纳税所得额。

327. 债转股的企业所得税处理

2020年3月某技术公司欠某电力科技公司货款含税113万元（税率13%），约定2020年10月支付，由于某技术公司经营困难，2020年11月某电力科技公司与某技术公司达成债务重组协议，某电力科技公司同意债务豁免23万元，同时另外90万元以某技术公司10%的股权支付，股权公允价格为90万元，某电力科技公司与某技术公司的债转股符合特殊性税务处理的条件。请问某电力技术公司如何进行企业所得税处理？

答：根据《财政部 国家税务总局关于企业重组业务企业所得税处理若干问题的通知》（财税〔2009〕59号）第五条规定，“企业重组同时符合下列条件的，适用特殊性税务处理规定：

（一）具有合理的商业目的，且不以减少、免除或者推迟缴纳税款为主要目的。

（二）被收购、合并或分立部分的资产或股权比例符合本通知规定的比例。

（三）企业重组后的连续12个月内不改变重组资产原来的实质性经营活动。

（四）重组交易对价中涉及股权支付金额符合本通知规定比例。

（五）企业重组中取得股权支付的原主要股东，在重组后连续12个月内，不得转让所取得的股权。”

第六条规定，“企业重组符合本通知第五条规定条件的，交易各方对其交易中的股权支付部分，可以按以下规定进行特殊性税务处理：（一）企业债务重组确认的应纳税所得额占该企业当年应纳税所得额50%以上，可以在5个纳税年度的期间内，均匀计入各年度的应纳税所得额。企业发生债权转股权业务，对债务清偿和股权投资两项业务暂不确认有关债务清偿所得或损失，股权投资的计税基础以原债权的计税基础确定。企业的其他相关所得税事项保持不变。”

根据上述规定，某电力科技公司与某技术公司之间的债转股符合特殊性税务处理的条件。则某技术公司不确认债务清偿利得23万元，同时某电力科技公司不确认债权损失23万元。但某电力科技公司股权投资的计税基础以原债权的计税基础即113万元确定。

第三章　个人所得税

一、工资薪金

328. 发放的内部员工讲课费如何扣除个人所得税

某电网企业在8月份举办了一场员工培训班，聘请内部管理人员王某授课，请问对于发放的讲课费，应当如何计算缴纳个人所得税?

答:《中华人民共和国个人所得税法实施条例》(中华人民共和国国务院令第707号) 第六条第(一)项规定，“工资、薪金所得，是指个人因任职或者受雇取得的工资、薪金、奖金、年终加薪、劳动分红、津贴、补贴以及与任职或者受雇有关的其他所得。”

根据上述规定，员工为本单位讲课，单位给员工的讲课费属于企业支付给在本企业任职或者受雇的员工的劳动报酬，即按“工资、薪金所得”项目计算缴纳个人所得税。

329. 个人取得全年一次性奖金怎么计税

某电网企业员工黄某2020年底取得全年一次性奖金3万元，请问该如何计征个人所得税，是否需要并入当年综合所得?

答:根据《关于个人所得税法修改后有关优惠政策衔接问题的通知》(财税〔2018〕164号)第一条第(一)项规定，“居民个人取得全年一次性奖金，符合《国家税务总局关于调整个人取得全年一次性奖金等计算征收个人所得税方法问题的通知》(国税发〔2005〕9号)规定的，在2021年12月31日前，不并入当年综合所得，以全年一次性奖金收入除以12个月得到的数额，按照本通知所附按月换算后的综合所得税率表（以下简称月度税率表），确定适用税率和速算扣除数，单独计算纳税。计算公式为：

应纳税额＝全年一次性奖金收入×适用税率－速算扣除数

居民个人取得全年一次性奖金，也可以选择并入当年综合所得计算纳税。

自2022年1月1日起，居民个人取得全年一次性奖金，应并入当年综合所得计算缴纳个人所得税。"

根据上述规定，黄某取得全年一次性奖金3万元，应换算成每月数额，按照月换算后的所得纳税。

330. 全年工资收入不超过6万元的职工应如何缴纳个人所得税

某供电公司员工张某2020年全年工资收入不超过6万元，请问有简便缴纳个人所得税的方法吗？如果有，应如何缴纳？

答：根据《国家税务总局关于进一步简便优化部分纳税人个人所得税预扣预缴方法的公告》（国家税务总局公告2020年第19号）第一条规定，"对上一完整纳税年度内每月均在同一单位预扣预缴工资、薪金所得个人所得税且全年工资、薪金收入不超过6万元的居民个人，扣缴义务人在预扣预缴本年度工资、薪金所得个人所得税时，累计减除费用自1月份起直接按照全年6万元计算扣除。即，在纳税人累计收入不超过6万元的月份，暂不预扣预缴个人所得税；在其累计收入超过6万元的当月及年内后续月份，再预扣预缴个人所得税。扣缴义务人应当按规定办理全员全额扣缴申报，并在《个人所得税扣缴申报表》相应纳税人的备注栏注明'上年各月均有申报且全年收入不超过6万元'字样。"

根据上述规定，张某在上一完整纳税年度内每月均在同一单位预扣预缴工资、薪金所得个人所得税，且累计收入不超过6万元的，暂不预扣预缴个人所得税；在超过6万元的当月及年内后续月份，再预扣预缴个人所得税。并在《个人所得税扣缴申报表》相应纳税人的备注栏注明"上年各月均有申报且全年收入不超过6万元"字样。

331. 取得第二次年终奖的涉税处理

某供电公司员工黄某在今年1月份取得部分年终奖，又在3月取得部分年终奖，黄某在第一次取得年终奖时已按全年一次性奖金的计税办法计征个人所得税，请问第二次取得年终奖时还可以按全年一次性奖金计税办法计算缴纳个人所得税吗?

答：根据《国家税务总局关于调整个人取得全年一次性奖金等计算征收个人所得税方法问题的通知》（国税发〔2005〕9号）第三条规定，“在一个纳税年度内，对每一个纳税人，该计税办法只允许采用一次。”

根据上述规定，黄某第二次取得年终奖时不能再使用全年一次性奖金计税办法，应并入到当月的工资薪金计征个税。

332. 季度奖如何缴纳个人所得税

某电网公司2019年7月，为全体员工发放季度奖，如何缴纳个人所得税?

答：根据《国家税务总局关于调整个人取得全年一次性奖金等计算征收个人所得税方法问题的通知》（国税发〔2005〕9号）第一条规定，“全年一次性奖金是指行政机关、企事业单位等扣缴义务人根据其全年经济效益和对雇员全年工作业绩的综合考核情况，向雇员发放的一次性奖金。上述一次性奖金也包括年终加薪、实行年薪制和绩效工资办法的单位根据考核情况兑现的年薪和绩效工资。”第五条规定：“雇员取得除全年一次性奖金以外的其他各种名目奖金，如半年奖、季度奖、加班奖、先进奖、考勤奖等，一律与当月工资、薪金收入合并，按税法规定缴纳个人所得税。”

根据上述规定，季度奖应当与当月工资、薪金收入合并，按税法规定缴纳个人所得税。

333. 企业发放给员工业务提成的涉税处理

某电网企业每年年底按照工作量发放给员工的业务提成，如何缴纳个人所得税?

答：根据《中华人民共和国个人所得税法实施条例》（中华人民共和国国务院令第707号）第六条第（一）项规定，“工资、薪金所得，是指个人因任职或者受雇取得的工资、薪金、奖金、年终加薪、劳动分红、津贴、补贴以及与任职或者受雇有关的其他所得。”

根据上述规定，员工取得的提成属于与任职受雇相关的所得，应并入“工资、薪金所得”缴纳个人所得税。

334. 个人提供肖像权取得收入如何纳税

某供电公司2019年8月举办了一场公益演出，扩大宣传企业形象，本单位职工黄某作为公司的形象代表，出现在了公司的公益宣传录像中，并获得公司发放的奖金1000元，请问个人提供肖像权收入需要缴纳个人所得税吗?

答：根据《国家税务总局关于印发〈广告市场个人所得税征收管理暂行办法〉的通知》（国税发〔1996〕148号）第五条规定，“纳税人在广告设计、制作、发布过程中提供名义、形象而取得的所得，应按劳务报酬所得项目计算纳税。纳税人在广告设计、制作、发布过程中提供其他劳务取得的所得，视其情况分别按照税法规定的劳务报酬所得、稿酬所得、特许权使用费所得等应税项目计算纳税。扣缴人的本单位人员在广告设计、制作、发布过程中取得的由本单位支付的所得，按工资、薪金所得项目计算纳税。”

纳税人在广告设计、制作、发布过程中提供名义、形象及演出（包括舞台演出、录音、录像、拍摄影视等）而取得的所得，在区分任职单位与非任职单位的前提下，对参加非任职单位组织的演出取得的报酬为劳务报酬所得，按次缴纳个人所得税；对参加任职单位组织的演出取得的报酬为工资、薪金所得，按月缴纳个人所得税。

根据以上规定，本单位职工黄某为该次公益宣传活动提供肖像权获得的收入应并入当月工资、薪金所得，缴纳个人所得税。

335. 公司员工在内部网络大学上发表培训视频取得报酬如何缴纳个人所得税

某供电公司组织某员工录制培训课程，并上传至公司内部网络大学供大家学习使用，公司给予了900元报酬，请问是否需要缴纳个人所得税?

答：《中华人民共和国个人所得税法实施条例》（中华人民共和国国务院令第707号）第六条第（一）项规定，“工资、薪金所得，是指个人因任职或者受雇取得的工资、薪金、奖金、年终加薪、劳动分红、津贴、补贴以及与任职或者受雇有关的其他所得。”

根据上述规定，员工在内部网站发表视频取得的报酬属于任职或者受雇取得的所得，应按照“工资、薪金所得”缴纳个人所得税。

336. 上海某员工在境外提供劳务但在境内取得工资的涉税处理

某上海电网公司黄某2019年在境外参与施工建设并由上海电网公司发放工资，缴纳个人所得税时，是否可以使用4800元的减除费用标准？

答：根据《关于境外所得有关个人所得税政策的公告》（财政部 税务总局〔2020〕3号）第二条规定，“居民个人来源于中国境外的综合所得，应当与境内综合所得合并计算应纳税额。”

根据《中华人民共和国个人所得税法实施条例》（中华人民共和国国务院令第707号）第二条规定，“个人所得税法所称在中国境内有住所，是指因户籍、家庭、经济利益关系而在中国境内习惯性居住；所称从中国境内和境外取得的所得，分别是指来源于中国境内的所得和来源于中国境外的所得。”

根据上述规定，黄某在境外提供劳务从境内企业取得的工资，属于来源于中国境外的所得，应当与境内综合所得合并计算应纳税额，根据《财政部 税务总局关于2018年第四季度个人所得税减除费用和税率适用问题的通知》（财税〔2018〕98号）规定，减除费用按照5000元/月执行。

337. 员工取得公司发放的见义勇为奖金的涉税处理

某供电企业员工黄某与小偷做斗争，不顾自身安危维护他人财产安全，取得公司发放的见义勇为奖金6000元，请问该项奖金是否需要缴纳个人所得税？

答：根据《财政部 国家税务总局关于发给见义勇为者的奖金免征个人所得税问题的通知》（财税字〔1995〕25号）的规定，“为了鼓励广大人民群众见义勇为，维护社会治安，对乡、镇（含乡、镇）以上人民政府或经县（含县）以上人民政府主管部门批准成立的有机构、有章程的见义勇为基金会或者类似组织，奖励见义勇为者的奖金或奖品，经主管税务机关核准，免予征收个人所得税。”

根据上述规定，黄某取得的见义勇为奖金不符合上述规定，应依法缴纳个人所得税。

338. 单位为职工个人购买商业健康保险是否属于工资薪金

某电网企业统一为员工购买符合规定的税收优惠型商业健康保险产品的支出，是否应计入员工个人工资薪金?

答：根据《财政部 国家税务总局 保监会关于将商业健康保险个人所得税试点政策推广到全国范围实施的通知》（财税〔2017〕39号）第一条规定，“对个人购买符合规定的商业健康保险产品的支出，允许在当年（月）计算应纳税所得额时予以税前扣除，扣除限额为2400元/年（200元/月）。单位统一为员工购买符合规定的商业健康保险产品的支出，应分别计入员工个人工资薪金，视同个人购买，按上述限额予以扣除。

2400元/年（200元/月）的限额扣除为个人所得税法规定减除费用标准之外的扣除。”

根据上述规定，单位统一为员工购买符合规定的税收优惠型商业健康保险产品的支出，应计入员工个人工资薪金，视同个人购买，允许在当年（月）计算应纳税所得额时予以税前扣除，扣除限额为2400元/年（200元/月）。

339. 员工为亲人购买的商业健康保险能否在其工资薪金个人所得税前扣除

某供电企业员工黄某2020年6月为其妻子购买了一份商业健康保险，请问该保险支出金额能否在工资薪金个人所得税前扣除?

答：根据《财政部 国家税务总局 保监会关于将商业健康保险个人所得税试点政策推广到全国范围实施的通知》（财税〔2017〕39号）附件的规定，“符合规定的商业健康保险产品投保人范围：本合同的投保人为被保险人本人。投保人可以委托其所在的团体组织代为组织办理投保相关事宜。”

根据《国家税务总局关于推广实施商业健康保险个人所得税政策有关征管问题的公告》（国家税务总局公告2017年第17号）第五条规定，“保险公司销售符合规定的商业健康保险产品，及时为购买保险的个人开具发票和保单凭证，并在保单凭证上注明税优识别码。个人购买商业健康保险未获得税优识别码的，其支出金额不得税前扣除。”

根据上述规定，员工为亲人购买的商业健康保险不属于符合规定的商业健康保险产品，其支出金额不得在员工工资薪金个人所得税前扣除。

340. 为非特殊工种人员购买的意外险是否缴纳个人所得税

某电网企业在“应付职工薪酬——农电用工薪酬”科目核算的非特殊工种人员意外险是否并入“工资、薪金所得”申报缴纳个人所得税?

答：根据《中华人民共和国个人所得税法实施条例》（中华人民共和国国务院令第707号）第六条第（一）项规定，“工资、薪金所得，是指个人因任职或者受雇而取得的工资、薪金、奖金、年终加薪、劳动分红、津贴、补贴以及与任职或者受雇有关的其他所得。”根据第八条规定，“个人所得的形式，包括现金、实物、有价证券和其他形式的经济利益”，应并入工资、薪金所得代扣代缴个人所得税。

根据《财政部 国家税务总局关于基本养老保险费、基本医疗保险费、失业保险费、住房公积金有关个人所得税政策的通知》（财税〔2006〕10号）第一条规定，“企事业单位按照国家或省、自治区、直辖市人民政府规定的缴费比例或办法实际缴付的基本养老保险费、基本医疗保险费和失业保险费，免征个人所得税。”

根据《国家税务总局关于单位为员工支付有关保险缴纳个人所得税问题的批复》（国税函〔2005〕318号）规定，“对企业为员工支付各项免税之外的保险金，应当在企业向保险公司缴付时并入员工当期的工资收入，按工资、薪金所得项目计征个人所得税，税款由企业负责代扣代缴。”

根据上述规定，通过“应付职工薪酬——农电用工薪酬”核算的非特殊工种人员意外险应当并入“工资、薪金所得”申报缴纳个人所得税。

341. 单位以误餐补助名义发给职工的补贴、津贴是否属于工资薪金

某电网企业以误餐补助名义发给职工的补贴、津贴，是否属于工资薪金?

答：根据《国家税务总局关于印发〈征收个人所得税若干问题的规定〉的通知》（国税发〔1994〕89号）第二条第（二）项规定，“下列不属于工

资、薪金性质的补贴、津贴或者不属于纳税人本人工资、薪金所得项目的收入，不征税：1. 独生子女补贴；2. 执行公务员工资制度未纳入基本工资总额的补贴、津贴差额和家属成员的副食品补贴；3. 托儿补助费；4. 差旅费津贴、误餐补助。”

《财政部 国家税务总局关于误餐补助范围确定问题的通知》（财税〔1995〕82 号）规定，“国税发〔1994〕89 号文件规定不征税的误餐补助，是指按财政部门规定，个人因公在城区、郊区工作，不能在工作单位或返回就餐，确实需要在外就餐的，根据实际误餐顿数，按规定的标准领取的误餐费。一些单位以误餐补助名义发给职工的补贴、津贴，应当并入当月工资、薪金所得计征个人所得税。”

根据上述规定，该电力企业以误餐补助名义发给职工的补贴、津贴，应当并入当月工资、薪金所得计征个人所得税。

342. 公司发放的午餐补贴如何计税

某供电企业自 2019 年 6 月起每月以现金形式发放公司员工午餐补贴，公司账务处理已列入职工福利费，请问该项午餐补贴是否还需要缴纳个人所得税？

答：根据《中华人民共和国个人所得税法实施条例》（中华人民共和国国务院令第 707 号）第六条第（一）项规定，“工资、薪金所得，是指个人因任职或者受雇取得的工资、薪金、奖金、年终加薪、劳动分红、津贴、补贴以及与任职或者受雇有关的其他所得。”

根据《财政部 国家税务总局关于误餐补助范围确定问题的通知》（财税字〔1995〕82 号）、《国家税务总局关于印发征收个人所得税若干问题的规定的通知》（国税发〔1994〕89 号）文件规定，“不征税的误餐补助，是指按财政部门规定，个人因公在城区、郊区工作，不能在工作单位或返回就餐，确定需要在外就餐的，根据实际误餐顿数，按规定的标准领取的误餐顿数，按规定的标准领取的误餐费。一些单位以误餐补助名义发给职工的补贴、津贴，应当并入当月工资、薪金所得计征个人所得税。”

《中华人民共和国个人所得税法实施条例》（中华人民共和国国务院令 707 号）第十一条规定，“个人所得税法第四条第一款第四项所称福利费，是指根据国家有关规定，从企业、事业单位、国家机关、社会组织提留的福利费或者工会经费中支付给个人的生活补助费；所称救济金，是指各级人民政府民政部门支付给个人的生活困难补助费。另据《国家税务总局关于生活补助费范围确定问题的通知》（国税发〔1998〕155号）规定，下列收入不属于免税的福利费范围，应当并入纳税人的工资、薪金收入计征个人所得税：（一）从超出国家规定的比例或基数计提的福利费、工会经费中支付给个人的各种补贴、补助；（二）从福利费和工会经费中支付给单位职工的人人有份的补贴、补助；（三）单位为个人购买汽车、住房、电子计算机等不属于临时性生活困难补助性质的支出。诸如防暑降温费、食堂补贴、采暖补贴、交通补贴等各项人人有份的补贴、补助不属于上述免征个人所得税的福利费范围，应并入职工当月工资薪金所得计征个人所得税。”

根据上述规定，公司员工取得午餐补贴需缴纳个人所得税。

343. 提前退休取得的一次性收入是否需要进行年度汇算

某电网企业王某提前退休取得的一次性收入，个人所得税如何计算？是否需要进行年度汇算？

答：根据《财政部 国家税务总局关于个人所得税法修改后有关优惠政策衔接问题的通知》（财税〔2018〕164号）第五条第（二）项规定，“个人办理提前退休手续而取得的一次性补贴收入，应按照办理提前退休手续至法定离退休年龄之间实际年度数平均分摊，确定适用税率和速算扣除数，单独适用综合所得税率表，计算纳税。计算公式：

应纳税额＝｛［（一次性补贴收入÷办理提前退休手续至法定退休年龄的实际年度数）－费用扣除标准］×适用税率－速算扣除数｝×办理提前退休手续至法定退休年龄的实际年度数。”

根据上述规定，王某提前退休取得的一次性收入，单独适用综合所得税率表，计算纳税，”不需并入综合所得进行年度汇算。

344. 个人办理内部退养手续后从原任职单位取得的一次性收入该如何计税

某电网企业王某办理内部退养手续后从原任职单位取得的一次性收入该

如何计税?

答：根据《国家税务总局关于个人所得税有关政策问题的通知》（国税发〔1999〕第58号）的规定，“实行内部退养的个人在其办理内部退养手续后至法定离退休年龄之间从原任职单位取得的工资、薪金，不属于离退休工资，应以‘工资、薪金所得’项目计征个人所得税。个人在办理内部退养手续后从原任职单位取得的一次性收入，应按办理内部退养手续后至法定离退休年龄之间的所属月份进行平均，并与领取当月的‘工资、薪金’所得合并后减除当月费用扣除标准，以余额为基数确定适用税率，再将当月工资、薪金加上取得的一次性收入，减去费用扣除标准，按适用税率计征个人所得税。个人在办理内部退养手续后至法定离退休年龄之间重新就业取得的‘工资、薪金’所得，应与其从原任职单位取得的同一月份的‘工资、薪金’所得合并，并依法自行向主管税务机关申报缴纳个人所得税。”

根据上述规定，首先，将取得的一次性收入总额，按办理内部退养手续后至法定离退休年龄之间的所属月份进行平均，计算其平均数；其次，将计算所得的平均数与领取当月的“工资、薪金”所得合并后减除当月费用扣除标准，以余额为基数确定适用税率；最后，将当月工资、薪金加上取得的一次性收入，减除费用扣除标准，按适用税率计征个人所得税。将当月工资、薪金加上取得的一次性收入，减除费用扣除标准，按适用税率计征个人所得税。

345. 离退休人员再任职的界定条件

离退休人员再任职的界定条件是什么？如果不符合界定条件按什么项目计税?

答：根据《国家税务总局关于离退休人员再任职界定问题的批复》（国税函〔2006〕526号）文件规定，“退休人员再任职，应同时符合下列条件：

1. 受雇人员与用人单位签订一年以上（含一年）劳动合同（协议），存在长期或连续的雇用与被雇用关系；

2. 受雇人员因事假、病假、休假等原因不能正常出勤时，仍享受固定或基本工资收入；

3. 受雇人员与单位其他正式职工享受同等福利、培训及其他待遇；

4. 受雇人员的职务晋升、职称评定等工作由用人单位负责组织。”

根据上述规定，退休人员再任职与用人单位之间签订的合同或者协议，是表明受雇人员与用人单位是否存在长期或连续的雇用与被雇用关系的一种书面协议，只要是符合国税函〔2006〕526号）文件规定的条件，个人与用人单位实质上构成任职受雇关系，即可按照“工资薪金所得”应税项目缴纳个人所得税。如果不符合再任职的界定条件，只是临时雇佣提供劳务取得酬劳，则按“劳务报酬所得”应税项目计征个人所得税。

346. 离退休人员取得单位发放奖金如何计税?

某电网企业王某退休后取得原单位发放的奖金如何计税? 需要进行年度汇算吗?

答：根据《国家税务总局关于离退休人员取得单位发放离退休工资以外奖金补贴征收个人所得税的批复》（国税函〔2008〕723号）规定，“离退休人员除按规定领取离退休工资或养老金外，另从原任职单位取得的各类补贴、奖金、实物，不属于《中华人民共和国个人所得税法》第四条规定可以免税的退休工资、离休工资、离休生活补助费。根据《中华人民共和国个人所得税法》及其实施条例的有关规定，离退休人员从原任职单位取得的各类补贴、奖金、实物，应在减除费用扣除标准后，按‘工资、薪金所得’应税项目缴纳个人所得税。”

根据上述规定，王某除按规定领取离退休工资或养老金外，另从原任职单位取得的各类补贴、奖金、实物，应在减除按《个人所得税法》规定的费用扣除标准后，按“工资、薪金所得”应税项目缴纳个人所得税。需要办理年度汇算的，按照规定办理年度汇算。

347. 个人因与用人单位解除劳动关系取得的一次性补偿收入如何计税

某供电企业员工王某与公司解除劳动关系后取得一次性补偿收入1.8万元，当地上年职工平均工资为9600元/月，应当如何计征个人所得税?

答：根据《财政部 税务总局关于个人所得税法修改后有关优惠政策衔接问题的通知》（财税〔2018〕164号）第五条第（一）项规定，“个人与用人单位解除劳动关系取得一次性补偿收入（包括用人单位发放的经济补偿金、生活补助费和其他补助费），在当地上年职工平均工资3倍数额以内的部分，免征个人所得税；超过3倍数额的部分，不并入当年综合所得，单独适用综合所得税率表，计算纳税。”

根据上述规定，王某收到的一次性补偿收入在当地上年职工平均工资3倍数额以内，免征个人所得税

348. 个人取得的竞业禁止补偿金如何缴纳个人所得税

某电网企业员工黄某是技术部高级开发人员，已在该单位工作8年，因某种原因离职后取得公司一次性发放的竞业限制期间补偿金，请问黄某取得的补偿金应如何缴纳个人所得税？

答：根据《财政部关于个人所得税法修改后有关优惠政策衔接问题的通知》（财税〔2018〕164号）第五条的规定，“（一）个人与用人单位解除劳动关系取得一次性补偿收入（包括用人单位发放的经济补偿金、生活补助费和其他补助费），在当地上年职工平均工资3倍数额以内的部分，免征个人所得税；超过3倍数额的部分，不并入当年综合所得，单独适用综合所得税率表，计算纳税。

根据上述规定，收入在当地上年职工平均工资3倍数额以内的部分，免征个人所得税；超过的部分计算征收个人所得税。

349. 企业代员工承担个人所得税税款的涉税处理

某供电企业审计部在对办税人员个税申报数据检查中发现，未将全年一次性奖金（公司承担个人所得税）换算为含税所得，因而少缴“工资薪金所得”个人所得税。请问公司代员工承担个人所得税税款该如何处理？

答：根据《国家税务总局关于雇主为雇员承担全年一次性奖金部分税款有关个人所得税计算方法问题的公告》（国家税务总局公告2011年第28号）第一条规定，“雇主为雇员负担全年一次性奖金部分个人所得税款，属于雇员又额外增加了收入，应将雇主负担的这部分税款并入雇员的全年一次性奖金，换算为应纳税所得额后，按照规定方法计征个人所得税。”企业按照员工净所

得计算并承担税款，实际上是少缴了税款。

根据上述规定，公司代员工承担个人所得税税款，在履行扣缴义务时，应将税款并入所得扣缴个人所得税。

350. 高管个人进修学费的涉税处理

某供电公司为提高企业管理水平，通过报销学费的方式鼓励员工进修，该公司财务人员将该项费用支出计入“职工教育经费”，请问是否还需要计算缴纳个人所得税？

答：根据《财政部 全国总工会等部门关于印发〈关于企业职工教育经费提取与使用管理的意见〉的通知》（财建〔2006〕317号）第三条第（九）项的相关规定，“企业应切实保证企业职工教育培训经费足额提取及合理使用。企业职工参加社会上的学历教育以及个人为取得学位而参加的在职教育，所需费用应由个人承担，不能挤占企业的职工教育培训经费。”

根据财政部 全国总工会等十一部委联合印发的《关于企业职工教育经费提取与使用管理的意见》（财建〔2006〕317号）文件规定，“职工教育经费要保证经费专项用于职工特别是一线职工的教育和培训，严禁挪作他用。职工教育培训经费必须专款专用，面向全体职工开展教育培训，特别是要加强各类高技能人才的培养。企业职工教育培训经费列支范围包括：上岗和转岗培训；各类岗位适应性培训；岗位培训、职业技术等级培训、高技能人才培训；专业技术人员继续教育等11种形式。”

根据上述规定，企业为高管报销的学费不属于职工教育经费列支范围，属于个人因任职或受雇取得的与任职或者受雇有关的其他所得，应并入当月工资、薪金所得扣缴个人所得税。

351. 个人在国家法定节假日加班取得加班工资是否属于“按照国家统一规定发给的补贴、津贴”

某供电公司员工小黄在2020年五一劳动节加班3天取得3倍的加班工资，请问是否属于“按照国家统一规定发给的补贴、津贴”免征个人所得税？

答：根据《中华人民共和国个人所得税法实施条例》（中华人民共和国国

务院令第 707 号）第十条规定，“国家统一规定发给的补贴、津贴，是指按照国务院规定发给的政府特殊津贴、院士津贴、资深院士津贴，以及国务院规定免纳个人所得税的其他补贴、津贴。”

根据上述规定，小黄的加班工资不属于国家统一规定发给的补贴、津贴，应并入工资、薪金所得，依法计征个人所得税。

352. 个人因没有休带薪年假取得补贴的涉税处理

某供电公司员工老黄 2020 年没有休带薪年假，从单位取得相关补贴 2600 元，请问该项补贴是否需要缴纳个人所得税?

答：根据《中华人民共和国个人所得税法实施条例》（中华人民共和国国务院令第 707 号）第六条第（一）项规定，“工资、薪金所得，是指个人因任职或者受雇取得的工资、薪金、奖金、年终加薪、劳动分红、津贴、补贴以及与任职或者受雇有关的其他所得。”

根据上述规定，老黄因没有休带薪年假而从任职受雇单位取得补贴应当合并到工资薪金缴纳个人所得税。

353. 单位以免费旅游方式对本单位员工的营销人员进行奖励如何计算缴纳个人所得税

某电力技术公司对业绩较好的营销人员以免费旅游的方式奖励，如何计算缴纳个人所得税?

答：根据《财政部 国家税务总局关于企业以免费旅游方式提供对营销人员个人奖励有关个人所得税政策的通知》（财税〔2004〕11 号）规定，“对商品营销活动中，企业和单位对营销业绩突出的人员以培训班、研讨会、工作考察等名义组织旅游活动，通过免收差旅费、旅游费对个人实行的营销业绩奖励（包括实物、有价证券等），应根据所发生费用全额计入营销人员应税所得，依法征收个人所得税，并由提供上述费用的企业和单位代扣代缴。其中，对企业雇员享受的此类奖励，应与当期的工资薪金合并，按照‘工资、薪金所得’项目征收个人所得税；对其他人员享受的此类奖励，应作为当期的劳务收入，按照‘劳务报酬所得’项目征收个人所得税。”

根据上述规定，企业对业绩较好的业务人员奖励的免费旅游，财务在处理时要与当期的工资薪金合并，按照"工资、薪金所得"项目征收个人所得税。

354. 支付员工的探亲费涉税处理

某电网公司对员工与其家庭所在地（包括配偶或父母居住地）之间搭乘交通工具的费用可予以补助，请问探亲费是否需要缴纳个人所得税？

答：根据《中华人民共和国个人所得税法实施条例》（中华人民共和国国务院令第707号）第六条规定，“工资、薪金范围是指个人因任职或者受雇而取得的工资、薪金、奖金、年终加薪、劳动分红、津贴、补贴以及与任职或者受雇有关的其他所得。”

根据《中华人民共和国个人所得税法》（中华人民共和国主席令第四十八号）第九条规定，“个人所得税以所得人为纳税人，以支付所得的单位或者个人为扣缴义务人。”

根据《国家税务总局关于外籍个人取得的探亲费免征个人所得税有关执行标准问题的通知》（国税函〔2001〕336号）规定，“一、可以享受免征个人所得税优惠待遇的探亲费，仅限于外籍个人在我国的受雇地与其家庭所在地（包括配偶或父母居住地）之间搭乘交通工具且每年不超过2次的费用。”

根据上述规定，外籍个人在我国的受雇地与其家庭所在地（包括配偶或父母居住地）之间搭乘交通工具且每年不超过2次的费用可免征，企业普通员工的探亲费应按“工资、薪金所得”计征个人所得税。

355. 发放生活困难补助是否需要缴纳个人所得税

某供电公司每年发放给家庭生活困难人员的生活补助是否需要缴纳个人所得税？

答：根据《中华人民共和国个人所得税法》（中华人民共和国主席令第四十八号）第四条第（四）项，“下列各项个人所得，免征个人所得税：四、福利费、抚恤金、救济金。”及《中华人民共和国个人所得税法实施条例》（中华人民共和国国务院令第707号）第十一条规定“个人所得税法第四条第

(一)款第四项所称福利费，是指根据国家有关规定，从企业、事业单位、国家机关、社会组织提留的福利费或者工会经费中支付给个人的生活补助费；所称救济金，是指各级人民政府民政部门支付给个人的生活困难补助费。”

根据《国家税务总局关于生活补助费范围确定问题的通知》(国税发〔1998〕155号)规定，“生活补助费是指由某些特定事件或原因而给纳税人本人或其家庭的正常生活造成一定困难，其任职单位按国家规定从提留的福利费或者工会经费中向其支付的临时性生活困难补助。”

根据上述规定，公司发放给生活困难员工的生活补助费免纳个人所得税。

356. 家属医药费是否缴纳个人所得税

某供电公司通过在“应付职工薪酬——职工福利——医疗费用——家属医药费”科目支付的为全体职工家属医药费报销款是否并计“工资、薪金所得”申报缴纳个人所得税?

答：根据《中华人民共和国个人所得税法》(中华人民共和国主席令第四十八号)第四条的规定，“福利费、抚恤金、救济金免纳个人所得税。”

根据《中华人民共和国个人所得税法实施条例》(中华人民共和国国务院令第707号)第十一条，“个人所得税法第四条第一款第四项所称福利费，是指根据国家有关规定，从企业、事业单位、国家机关、社会组织提留的福利费或者工会经费中支付给个人的生活补助费；所称救济金，是指各级人民政府民政部门支付给个人的生活困难补助费。”

根据《国家税务总局关于生活补助费范围确定问题的通知》(国税发〔1998〕155号)的规定，“对《中华人民共和国个人所得税法实施条例》第十四条所说的从福利费或者工会经费中支付给个人的生活补助费给予了明确规定：上述所称生活补助费，是指由于某些特定事件或原因而给纳税人本人或其家庭的正常生活造成一定困难，其任职单位按国家规定从提留的福利费或者工会经费中向其支付的临时性生活困难补助。”

综上所述，从福利费和工会经费中支付给本单位职工的人人有份的补贴、补助不属于免税的福利费范围，应当并入纳税人的工资、薪金收入计征个人所得税。公司为全体职工亲属报销医药费的支出，不属于免税的生活困难补助，应并入报销当月员工的工资、薪金计征个人所得税。

357. 从福利费中发放的生日购物卡是否需要缴纳个人所得税

某供电公司每个员工在生日时均能获得一份生日购物卡，请问生日购物卡是否缴纳个人所得税?

答：根据《国家税务总局关于生活补助费范围确定问题的通知》（国税发〔1998〕155 号）第二条第（二）项规定，“从福利费和工会经费中支付给单位职工的人人有份的补贴、补助，不属于免税的福利费范围，应当并入纳税人的工资、薪金收入计征个人所得税。”

根据上述规定，员工取得的从企业工会经费中列支的生日购物卡，应当并入员工当月的工资、薪金收入计征个人所得税。

358. 劳保科目中向员工发放的人人有份的实物涉税处理

某供电公司 2019 年 9 月向每位员工发放润肤霜、护手霜等日常用品 5 件，市场价值 180 元，请问是否需要扣缴个人所得税?

答：《中华人民共和国个人所得税法实施条例》（中华人民共和国国务院令第 707 号）第六条第（一）项规定，“工资、薪金所得，是指个人因任职或者受雇取得的工资、薪金、奖金、年终加薪、劳动分红、津贴、补贴以及与任职或者受雇有关的其他所得。”

第八条规定，“个人所得的形式，包括现金、实物、有价证券和其他形式的经济利益；所得为实物的，应当按照取得的凭证上所注明的价格计算应纳税所得额，无凭证的实物或者凭证上所注明的价格明显偏低的，参照市场价格核定应纳税所得额；所得为有价证券的，根据票面价格和市场价格核定应纳税所得额；所得为其他形式的经济利益的，参照市场价格核定应纳税所得额。”

根据上述规定，公司向员工发放洗漱用品等实物，应按照职工获得非货币性福利的金额并入发放当月职工个人的“工资薪金”收入中计算扣缴个人所得税。

359. 公司为员工每两年安排的疗养费用是否计征个人所得税

某电网公司安排企业每一位员工每两年进行疗休养一次，请问疗休养费用是否计征个人所得税?

答：根据《中华人民共和国个人所得税法实施条例》（中华人民共和国国务院令第707号）第六条第（一）项规定，“工资、薪金所得，是指个人因任职或者受雇取得的工资、薪金、奖金、年终加薪、劳动分红、津贴、补贴以及与任职或者受雇有关的其他所得。”

根据《国家税务总局关于生活补助费范围确定问题的通知》（国税发〔1998〕155号）第二条第（二）项规定，“从福利费和工会经费中支付给单位职工的人人有份的补贴、补助，不属于免税的福利费范围，应当并入纳税人的工资、薪金收入计征个人所得税。”

根据上述规定，企业为职工支付的人人有份、可以量化到个人的疗养费应并入工资薪金所得申报缴纳个人所得税。

360. 为员工支付的体检费用是否需要缴纳个人所得税

某供电公司每年会定期为员工组织体检办理健康证，同时每年为中高层进行全身体检，请问员工的健康证和中高层的体检费用是否需要缴纳个人所得税?

答：根据《中华人民共和国个人所得税法》（中华人民共和国主席令第四十八号）第二条规定，“下列各项个人所得，应纳个人所得税：一、工资、薪金所得。”《中华人民共和国个人所得税法实施条例》（中华人民共和国国务院令第707号）第六条第（一）项规定，“工资、薪金所得，是指个人因任职或者受雇取得的工资、薪金、奖金、年终加薪、劳动分红、津贴、补贴以及与任职或者受雇有关的其他所得。”第八条，“个人所得的形式，包括现金、实物、有价证券和其他形式的经济利益；所得为实物的，应当按照取得的凭证上所注明的价格计算应纳税所得额，无凭证的实物或者凭证上所注明的价格明显偏低的，参照市场价格核定应纳税所得额；所得为有价证券的，根据票面价格和市场价格核定应纳税所得额；所得为其他形式的经济利益的，参照市场价格核定应纳税所得额。”

根据上述规定，对于特殊行业要求必须健康证上岗的，其必须进行的体检，比如员工的健康证体检不征收个人所得税；而对于中高层进行全身体检，属于管理人员非持证上岗人员的身体检查，应并入工资薪金所得缴纳个人所得税。

361. 中秋福利是否需要代扣代缴个人所得税

某供电公司2019年中秋节通过工会经费向全体职工发放补助，且单位工会经费计提比例未超出国家规定，请问发放的补助需要代扣代缴个人所得税吗？

答：根据《中华人民共和国个人所得税法实施条例》（中华人民共和国国务院令第707号）第六条第（一）项规定，“工资、薪金所得，是指个人因任职或者受雇取得的工资、薪金、奖金、年终加薪、劳动分红、津贴、补贴以及与任职或者受雇有关的其他所得。”

根据上述规定，公司中秋节向员工发放补助，属于与任职或者受雇有关的所得，需要代扣代缴个人所得税。

362. 大学期间参军是否可以按子女教育扣除

某电网公司王某儿子在大学期间参军，学校保留学籍，是否可以按子女教育扣除？

答：根据《国务院关于印发个人所得税专项附加扣除暂行办法的通知》（国发〔2018〕41号）第五条规定，“纳税人的子女接受全日制学历教育的相关支出，按照每个子女每月1000元的标准定额扣除。学历教育包括义务教育（小学、初中教育）、高中阶段教育（普通高中、中等职业、技工教育）、高等教育（大学专科、大学本科、硕士研究生、博士研究生教育）。”第六条规定，“父母可以选择由其中一方按扣除标准的100%扣除，也可以选择由双方分别按扣除标准的50%扣除，具体扣除方式在一个纳税年度内不能变更。”

国家税务总局所得税司在“减税降费政策及问答库－个人所得税改革”问题解答中明确，服兵役是公民的义务，大学期间参军是积极响应国家的号召，休学保留学籍期间，属于高等教育阶段，可以申报扣除子女教育专项附加扣除。

根据上述规定，王某儿子休学保留学籍参军期间，属于高等教育阶段，在申报工资薪金个人所得税时可继续享受子女教育专项附加扣除至其全日制学历教育结束的当月。

363. 参加“跨校联合培养”出国读书是否可以按照子女教育扣除

某电网企业王某的儿子参加“跨校联合培养”需要到国外读书几年的，原学校继续保留学生学籍，王某是否可以按照子女教育扣除？

答：根据国家税务总局《个人所得税专项附加扣除200问》第19问，“一般情况下，参加‘跨校联合培养’的学生，原学校继续保留学生学籍，子女在国外读书期间，父母可以享受子女教育专项附加扣除。”

根据上述规定，王某享受子女教育附加扣除。

364. 参加远程教育学习是否可以享受继续教育扣除

某电网企业员工王某，参加现代远程教育学习，是否可以享受继续教育扣除？

答：根据国家税务总局《个人所得税专项附加扣除200问》第34问，“纳税人参加夜大、函授、现代远程教育、广播电视大学等学习，所读学校为其建立学籍档案的，可以享受学历（学位）继续教育扣除。”

根据上述规定，王某所读学校为其建立学籍档案的，可以享受学历（学位）继续教育扣除。

365. 拿到了国外颁发的技能证书能否享受继续教育扣除

某电网企业王某拿到了国外颁发的技能证书，能否享受继续教育扣除？

答：根据《国务院关于印发个人所得税专项附加扣除暂行办法的通知》（国发〔2018〕41号）第八条规定，“纳税人在中国境内接受学历（学位）继续教育的支出，在学历（学位）教育期间按照每月400元定额扣除。同一学历（学位）继续教育的扣除期限不能超过48个月。纳税人接受技能人员职业资格继续教育、专业技术人员职业资格继续教育的支出，在取得相关证书的当年，按照3600元定额扣除。”

根据上述规定，王某在国外接受的学历继续教育和国外颁发的技能证书，不符合“中国境内”的规定，不能享受继续教育专项附加扣除。

366. 父母和子女共同购房如何享受专项附加扣除

某供电企业王某和父母共同购房，房屋产权证明、贷款合同均登记为王某和其父母，但主贷款人是王某，住房贷款利息专项附加扣除如何享受?

答：根据国家税务总局《个人所得税专项附加扣除200问》第54问，“父母和子女共同购买一套房子，不能既由父母扣除，又由子女扣除，应该由主贷款人扣除。如主贷款人为子女的，由子女享受扣除；主贷款人为父母中一方的，由父母任一方享受扣除。”

根据上述规定，王某作为主贷款人，由王某享受扣除。

367. 房屋产权证明登记人与贷款合同人不是同一个如何享受住房贷款利息支出扣除

某电网企业王某为子女买房，房屋产权证明登记为子女，贷款合同的贷款人为自己，住房贷款利息支出的扣除如何享受?

答：根据国家税务总局《个人所得税专项附加扣除200问》第55问，“从实际看，房屋产权证明登记主体与贷款合同主体完全没有交叉的情况很少发生。如确有此类情况，按照《暂行办法》规定，只有纳税人本人或者配偶使用住房贷款为本人或者其配偶购买中国境内住房，发生的首套住房贷款利息支出可以扣除。”

根据上述规定，王某所购房屋是为子女购买的，不符合上述规定，王某和子女均不可以享受住房贷款利息扣除。

368. 贷款购买第二套房屋是否可以享受住房贷款利息扣除

某电网企业王某用贷款买了一套房，由于工作需要将该房屋贷款还清后置换了另一套房，第二套房贷银行依旧给的是首套房贷款利率，第一套房时王某没享受过贷款利息政策，那么第二套房贷利息可以享受住房贷款利息扣除政策吗?

答：根据国家税务总局《个人所得税专项附加扣除 200 问》第 52 问，“根据现行政策规定，如果纳税人没有享受过住房贷款利息扣除，那么其按照首套住房贷款利率购买的第二套住房，可以享受住房贷款利息扣除。”

根据上述规定，王某第二套房贷利息可以享受住房贷款利息扣除政策。

369. 一年内多次更换工作单位如何申报住房租金专项附加扣除

某供电公司王某因工作流动性比较大，一年换 3 个城市租赁住房，如何申报住房租金专项附加扣除?

答：根据国家税务总局《个人所得税专项附加扣除 200 问》第 71 问，“如果单位为外派员工解决住宿问题，则个人不应再扣除住房租金。对于外派员工自行解决租房问题的，一年内多次变换工作地点的，个人应及时向扣缴义务人或者税务机关更新专项附加扣除相关信息，允许一年内按照更换工作地点的情况分别进行扣除。”

根据上述规定，王某自行解决租房问题的，应及时更新专项附加扣除相关信息并向扣缴义务人或税务机关报告。

370. 双胞胎是否可以按照独生子女的标准享受扣除

某供电公司王某是双胞胎，是否可以按照独生子女的标准享受扣除?

答：根据国家税务总局《个人所得税专项附加扣除 200 问》第 89 问，“双胞胎不可以按照独生子女标准享受扣除。双胞胎兄弟姐妹需要共同赡养父母，双胞胎中任何一方都不是父母的唯一赡养人，因此每个子女不能独自享受每月 2000 元的扣除额度。”

根据上述规定，王某与双胞胎另一方每人分摊的额度不能超过每月 1000 元。

371. 父母离异后再婚的如何享受赡养老人专项附加扣除

某供电公司王某是独生子女，父母离异后跟着父亲，父亲再婚后满60周岁如何享受赡养老人专项附加扣除?

答：根据国家税务总局《个人所得税专项附加扣除200问》第88问，“对于独生子女家庭，父母离异后重新组建家庭，在新组建的两个家庭中，只要父母中一方没有纳税人以外的其他子女，则纳税人可以按照独生子女标准享受每月2000元赡养老人专项附加扣除。除上述情形外，不能按照独生子女享受扣除。”

根据上述规定，王某继母若无其他子女，则王某可按每月2000元享受赡养老人专项附加扣除，若王某继母有其他子女，则每月享受的额度不能超过1000元。

372. 跨年度的住院费用如何享受大病医疗专项附加扣除

某供电公司王某在2019年末住院，2020年初出院，这种跨年度的医疗费用，如何计算扣除额? 是分两个年度分别扣除吗?

答：根据国家税务总局《个人所得税专项附加扣除200问》第42问，“纳税人年末住院，第二年年初出院，一般是在出院时才进行医疗费用的结算。纳税人申报享受大病医疗扣除，以医疗费用结算单上的结算时间为准。”

根据上述规定，王某的该医疗支出属于2020年的医疗费用，到2019年结束时，如果达到大病医疗扣除的“起付线”，可以在2020年汇算清缴时享受扣除。

373. 在私立医院就诊是否可以享受大病医疗专项附加扣除

某供电公司王某在私立医院就诊，是否可以享受大病医疗专项扣除?

答：根据国家税务总局《个人所得税专项附加扣除200问》第43问，“对于纳入医疗保障结算系统的私立医院，只要纳税人看病的支出在医保系统可以体现和归集，则纳税人发生的与基本医保相关的支出，可以按照规定享受大病医疗扣除。”

根据上述规定，王某就诊的私立医院纳入医疗保障结算系统的，可以按照规定享受大病医疗扣除。

374. 中央企业负责人取得年度绩效薪金延期兑现收入和任期奖励涉税处理

某供电企业某部门负责人黄某在2021年3月，才收到2020年的年度绩效薪金和2020年的任期奖励，该延期收入是否需要并入2020年综合所得进行年度汇算？

答：依据《财政部关于个人所得税法修改后有关优惠政策衔接问题的通知》（财税〔2018〕164号）规定，“中央企业负责人取得年度绩效薪金延期兑现收入和任期奖励，符合国税发〔2007〕118号规定的，在2021年12月31日前，参照财税〔2018〕164号文规定执行；2022年1月1日之后的政策另行明确。

居民个人取得全年一次性奖金，符合国税发〔2005〕9号规定的，在2021年12月31日前，不并入当年综合所得，以全年一次性奖金收入除以12个月得到的数额，按照财税〔2018〕164号所附按月换算后的综合所得税率表，确定适用税率和速算扣除数，单独计算纳税。自2022年1月1日起，居民个人取得全年一次性奖金，应并入当年综合所得计算缴纳个人所得税。”

根据上述规定，在2021年12月31日前，年度绩效薪金延期兑现收入和任期奖励不并入当年综合所得，以全年一次性奖金收入除以12个月得到的数额，按照财税〔2018〕164号所附按月换算后的综合所得税率表，确定适用税率和速算扣除数，单独计算纳税。

375. 离退休人员取得返聘奖金补贴涉税处理

某供电企业员工黄某达到法定退休年龄退休后，因工作能力强而被公司返聘，返聘后取得的奖金补贴应如何计税？需要进行年度汇算吗？

答：根据《国家税务总局关于个人兼职和退休人员再任职取得收入如何计算征收个人所得税问题的批复》（国税函〔2005〕382号）规定，“退休人员再任职取得的收入，在减除按个人所得税法规定的费用扣除标准后，按

‘工资、薪金所得’应税项目缴纳个人所得税。”

根据上述规定，黄某退休后返聘收到的奖金补贴，应在减除按《个人所得税法》规定的费用扣除标准后，按“工资、薪金所得”应税项目缴纳个人所得税。需要办理年度汇算的，按照规定办理年度汇算。

376. 高级专家延长离退休期间取得的工资涉税处理

某供电企业某雇员黄某为享受国家发放的政府特殊津贴的专家，达到法定退休年龄后，因工作原因延长离退休时间，在此期间黄某取得的工资是否需要缴纳个人所得税？

答：根据《财政部 国家税务总局关于高级专家延长离休退休期间取得工资薪金所得有关个人所得税问题的通知》（财税〔2008〕7号）第二条规定，“达到离休、退休年龄，但确因工作需要，适当延长离休退休年龄的高级专家（指享受国家发放的政府特殊津贴的专家、学者或者中国科学院、中国工程院院士），其在延长离休退休期间，从其劳动人事关系所在单位取得的，单位按国家有关规定向职工统一发放的工资、薪金、奖金、津贴、补贴等收入，视同离休、退休工资，免征个人所得税；取得其他各种名目的津补贴收入等，以及高级专家从其劳动人事关系所在单位之外的其他地方取得的培训费、讲课费、顾问费、稿酬等各种收入，依法计征个人所得税。”

根据上述规定，黄某在此期间取得的工资不需要缴纳个人所得税。

377. 科技人员取得职务科技成果转化现金奖励如何进行涉税处理

某电网企业基于最新的研发成果，实现了可观的收入增长。研发部门黄某作为该研发项目的核心完成人，公司决定对黄某给与现金奖励。黄某所获得的现金奖励应如何缴税。

答：根据《财政部 税务总局 科技部关于科技人员取得职务科技成果转化现金奖励有关个人所得税政策的通知》（财税〔2018〕58号）第一条规定，“自2018年7月1日起，依法批准设立的非营利性研究开发机构和高等学校（包括国家设立的科研机构和高校、民办非营利性科研机构和高校），从职务科技成果转化收入中给予科技人员的现金奖励，可减按50%计入科技人员当月‘工资、薪金所得’，依法缴纳个人所得税。”

根据上述规定，黄某所获得的现金奖励应减按50%计入当月“工资、薪金所得”，并入综合所得进行年汇算，依法缴纳个人所得税。

378. 子女教育的扣除主体、范围和扣除标准

答：根据《国务院关于印发个人所得税专项附加扣除暂行办法的通知》（国发〔2018〕41号），子女教育专项附加扣除的扣除主体是子女的法定监护人，包括生父母、继父母、养父母，父母之外的其他人担任未成年人的法定监护人的，比照执行。子女的范围包括婚生子女、非婚生子女、养子女、继子女，也包括未成年但受到本人监护的非子女。子女教育按照每个子女每年12000元（每月1000元）的标准定额扣除。

379. 残障儿童接受的特殊教育，父母是否可以享受子女教育专项附加扣除

某电网企业某雇员黄某，其子女因先天因素，在义务教育阶段需要就读于特殊教育学校，黄某可以享受子女教育专项扣除吗？

答：根据《国务院关于印发个人所得税专项附加扣除暂行办法的通知》（国发〔2018〕41号）规定，“纳税人的子女接受全日制学历教育的相关支出，按照每个子女每月1000元的标准定额扣除。学历教育包括义务教育（小学、初中教育）、高中阶段教育（普通高中、中等职业、技工教育）、高等教育（大学专科、大学本科、硕士研究生、博士研究生教育）。”

根据上述规定，特殊教育属于九年一贯制义务教育，同时拥有学籍，因此黄某可以按照子女教育专项附加扣除。

380. 继续教育的扣除范围和扣除标准

某电网企业员工黄某，接受继续教育，获得注册会计师证书，请问黄某是否可以享受继续教育扣除政策，应如何扣除？

答：根据《国务院关于印发个人所得税专项附加扣除暂行办法的通知》（国发〔2018〕41号）中继续教育专项附加扣除条款第八条规定，“纳税人在

中国境内接受学历（学位）继续教育的支出，在学历（学位）教育期间按照每月400元定额扣除。同一学历（学位）继续教育的扣除期限不能超过48个月。纳税人接受技能人员职业资格继续教育、专业技术人员职业资格继续教育的支出，在取得相关证书的当年，按照3600元定额扣除。”

根据上述规定，黄某可以在取得注册会计师证书后，按照3600元的定额进行扣除。

381. 如果纳税人在接受学历继续教育的同时取得技能人员职业资格证书或者专业技术人员职业资格证书，如何享受扣除

某电网企业员工黄某，被国内某大学录取接受继续教育，或者研究生学历，并在学习期间取得注册会计师证书，请问黄某是否可以享受继续教育扣除政策，应如何扣除？

答：根据《国务院关于印发个人所得税专项附加扣除暂行办法的通知》（国发〔2018〕41号）第八条规定，纳税人接受学历继续教育，可以按照每月400元的标准扣除，全年共计4800元；在同年又取得技能人员职业资格证书或者专业技术人员职业资格证书，且符合扣除条件的，全年可按照3600元的标准定额扣除。

根据上述规定，黄某在接受学历继续教育期间，同时复合两类情形，可以享受叠加扣除，在每月400元的标准扣除基础上，当年取得注册会计师证书后，可一次性扣除3600元。

382. 住房贷款利息的扣除主体、范围和扣除标准

答：根据《国务院关于印发个人所得税专项附加扣除暂行办法的通知》（国发〔2018〕41号）第五章规定，“纳税人本人或其配偶单独或共同使用商业银行或住房公积金个人住房贷款，为本人或其配偶购买中国境内住房，发生的首套住房贷款利息支出，在实际发生贷款利息的年度，按照每月1000元标准定额扣除，扣除期限最长不超过240个月。纳税人只能享受一次首套住房贷款的利息扣除。经夫妻双方约定，可以选择由其中一方扣除，具体扣除方式在一个纳税年度内不能变更。

夫妻双方婚前分别购买住房发生的首套住房贷款，其贷款利息支出，婚后可以选择其中一套购买的住房，由购买方按扣除标准的100%扣除，也可以由夫妻双方对各自购买的住房分别按扣除标准的50%扣除，具体扣除方式在一个纳税年度内不能变更。”

383. 员工宿舍和公租房是否可以享受专项扣除

某电网企业雇员黄某居住在公司宿舍内，公司与黄某签订了租房协议，但未收取黄某任何租赁费用，黄某可以享受住房租金专项附加扣除吗?

答：根据《国务院关于印发个人所得税专项附加扣除暂行办法的通知》（国发〔2018〕41号）第六章规定，“纳税人在主要工作城市没有自有住房而发生的住房租金支出，可以按照标准定额扣除。”员工住公司宿舍，如果公司向员工收取租赁费，可以享受个税住房租金专项附加扣除；如果公司未向员工收取租赁费，则不可以享受个税住房租金专项附加扣除。员工租用公司与保障房公司签订的保障房，并支付租金的，可以申报扣除住房租金专项附加扣除。纳税人应当留存与公司签订的公租房合同或协议等相关资料备查。

根据上述规定，由于黄某未支付租金，不可以享受个税租房专项附加扣除。

384. 赡养老人的扣除主体、范围和扣除标准

答：根据《国务院关于印发个人所得税专项附加扣除暂行办法的通知》（国发〔2018〕41号）规定，赡养老人专项附加扣除的扣除主体包括：一是负有赡养义务的所有子女。《婚姻法》规定：婚生子女、非婚生子女、养子女、继子女有赡养扶助父母的义务。二是祖父母、外祖父母的子女均已经去世，负有赡养义务的孙子女、外孙子女。纳税人赡养年满60岁父母以及子女均已去世的年满60岁祖父母、外祖父母的，可以享受扣除政策。

具体扣除标准为：（一）独生子女，按照每月2000元标准定额扣除；（二）非独生子女，应当与其兄弟姐妹分摊每月2000元的扣除额度，分摊扣除最高不得超过每月1000元。

385. 大病医疗的扣除主体、范围、扣除标准和备查资料

答：根据《国务院关于印发个人所得税专项附加扣除暂行办法的通知》（国发〔2018〕41号）第四章规定，“在一个纳税年度内，纳税人发生的与基本医保相关的医药费用支出，扣除医保报销后个人负担（指医保目录范围内的自付部分）累计超过15000元的部分，由纳税人在办理年度汇算时，在80000元限额内据实扣除。纳税人发生的医药费用支出可以选择由本人或其配偶扣除，未成年子女发生的医药费用支出可以选择由其父母一方扣除。纳税人应当留存医药服务收费及医保报销相关票据原件（或者复印件）等资料备查。医疗保障部门应当向患者提供在医疗保障信息系统记录的本人年度医药费用信息查询服务。”

二、劳务报酬

386. 个人担任公司董事监事取得的收入是否属于工资薪金

王某是某电网公司的董事，但不在电力公司任职，请问取得的董事费是否并入“工资、薪金所得”计征个人所得税？

答：根据《国家税务总局关于明确个人所得税若干政策执行问题的通知》（国税发〔2009〕121号）第二条规定，“（一）《国家税务总局关于印发〈征收个人所得税若干问题的规定〉的通知》（国税发〔1994〕89号）第八条规定的董事费按劳务报酬所得项目征税方法，仅适用于个人担任公司董事、监事，且不在公司任职、受雇的情形。（二）个人在公司（包括关联公司）任职、受雇，同时兼任董事、监事的，应将董事费、监事费与个人工资收入合并，统一按工资、薪金所得项目缴纳个人所得税。”

根据上述规定，王某担任董事但不在公司任职，取得的董事费按“劳务报酬”项目缴纳个人所得税。

387. 聘请的某大学知名教授发放的讲课费如何扣除个人所得税

某电网公司在8月份举办了一场员工培训班，聘请了外部某大学知名教

授来培训，请问对于发放的讲课费，应当如何计算缴纳个人所得税?

答:《中华人民共和国个人所得税法实施条例》（中华人民共和国国务院令第707号）第六条第（二）项规定，“劳务报酬所得，是指个人从事劳务取得的所得，包括从事设计、装潢、安装、制图、化验、测试、医疗、法律、会计、咨询、讲学、翻译、审稿、书画、雕刻、影视、录音、录像、演出、表演、广告、展览、技术服务、介绍服务、经纪服务、代办服务以及其他劳务取得的所得。”

根据上述规定，聘请外部人员为本单位讲课，单位支付讲课费属于劳务报酬范围，即按“劳务报酬所得”项目代扣代缴个人所得税。

388. 个人在多处兼职取得不同项目的劳务报酬所得能否分别减除费用

某电网公司员工王某2020年以来被请到不同单位进行面授课培训，取得了不同单位的培训费所得，计算劳务报酬所得个人所得税时能否分别减除费用?

答：根据《中华人民共和国个人所得税法实施条例》（中华人民共和国国务院令第707号）的规定，“纳税人同时从两处以上取得工资、薪金所得，并由扣缴义务人减除专项附加扣除的，对同一专项附加扣除项目，在一个纳税年度内只能选择从一处取得的所得中减除。”

因此，个人取得不同项目的劳务报酬所得，可以分别减除费用计算缴纳个人所得税，年终通过汇算清缴，多退少补。

389. 为同一事项连续取得的劳务报酬收入如何计征个人所得

某大学教授6月与某电网公司培训中心签订了半年的劳务合同，合同规定从6月起每周五为该培训中心上课一次，每次报酬为1200元。6月份为培训中心授课4次，应如何代扣代缴该大学教授的个人所得税?

答：根据《中华人民共和国个人所得税法实施条例》（中华人民共和国国务院令第707号）第二十一条规定，“劳务报酬所得，属于一次性收入的，以取得该项收入为一次；属于同一项目连续性收入的，以一个月内取得的收入为一次。”

根据《国家税务总局关于个人所得税偷税案件查处中有关问题的补充通知》（国税函〔1996〕602号）第四条关于劳务报酬所得“次”的规定，“个人所得税法实施条例第二十一条规定‘属于同一项目连续性收入的，以一个月内取得的收入为一次’，考虑属地管辖与时间划定有交叉的特殊情况，统一规定以县（含县级市、区）为一地，其管辖内的一个月内的劳务服务为一次；当月跨县地域的，则应分别计算。”

根据上述规定，培训中心应代扣代缴该大学教授的个人所得税 =1200×4×（1-20%）×20% =768（元）。

三、社保年金

390. 个人和单位缴存企业年金是否需要计征个人所得税

税制改革后，供电公司和个人缴存企业年金的税收政策有变化吗?

答：根据《财政部 人力资源社会保障部 国家税务总局关于企业年金、职业年金个人所得税有关问题的通知》（财税〔2013〕103号）规定，“一、企业年金和职业年金缴费的个人所得税处理：

1. 企业和事业单位（以下统称单位）根据国家有关政策规定的办法和标准，为在本单位任职或者受雇的全体职工缴付的企业年金或职业年金（以下统称年金）单位缴费部分，在计入个人账户时，个人暂不缴纳个人所得税。

2. 个人根据国家有关政策规定缴付的年金个人缴费部分，在不超过本人缴费工资计税基数的4%标准内的部分，暂从个人当期的应纳税所得额中扣除。

3. 超过本通知第一条第1项和第2项规定的标准缴付的年金单位缴费和个人缴费部分，应并入个人当期的工资、薪金所得，依法计征个人所得税。税款由建立年金的单位代扣代缴，并向主管税务机关申报解缴。

4. 企业年金个人缴费工资计税基数为本人上一年度月平均工资。月平均工资按国家统计局规定列入工资总额统计的项目计算。月平均工资超过职工工作地所在设区城市上一年度职工月平均工资300%以上的部分，不计入个人缴费工资计税基数。”

根据上述规定，税制改革后，单位和个人缴存企业年金、职业年金的税收政策没有变化，公司为员工缴付企业年金时，未超过财税〔2013〕103号标准的，暂不缴纳个人所得税。

391. 个人领取的企业年金如何计算个人所得税

某电网公司王某领取企业年金如何计算个人所得税？需要进行年度汇算吗？

答：个人达到国家规定的退休年龄，按照规定领取的企业年金、职业年金，不并入综合所得进行年度汇算，全额单独计算应纳税款。其中按月领取的，适用月度税率表计算纳税；按季领取的，平均分摊计入各月，按每月领取额适用月度税率表计算纳税；按年领取的，适用综合所得税率表计算纳税。

392. 住房公积金能否全额在个人应纳税所得额中扣除

企业和个人实际缴存的住房公积金，能否全额在个人应纳税所得额中扣除？

答：根据《财政部 国家税务总局关于基本养老保险费 基本医疗保险费 失业保险费 住房公积金有关个人所得税政策的通知》（财税〔2006〕10号）第一条规定，“企事业单位按照国家或省（自治区、直辖市）人民政府规定的缴费比例或办法实际缴付的基本养老保险费、基本医疗保险费和失业保险费，免征个人所得税；个人按照国家或省（自治区、直辖市）人民政府规定的缴费比例或办法实际缴付的基本养老保险费、基本医疗保险费和失业保险费，允许在个人应纳税所得额中扣除。”

第二条规定，“根据《住房公积金管理条例》《建设部 财政部 中国人民银行关于住房公积金管理若干具体问题的指导意见》（建金管〔2005〕5号）等规定精神，单位和个人分别在不超过职工本人上一年度月平均工资12%的幅度内，其实际缴存的住房公积金，允许在个人应纳税所得额中扣除。单位和职工个人缴存住房公积金的月平均工资不得超过职工工作地所在设区城市上一年度职工月平均工资的3倍，具体标准按照各地有关规定执行。”

根据上述规定，单位和个人超过上述规定比例和标准缴付的住房公积金，应将超过部分并入个人当期的工资、薪金收入，计征个人所得税，按照规定比例实际缴付的部分，允许在个人应纳税所得额中扣除。

393. 每年住房公积金调整后的涉税处理

每年的社会平均工资都会调整，一些公司可能存在调整后住房公积金缴纳数超过个税扣除限额，请问超出部分如何计征个人所得税？

答：根据《财政部 国家税务总局关于基本养老保险费 基本医疗保险费 失业保险费 住房公积金有关个人所得税政策的通知》（财税〔2006〕10号）第二条规定，“根据《住房公积金管理条例》《建设部 财政部 中国人民银行关于住房公积金管理若干具体问题的指导意见》（建金管〔2005〕5号）等规定精神，单位和个人分别在不超过职工本人上一年度月平均工资12%的幅度内，其实际缴存的住房公积金，允许在个人应纳税所得额中扣除。单位和职工个人缴存住房公积金的月平均工资不得超过职工工作地所在设区城市上一年度职工月平均工资的3倍，具体标准按照各地有关规定执行。单位和个人超过上述规定比例和标准缴付的住房公积金，应将超过部分并入个人当期的工资、薪金收入，计征个人所得税。”

根据上述规定，调整前后公积金缴存基数均未超过3倍市平均工资的教职工，个税计算方法不变。个人负担部分的公积金超出抵扣个税上限额部分不能税前扣除，单位负担的公积金超过免税上限的部分，需要并入应税收入中计算个税。

394. 职工取得的一次性伤残补助金的涉税处理

某供电公司员工王某，因公受伤，请问被判定工伤后取得的一次性伤残补助金及住院伙食补助费是否需要缴纳个人所得税？

答：根据《财政部 国家税务总局关于工伤职工取得的工伤保险待遇有关个人所得税政策的通知》（财税〔2012〕40号）第一条规定，“对工伤职工及其近亲属按照《工伤保险条例》（中华人民共和国国务院令第586号）规定取得的工伤保险待遇，免征个人所得税。二、本通知第一条所称的工伤保险待遇，包括工伤职工按照《工伤保险条例》（中华人民共和国国务院令第586号）规定取得的一次性伤残补助金、伤残津贴、一次性工伤医疗补助金、一次性伤残就业补助金、工伤医疗待遇、住院伙食补助费、外地就医交通食宿费用、工伤康复费用、辅助器具费用、生活护理费等，以及职工因工死亡，其近亲属按照《工伤保险条例》（中华人民共和国国务院令第586号）规定取得的丧葬补助金、供养亲属抚恤金和一次性工亡补助金等。三、本通知自2011年1月1日起执行。对2011年1月1日之后已征税款，由纳税人向主管税务机关提出申请，主管税务机关按相关规定予以退还。”

根据上述规定，个人受工伤后按规定取得的一次性伤残补助金及住院伙食补助费免征个人所得税。

395. 外籍员工在境外缴纳的类似社保费等支出能否在个人应纳税所得额中扣除

某供电公司雇佣的外籍员工在境外缴纳的类似社保费等支出，能否在个人应纳税所得额中扣除?

答：根据根据《财政部 国家税务总局关于基本养老保险费 基本医疗保险费 失业保险费 住房公积金有关个人所得税政策的通知》（财税〔2006〕10号）第一条规定，“企事业单位按照国家或省（自治区、直辖市）人民政府规定的缴费比例或办法实际缴付的基本养老保险费、基本医疗保险费和失业保险费，免征个人所得税；个人按照国家或省（自治区、直辖市）人民政府规定的缴费比例或办法实际缴付的基本养老保险费、基本医疗保险费和失业保险费，允许在个人应纳税所得额中扣除。”

根据上述规定，由于外籍员工在境外缴纳的类似社保费等支出不是按照我国规定的标准执行，因此企业雇佣的外籍员工在境外缴纳的类似社保费等支出不能在个人应纳税所得额中扣除。

396. 中央企业负责人取得年度绩效薪金延期兑现收入和任期奖励涉税处理

某供电企业某部门负责人黄某在2021年3月，才收到2020年的年度绩效薪金和2020年的任期奖励，该延期收入是否需要并入2020年综合所得进行年度汇算?

答：根据《财政部关于个人所得税法修改后有关优惠政策衔接问题的通知》（财税〔2018〕164号）第一条规定，“（一）居民个人取得全年一次性奖金，符合《国家税务总局关于调整个人取得全年一次性奖金等计算征收个人所得税方法问题的通知》（国税发〔2005〕9号）规定的，在2021年12月31日前，不并入当年综合所得，以全年一次性奖金收入除以12个月得到的数额，按照本通知所附按月换算后的综合所得税率表（以下简称月度税率表），确定适用税率和速算扣除数，单独计算纳税。计算公式为：应纳税额=全年一次性奖金收入×适用税率－速算扣除数；（二）中央企业负责人取得年度绩效薪金延期兑现收入和任期奖励，符合《国家税务总局关于中央企业负责人年度绩效薪金延期兑现收入和任期奖励征收个人所得税问题的通知》（国税发〔2007〕118号）规定的，在2021年12月31日前，参照本通知第一条第（一）项执行。”

根据上述规定，黄某可以选择并入综合所得进行年度汇算，也可以选择不并入综合所得，按月换算后进行纳税。

397. 离退休人员取得返聘工资和奖金补贴涉税处理

某供电企业员工黄某达到法定退休年龄退休后，因工作能力强而被公司返聘，返聘后取得的工资和奖金补贴应如何计税？需要进行年度汇算吗？

答：根据《国家税务总局关于离退休人员取得单位发放离退休工资以外奖金补贴征收个人所得税的批复》（国税函〔2008〕723号）规定，“离退休人员除按规定领取离退休工资或养老金外，另从原任职单位取得的各类补贴、奖金、实物，不属于《个人所得税法》第四条规定可以免税的退休工资、离休工资、离休生活补助费，应在减除按《个人所得税法》规定的费用扣除标准后，按“工资、薪金所得”应税项目缴纳个人所得税。”需要办理年度汇算的，按照规定办理年度汇算。

根据上述规定，黄某退休后返聘收到的工资和奖金补贴，应按“工资、薪金所得”应税项目缴纳个人所得税。需要办理年度汇算的，按照规定办理年度汇算。

398. 高级专家延长离退休期间取得的工资是否需要缴纳个人所得税

某供电企业某雇员黄某为享受国家发放的政府特殊津贴的专家，达到法定退休年龄后，因工作原因延长离退休时间，在此期间黄某取得的工资是否需要缴纳个人所得税？

答：根据《财政部 国家税务总局关于高级专家延长离休退休期间取得工资薪金所得有关个人所得税问题的通知》（财税〔2008〕7 号）第二条规定，"达到离休、退休年龄，但确因工作需要，适当延长离休退休年龄的高级专家（指享受国家发放的政府特殊津贴的专家、学者或者中国科学院、中国工程院院士），其在延长离休退休期间，从其劳动人事关系所在单位取得的，单位按国家有关规定向职工统一发放的工资、薪金、奖金、津贴、补贴等收入，视同离休、退休工资，免征个人所得税；取得其他各种名目的津补贴收入等，以及高级专家从其劳动人事关系所在单位之外的其他地方取得的培训费、讲课费、顾问费、稿酬等各种收入，依法计征个人所得税。"

根据上述规定，黄某在此期间取得的工资不需要缴纳个人所得税。

399. 科技人员取得职务科技成果转化现金奖励涉税处理

某电网企业基于最新的研发成果，实现了可观的收入增长。研发部门黄某作为该研发项目的核心完成人，公司决定对黄某给与现金奖励。黄某所获得的现金奖励应如何缴税？

答：根据《财政部 税务总局 科技部关于科技人员取得职务科技成果转化现金奖励有关个人所得税政策的通知》（财税〔2018〕58 号）第一条规定，自 2018 年 7 月 1 日起，依法批准设立的非营利性研究开发机构和高等学校（包括国家设立的科研机构和高校、民办非营利性科研机构和高校），从职务科技成果转化收入中给予科技人员的现金奖励，可减按 50% 计入科技人员当月"工资、薪金所得"，依法缴纳个人所得税。第二条规定，非营利性科研机构和高校包括国家设立的科研机构和高校、民办非营利性科研机构和高校。

根据上述规定，黄某所获得的现金奖励可减按 50% 计入当月"工资、薪金所得"依法缴纳个人所得税。

四、税收优惠

400. 亲属之间无偿转让股权是否需要缴纳个人所得税

某供电公司员工王某向自己儿子无偿转让某上市公司股权，是否需要缴纳个人所得税?

答：根据《国家税务总局关于发布〈股权转让所得个人所得税管理办法(试行)〉的公告》（国家税务总局公告2014年第67号）第十三条的规定，如果符合以下情形的无偿转让股权，可不征收个人所得税：继承或将股权转让给其能提供具有法律效力身份关系证明的配偶、父母、子女、祖父母、外祖父母、孙子女、外孙子女、兄弟姐妹以及对转让人承担直接抚养或者赡养义务的抚养人或者赡养人。

根据上述规定，除以上情形外的亲属之间股权转让，若申报的转让收入明显偏低且无正当理由的，税务机关可以核定其转让收入并计征个人所得税。王某将股权无偿转让给儿子不征收个人所得税。

401. 新冠肺炎疫情期间个人捐赠物资如何申请税前扣除

某电网企业员工王某直接向承担疫情防治任务的医院捐赠一批口罩，应如何申请税前扣除?

答：根据《财政部 税务总局关于支持新型冠状病毒感染的肺炎疫情防控有关捐赠税收政策的公告》（财政部 税务总局公告2020年第9号）第二条规定，“个人直接向承担疫情防治任务的医院捐赠用于应对新型冠状病毒感染的肺炎疫情的物品，可以在计算个人所得税应纳税所得额时全额扣除。”同时，在具体办理个人所得税税前扣除、填写“个人所得税公益慈善事业捐赠扣除明细表”时，需在备注栏注明“直接捐赠”。

根据上述规定，王某可凭承担疫情防治任务的医院开具的捐赠接收函，在计算个人所得税应纳税所得额时全额扣除。

402. 通过员工募集捐款并以单位的名义捐赠给红十字会用于应对新冠肺炎疫情的支出能否在个人所得税税前扣除

某供电企业通过向员工募集捐款，并以单位的名义捐赠给红十字会用于应对新冠肺炎疫情，该支出能否在个人所得税税前扣除？

答：根据《财政部 税务总局关于支持新型冠状病毒感染的肺炎疫情防控有关捐赠税收政策的公告》（财政部 税务总局公告2020年第9号）第一条规定，“企业和个人通过公益性社会组织或者县级以上人民政府及其部门等国家机关，捐赠用于应对新型冠状病毒感染的肺炎疫情的现金和物品，允许在计算应纳税所得额时全额扣除。”《财政部 税务总局关于公益慈善事业捐赠个人所得税政策的公告》（财政部 税务总局公告2019年第99号）第九条规定，“机关、企事业单位统一组织员工开展公益捐赠的，纳税人可以凭汇总开具的捐赠票据和员工明细单扣除。”

根据上述规定，供电公司通过向员工募集捐款，并以单位的名义捐赠给红十字会用于应对新冠肺炎疫情，在综合所得年度汇算时可全额扣除公益捐赠支出。

403. 个人公益性捐赠暂未取得票据能否享受全额扣除优惠政策

某供电企业员工为支持抗击疫情，通过红十字会进行了捐赠，但对方表示由于捐赠者太多捐赠票据已用完，暂时无法开具捐赠票据，在这种情况下能否享受捐赠全额扣除的税收优惠政策？

答：根据《财政部 税务总局关于公益慈善事业捐赠个人所得税政策的公告》（财政部 税务总局公告 2019年第99号）第九条规定，“公益性社会组织、国家机关在接受个人捐赠时，应当按照规定开具捐赠票据；个人索取捐赠票据的，应予以开具。个人发生公益捐赠时不能及时取得捐赠票据的，可以暂时凭公益捐赠银行支付凭证扣除，并向扣缴义务人提供公益捐赠银行支付凭证复印件。个人应在捐赠之日起90日内向扣缴义务人补充提供捐赠票据，如果个人未按规定提供捐赠票据的，扣缴义务人应在30日内向主管税务机关报告。”

根据上述规定，该员工可暂凭捐赠银行支付凭证扣除，在捐赠90日内及时取得捐赠票据即可。

404. 向身患新冠肺炎生活困难的员工发放的生活困难补助是否需要代扣代缴个人所得税

某供电企业员工由于身患新型冠状病毒感染的肺炎疾病，给该员工或其家庭的正常生活造成了一定困难，公司给予了一定的生活困难补助，该笔补助是否需要代扣代缴个人所得税?

答：根据《中华人民共和国个人所得税法》（中华人民共和国主席令第四十八号）第四条规定，“下列各项个人所得，免纳个人所得税：（四）福利费、抚恤金、救济金。”《中华人民共和国个人所得税法实施条例》（中华人民共和国国务院令第707号）第十一条规定，“个人所得税法第四条第一款第四项所称福利费，是指根据国家有关规定，从企业、事业单位、国家机关、社会组织提留的福利费或者工会经费中支付给个人的生活补助费。”

根据上述规定，对由于身患新型冠状病毒感染的肺炎疾病，给纳税人本人或其家庭的正常生活造成了一定困难，其单位按国家规定从提留的福利费或者工会经费中向其支付的临时性生活困难补助，免征个人所得税。

405. 向参加疫情防治工作的防疫工作者发放临时性工作补助是否需要代扣代缴个人所得税

某供电企业员工，被派至某地参与疫情防控工作，取得单位发放的临时性工作补助是否需要代扣代缴个人所得税?

答：根据《财政部 税务总局关于支持新型冠状病毒感染的肺炎疫情防控有关个人所得税政策的公告》（财政部 税务总局公告2020年第10号）第一条规定，“对参加疫情防治工作的医务人员和防疫工作者按照政府规定标准取得的临时性工作补助和奖金，免征个人所得税。政府规定标准包括各级政府规定的补助和奖金标准。对省级及省级以上人民政府规定的对参与疫情防控人员的临时性工作补助和奖金，比照执行。”

根据上述规定，该供电公司员工因参与疫情防控工作，取得单位发放的临时性工作补助无须代扣代缴个人所得税。

406. 在疫情期间发放给员工的防护用品和药品，是否需要代扣代缴个人所得税

某供电企业在疫情发生后采购防护用品和药品发放给节后复工的员工，是否需要代扣代缴个人所得税?

答：根据《财政部 税务总局关于支持新型冠状病毒感染的肺炎疫情防控有关个人所得税政策的公告》（财政部 税务总局公告2020年第10号）第二条规定，“单位发给个人用于预防新型冠状病毒感染的肺炎的药品、医疗用品和防护用品等实物（不包括现金），不计入工资、薪金收入，免征个人所得税。”

根据上述规定，发放的疫情防护用品和药品无须代扣代缴个人所得税。

407. 对省级及省级以上人民政府规定的对参与疫情防控人员的临时性工作补助和奖金，是否征收个人所得税

某电网企业员工王某对省级及省级以上人民政府规定的参与疫情防控人员的临时性工作补助和奖金，是否征收个人所得税?

答：根据《财政部 税务总局关于支持新型冠状病毒感染的肺炎疫情防控有关个人所得税政策的公告》（财政部 税务总局公告2020年第10号）第一条规定，“对参加疫情防治工作的医务人员和防疫工作者按照政府规定标准取得的临时性工作补助和奖金，免征个人所得税。政府规定标准包括各级政府规定的补助和奖金标准。对省级及省级以上人民政府规定的对参与疫情防控人员的临时性工作补助和奖金，比照执行。”

根据上述规定，对省级及省级以上人民政府规定的对参与疫情防控人员的临时性工作补助和奖金，不征收个人所得税。

408. 个人捐赠冬奥会的款项是否可以在税前扣除

某供电企业员工小张2019年12月向北京2022年冬残奥会奥组委捐献现

金5000元，请问对个人捐赠冬奥会的款项是否可以在个人所得税前扣除?

答：根据《财政部 税务总局 海关总署关于北京2022年冬奥会和冬残奥会税收政策的通知》（财税〔2017〕60号）规定，“三、对北京2022年冬奥会、冬残奥会、测试赛参与者实行以下税收政策。（三）个人捐赠北京2022年冬奥会、冬残奥会、测试赛的资金和物资支出可在计算个人应纳税所得额时予以全额扣除。”

根据上述规定，小王向北京2022年冬奥会奥组委的现金捐赠支出，可以在计算个人应纳税所得额时全额扣除。

409. 取得有奖发票的涉税处理

某供电企业某员工取得有奖发票中奖了700元，请问取得的奖金是否征收个人所得税?

答：根据《财政部 国家税务总局关于个人取得有奖发票奖金征免个人所得税问题的通知》（财税〔2007〕34号）的规定，“个人取得单张有奖发票奖金所得不超过800元（含800元）的，暂免征收个人所得税；个人取得单张有奖发票奖金所得超过800元的，应全额按照个人所得税法规定的‘偶然所得’税目征收个人所得税。”

根据上述规定，该员工的700元奖金免征个人所得税。

410. 个人取得流通股股票的股息红利所得涉税处理

某供电企业员工张某2019年2月购进甲上市公司股票100000股，成交价格为每股12元。同年4月因甲上市公司进行2018年度利润分配取得35000元分红所得。请问如何计征个人所得税?

答：《财政部 国家税务总局 证监会关于实施上市公司股息红利差别化个人所得税政策有关问题的通知》（财税〔2012〕85号）第一条规定，“个人从公开发行和转让市场取得的上市公司股票，持股期限在1个月以内（含1个月）的，其股息红利所得全额计入应纳税所得额；持股期限在1个月以上至1年（含1年）的，暂减按50%计入应纳税所得额；持股期限超过1年的，暂减按25%计入应纳税所得额。上述所得统一适用20%的税率计征个人所得税。”

根据上述规定，张某从公开发行和转让市场取得的上市公司股票，持股期限在1个月以上至1年（含1年）的，暂减按50%计入应纳税所得额，应缴个税＝35000×50%×20%＝3500（元）。

五、其他

411. 集团公司给子公司员工发放奖金怎么代扣个税

某集团企业给子公司员工王某发奖金，如何代扣代缴个人所得税?

答：《中华人民共和国个人所得税法实施条例》（中华人民共和国国务院令第707号）第六条第（一）项规定，“工资、薪金所得，是指个人因任职或者受雇而取得的工资、薪金、奖金、年终加薪、劳动分红、津贴、补贴以及与任职或者受雇有关的其他所得。”第六条第九项规定，“偶然所得，是指个人得奖、中奖、中彩以及其他偶然性质的所得。

个人取得的所得，难以界定应纳税所得项目的，由国务院税务主管部门确定。”

根据上述规定，企业集团公司发放给集团内独立法人单位的员工个人奖励，个人取得的奖励现金，按照“偶然所得”代扣代缴个人所得税。

412. 股权转让所得捐给贫困地区是否可税前扣除

2020年8月，某电网企业员工王某取得股权转让所得40000元，通过政府相关部门将其中15000元捐赠给贫困地区，请问王某上述所得应如何缴纳的个人所得税?

答：根据《中华人民共和国个人所得税法实施条例》（中华人民共和国国务院令第707号）第六条第（八）项规定，“财产转让所得，是指个人转让有价证券、股权、合伙企业中的财产份额、不动产、机器设备、车船以及其他财产取得的所得。”第十四条第（二）项规定，“财产租赁所得，以一个月内取得的收入为一次。”

根据《财政部 税务总局关于公益慈善事业捐赠个人所得税政策的公告》

（财政部 税务总局公告2019年第99号）第三条第（二）项规定，“居民个人发生的公益捐赠支出，在综合所得、经营所得中扣除的，扣除限额分别为当年综合所得、当年经营所得应纳税所得额的百分之三十；在分类所得中扣除的，扣除限额为当月分类所得应纳税所得额的百分之三十。”

根据上述规定，王某捐赠允许扣除的限额 = 40000 × 30% = 12000（元），应缴纳的个人所得税 =（40000 - 12000）× 20% = 5600（元）。

413. 个人转让股权核定股权转让收入的方法有哪些

个人转让股权核定股权，转让收入的方法有哪些？

答：根据《国家税务总局关于发布〈股权转让所得个人所得税管理办法（试行）〉的公告》（国家税务总局公告2014年第67号）第十四条规定，“主管税务机关应依次按照下列方法核定股权转让收入：

（一）净资产核定法

股权转让收入按照每股净资产或股权对应的净资产份额核定。

被投资企业的土地使用权、房屋、房地产企业未销售房产、知识产权、探矿权、采矿权、股权等资产占企业总资产比例超过20%的，主管税务机关可参照纳税人提供的具有法定资质的中介机构出具的资产评估报告核定股权转让收入。

6个月内再次发生股权转让且被投资企业净资产未发生重大变化的，主管税务机关可参照上一次股权转让时被投资企业的资产评估报告核定此次股权转让收入。

（二）类比法

1. 参照相同或类似条件下同一企业同一股东或其他股东股权转让收入核定；

2. 参照相同或类似条件下同类行业企业股权转让收入核定。

（三）其他合理方法

主管税务机关采用以上方法核定股权转让收入存在困难的，可以采取其他合理方法核定。”

414. 个人通过出版社出版小说取得的收入应如何计税

某电网公司王某在 2019 年 8 月工作闲暇之余通过出版社出版了一本小说，出版社支付给王某 2.5 万元稿酬，请问王某取得的稿酬收入如何计税？需要进行年度汇算吗？

答：根据《中华人民共和国个人所得税法实施条例》（中华人民共和国国务院令第 707 号）第六条第（三）项，“稿酬所得，是指个人因其作品以图书、报刊等形式出版、发表而取得的所得。”

第二十五条，“取得综合所得需要办理汇算清缴的情形包括：（二）取得劳务报酬所得、稿酬所得、特许权使用费所得中一项或者多项所得，且综合所得年收入额减除专项扣除的余额超过 6 万元。”

根据上述规定，王某通过出版社出版小说取得的收入，按照“稿酬所得”项目计缴个人所得税，并入综合所得进行年度汇算。出版社应预扣王某个人所得税 = 25000 ×（1 − 20%）× 70% × 20% = 2800（元）。年度终了后，王某取得的该笔稿酬按照 14000 元［25000 ×（1 − 20%）× 70%］的收入额与当年本人取得的其他综合所得合并后办理年度汇算。

415. 手稿拍卖所得按什么项目计算缴纳个人所得税

某电网公司王某将自己的小说手稿进行拍卖，取得的收入应按什么项目计算缴纳个人所得税？

答：根据《中华人民共和国个人所得税法实施条例》（中华人民共和国国务院令第 707 号）第六条第（四）项规定，“特许权使用费所得，是指个人提供专利权、商标权、著作权、非专利技术以及其他特许权的使用权取得的所得；提供著作权的使用权取得的所得，不包括稿酬所得。”

第二十五条，“取得综合所得需要办理汇算清缴的情形包括：（二）取得劳务报酬所得、稿酬所得、特许权使用费所得中一项或者多项所得，且综合所得年收入额减除专项扣除的余额超过 6 万元。”

根据上述规定，王某将自己的文字作品手稿原件或复印件拍卖取得的所得，按照“特许权使用费”所得项目缴纳个人所得税，并入综合所得进行年度汇算。

416. 个人捐赠如何确定捐赠额

某电网企业王某在公益捐赠中，分别捐赠了10000元人民币和一套房，房屋购买原值为43万元，市场价格为50万元，请问如何确定捐赠额?

答：根据《财政部 税务总局关于公益慈善事业捐赠个人所得税政策的公告》（财政部 税务总局公告2019年第99号）第二条规定，“个人发生的公益捐赠支出金额，按照以下规定确定：（一）捐赠货币性资产的，按照实际捐赠金额确定；（二）捐赠股权、房产的，按照个人持有股权、房产的财产原值确定；（三）捐赠除股权、房产以外的其他非货币性资产的，按照非货币性资产的市场价格确定。”

根据上述规定，王某捐赠的人民币属于货币型资产，按实际捐赠金额10000元确定，捐赠的房产，按房产原值43万元确定。

417. 居民个人在综合所得年度汇算时扣除公益捐赠支出应该注意的事项

居民个人在综合所得年度汇算时扣除公益捐赠支出应该注意什么?

答：纳税人在综合所得年度汇算时要注意以下两点：

第一，要在税法规定的额度范围内扣除公益捐赠支出。

根据《财政部 税务总局关于公益慈善事业捐赠个人所得税政策的公告》（财政部 税务总局公告2019年第99号）第三条第（二）项规定，纳税人在综合所得扣除公益捐赠支出有上限的，具体为年度综合所得应纳税所得额的百分之三十（政策规定对公益捐赠全额税前扣除的，不受该比例限制）。因此纳税人在综合所得年度汇算时，要着重关注自己公益捐赠支出扣除的上限，以便准确享受公益捐赠政策。

第二，要留存好捐赠票据。根据《财政部 税务总局 关于公益慈善事业捐赠个人所得税政策的公告》（财政部 税务总局公告2019年第99号）第九条规定，当纳税人完成捐赠，不论金额大小，公益性社会组织、国家机关都可以为捐赠人开具捐赠票据。因此，为了防止通过虚假捐赠逃避税收，政策规定享受公益捐赠政策的纳税人要妥善保管捐赠票据，以便在税务机关后续有核查需求时予以配合。

418. 个人参加其他公司的座谈会取得的礼品收入是否需要缴纳个人所得税

某电网公司员工王某参加其他公司的座谈会取得的礼品收入，需要缴纳个人所得税吗？

答：根据《财政部 税务总局关于个人取得有关收入适用个人所得税应税所得项目的公告》（财政部 税务总局公告2019年第74号）第三条规定，“企业在业务宣传、广告等活动中，随机向本单位以外的个人赠送礼品（包括网络红包，下同），以及企业在年会、座谈会、庆典以及其他活动中向本单位以外的个人赠送礼品，个人取得的礼品收入，按照“偶然所得”项目计算缴纳个人所得税，但企业赠送的具有价格折扣或折让性质的消费券、代金券、抵用券、优惠券等礼品除外。

前款所称礼品收入的应纳税所得额按照《财政部 国家税务总局关于企业促销展业赠送礼品有关个人所得税问题的通知》（财税〔2011〕50号）第三条规定计算。”

《财政部 国家税务总局关于企业促销展业赠送礼品有关个人所得税问题的通知》（财税〔2011〕50号）第三条规定，“企业赠送的礼品是自产产品（服务）的，按该产品（服务）的市场销售价格确定个人的应税所得；是外购商品（服务）的，按该商品（服务）的实际购置价格确定个人的应税所得。”

根据上述规定，王某参加座谈会取得的礼品收入需要按照“偶然所得”项目计算缴纳个人所得税。

419. 企业向本单位以外的个人赠送礼品如何缴纳个人所得税

某电网公司在营销活动中向本单位以外的个人赠送礼品，如何缴纳个人所得税？

答：根据《财政部 税务总局关于个人取得有关收入适用个人所得税应税所得项目的公告》（财政部 税务总局公告2019年第74号）规定，“自2019年1月1日起，企业在业务宣传、广告等活动中，随机向本单位以外的个人赠送礼品（包括网络红包，下同），以及企业在年会、座谈会、庆典以及其他活动中向本单位以外的个人赠送礼品，个人取得的礼品收入，按照“偶然所得”项目计算缴纳个人所得税，但企业赠送的具有价格折扣或折让性质的消费券、代金券、抵用券、优惠券等礼品除外。”

根据上述规定，该电网公司在营销活动中向本单位以外的个人赠送礼品，应当按照“偶然所得”项目代扣代缴个人所得税。

420. 个人因专利被他人使用获得的专利赔偿款按什么项目征税

某电网公司王某因个人专利被他人使用获得的专利赔偿款按什么项目征税?

答：根据《中华人民共和国个人所得税法实施条例》（中华人民共和国国务院令第 707 号）第六条第（四）项规定，“特许权适用费所得，是指个人提供专利权、商标权、著作权、非专利技术以及其他特许权的使用权取得的收入。”

根据上述规定，个人因专利被他人使用获得的专利赔偿款是基于专利权使用产生的收入，应当按照“特许权适用费所得”项目缴纳个人所得税。

421. 办税人员取得的个税代扣代缴奖励如何计征个人所得税

某供电公司取得的 2% 手续费在缴纳相关税费后，作为奖励发放给了办税人员，请问如何计征个人所得税?

答：根据《财政部 税务总局 人民银行关于进一步加强代扣代收代征税款手续费管理的通知》（财行〔2019〕11 号）第四条第（三）项规定，“三代单位所取得的手续费收入应单独核算，计入本单位收入，用于与“三代”业务直接相关的办公设备、人员成本、信息化建设、耗材、交通费等管理支出。”

根据《中华人民共和国个人所得税法实施条例》（中华人民共和国国务院令第 707 号）第六条，“工资、薪金所得，是指个人因任职或者受雇而取得的工资、薪金、奖金、年终加薪、劳动分红、津贴、补贴以及与任职或者受雇有关的其他所得。”财务人员获得来自于 135 任职单位的手续费奖励属于取得与任职受雇有关的收入，应合并当月工资、薪金所得申报缴纳个人所得税。

根据上述规定，对于该奖励公司需要为其代扣代缴个人所得税。

422. 异地承包工程业务的劳务派遣人员个税处理问题

某供电公司在省外承包了一个工程业务，施工人员都是通过劳务公司劳务派遣出去的，请问公司是否需要代扣代缴这部分劳务人员收入的个人所得税？

答：根据《国家税务总局关于建筑安装业跨省异地工程作业人员个人所得税征收管理问题的公告》（国家税务总局公告 2015 年第 52 号）第一条规定，“总承包企业和分承包企业通过劳务派遣公司聘用劳务人员跨省异地工作期间的工资、薪金所得个人所得税，由劳务派遣公司依法代扣代缴并向工程作业所在地税务机关申报缴纳。”

根据上述规定，公司不需要代扣代缴这部分劳务人员的个人所得税，应由劳务派遣公司依法代扣代缴并向工程作业所在地税务机关申报缴纳。

423. 员工参加股票期权计划取得所得在行权时的涉税处理

某电力技术公司为激励员工将实行股票期权计划，请问员工因参加股票期权计划而取得的所得，在行权时是否与当月工资合并缴纳个人所得税？

答：根据《财政部关于个人所得税法修改后有关优惠政策衔接问题的通知》（财税〔2018〕164 号）第二条规定，“关于上市公司股权激励的政策：

（1）居民个人取得股票期权、股票增值权、限制性股票、股权奖励等股权激励（以下简称股权激励），符合《财政部 国家税务总局关于个人股票期权所得征收个人所得税问题的通知》（财税〔2005〕35 号）、《财政部 国家税务总局关于股票增值权所得和限制性股票所得征收个人所得税有关问题的通知》（财税〔2009〕5 号）、《财政部 国家税务总局关于将国家自主创新示范区有关税收试点政策推广到全国范围实施的通知》（财税〔2015〕116 号）第四条、《财政部 国家税务总局关于完善股权激励和技术入股有关所得税政策的通知》（财税〔2016〕101 号）第四条第（一）项规定的相关条件的，在 2021 年 12 月 31 日前，不并入当年综合所得，全额单独适用综合所得税率表，计算纳税。计算公式为：应纳税额 = 股权激励收入 × 适用税率 − 速算扣除数。

（二）居民个人一个纳税年度内取得两次以上（含两次）股权激励的，应合并按本通知第二条第（一）项规定计算纳税。

（三）2022 年 1 月 1 日之后的股权激励政策另行明确。”

根据上述规定，员工因参加股票期权计划而取得的所得，在 2021 年 12 月 31 日前，不并入当年综合所得，全额单独适用综合所得税率表，计算纳税。计算公式为：应纳税额 = 股权激励收入 × 适用税率 – 速算扣除数。

424. 非上市公司授予部分员工股权奖励能否适用递延纳税政策

某电网公司是一家非上市电网企业，公司授予部分技术管理人员股权奖励，员工可于 2018 年 1 月行权，请问员工获得这部分股权奖励时缴纳个税能否适用递延纳税政策?

答：根据《财政部 国家税务总局关于完善股权激励和技术入股有关所得税政策的通知》（财税〔2016〕101 号）第一条第（一）项的规定，“非上市公司授予本公司员工的股票期权、股权期权、限制性股票和股权奖励，符合规定条件的，经向主管税务机关备案，可实行递延纳税政策，即员工在取得股权激励时可暂不纳税，递延至转让该股权时纳税；股权转让时，按照股权转让收入减除股权取得成本以及合理税费后的差额，适用‘财产转让所得’项目，按照 20% 的税率计算缴纳个人所得税。”

第一条第（二）项规定，“享受递延纳税政策的非上市公司股权激励（包括股票期权、股权期权、限制性股票和股权奖励，下同）须同时满足以下条件：

1. 属于境内居民企业的股权激励计划。

2. 股权激励计划经公司董事会、股东（大）会审议通过。未设股东（大）会的国有单位，经上级主管部门审核批准。股权激励计划应列明激励目的、对象、标的、有效期、各类价格的确定方法、激励对象获取权益的条件、程序等。

3. 激励标的应为境内居民企业的本公司股权。股权奖励的标的可以是技术成果投资入股到其他境内居民企业所取得的股权。激励标的股票（权）包括通过增发、大股东直接让渡以及法律法规允许的其他合理方式授予激励对象的股票（权）。

4. 激励对象应为公司董事会或股东（大）会决定的技术骨干和高级管理人员，激励对象人数累计不得超过本公司最近 6 个月在职职工平均人数的 30%。

5. 股票（权）期权自授予日起应持有满 3 年，且自行权日起持有满 1 年；限制性股票自授予日起应持有满 3 年，且解禁后持有满 1 年；股权奖励自获得奖励之日起应持有满 3 年。上述时间条件须在股权激励计划中列明。

6. 股票（权）期权自授予日至行权日的时间不得超过 10 年。

7. 实施股权奖励的公司及其奖励股权标的公司所属行业均不属于《股权奖励税收优惠政策限制性目录》范围（见附件）。公司所属行业按公司上一纳税年度主营业务收入占比最高的行业确定。”

根据上述规定，公司股权激励计划若符合上述规定，则可以适用个税递延纳税政策。

425. 非上市公司股权激励适用递延纳税政策职工平均人数如何确定

某电网公司是一家非上市电网企业，公司授予部分技术管理人员股权奖励，员工可于 2020 年 1 月行权，请问在适用递延纳税政策方面“最近 6 个月在职职工平均人数”是如何规定的？

答：根据《财政部 国家税务总局关于完善股权激励和技术入股有关所得税政策的通知》（财税〔2016〕101 号）规定，“非上市公司实施符合条件的股权激励，激励对象人数累计不得超过本公司最近 6 个月在职职工平均人数的 30%。”

同时根据《国家税务总局关于股权激励和技术入股所得税征管问题的公告》（国家税务总局公告 2016 年第 62 号）第一条的规定，“非上市公司实施符合条件的股权激励，本公司最近 6 个月在职职工平均人数，按照股票（权）期权行权、限制性股票解禁、股权奖励获得之上月起前 6 个月‘工资薪金所得’项目全员全额扣缴明细申报的平均人数确定。”

根据上述规定，公司实施股票期权并于 2020 年 1 月行权，计算在职职工平均人数时，以该公司 2019 年 7 月、8 月、9 月、10 月、11 月、12 月全员全额扣缴明细申报的平均人数计算。

第四章　房产税

426. 上海市纳税人如何申报房产税及享受房产税减税调整优惠

上海市某供电公司在本市有一处房产，请问该房产如何申报房产税及享受房产税减免优惠?

答：根据《国家税务总局上海市税务局实行税种综合申报的公告》（国家税务总局上海市税务局公告 2020 年第 3 号）规定，

“一、实行税种综合申报

自 2020 年 7 月 1 日起，纳税人需申报缴纳企业所得税（预缴）、城镇土地使用税、房产税、土地增值税、印花税中一个或多个税种时，可选择税种综合申报。其中，企业所得税纳税人暂不涵盖跨地区经营汇总纳税企业。

纳税人可通过上海市电子税务局、网上电子申报企业端进行税种综合申报。

二、调整相关税种纳税期限

（一）城镇土地使用税和房产税

城镇土地使用税和房产税实行按季申报缴纳，纳税人应当于季度终了之日起十五日内申报并缴纳税款。”

《上海市人民政府关于调整本市房产税房产原值减除比例的通知》（沪府规〔2019〕5 号）规定，“根据《中华人民共和国房产税暂行条例》等的规定，自 2019 年 1 月 1 日起，本市按照房产余值计算缴纳房产税的纳税人，房产原值减除比例调整为百分之三十。”

对于房产税的减税调整政策，均由计算机管理系统自动按照新的标准计算应缴税款，无须纳税人办理申请手续。

根据上述规定，上海市供电公司自 2020 年 7 月 1 日起，实行税种综合纳税申报，房产税实行按季申报缴纳，纳税人可通过上海市电子税务局、网上电子申报企业端进入税种综合申报模块进行申报。并且自 2019 年 1 月 1 日起，本市按照房产余值计算缴纳房产税的纳税人，房产原值减除比例调整为百分之三十，由计算机管理系统自动按照新的标准计算应缴税款，无须纳税人办理申请手续。

427. 上海市居民拥有的个人住房应如何缴纳房产税

某电网公司职工王某在本市新购一套住房与其妻子和女儿共同居住，该房屋为王某的第二套住房，应如何缴纳房产税？有无税收优惠政策？

答：根据《上海市关于本市开展对部分个人住房征收房产税试点若干问题的通知》（沪财发〔2020〕18 号）第三条规定，“试点初期，应税住房的计税依据为应税住房的市场交易价格。按照国家有关规定，纳税人申报的应税住房交易价格明显偏低，又无正当理由的，由税务机关核定其计税价格，房产税则按应税住房计税价格的 70% 计算缴纳。”

第四条规定，“应税住房应纳房产税税额的计算，即：应纳房产税税额 = 新购住房应征税的面积（建筑面积）×新购住房单价 ×70% ×税率。”

第五条规定，“本市居民家庭在本市新购且属于该居民家庭第二套及以上住房的，该居民家庭中有无住房的成年子女或其他亲属共同居住、且其常住户口在该居民家庭拥有住房内的，可并入该居民家庭按每人 60 平方米计算免税住房面积。对已并入居民家庭计算过免税住房面积的成年子女或其他亲属，不得重复计算免税住房面积。上述‘无住房’是指，成年子女或其他亲属各自所属的家庭在本市范围内无住房。”

根据上述规定，该房屋为王某的第二套住房，若其妻子和女儿未享受过每人 60 平方米免税住房面积的优惠政策，王某可享受 120 平方米的免税住房面积，剩余面积按“建筑面积 ×新购住房单价 ×70% ×税率”计算并缴纳房产税。

428. 疫情防控期间，企业给予租户临时性减免房租，可否减免房产税

某供电企业有一处房产，和租户签订的租赁协议合同期限为自 2019 年 5 月至 2022 年 4 月，疫情防控期间为租户免除两个月的租金，请问这两个月是

否应继续缴纳房产税?

答：依据《财政部 国家税务总局关于安置残疾人就业单位城镇土地使用税等政策的通知》（财税〔2010〕121号）规定，“二、关于出租房产免收租金期间房产税问题。对出租房产，租赁双方签订的租赁合同约定有免收租金期限的，免收租金期间由产权所有人按照房产原值缴纳房产税。”

由于纳税人因新冠肺炎疫情给予了租户房租临时性减免，不属于租赁双方签订租赁合同约定有免收租金期限的情形，不适用（财税〔2010〕121）号文件的规定，即无须按照房产原值计算缴纳房产税，而是根据《房产税暂行条例》规定中第四条来处理：房产税的税率，依照房产余值计算缴纳的，税率为1.2%；依照房产租金收入计算缴纳的，税率为12%。

根据上述规定，供电企业疫情防控期间为租户免除的两个月的租金，其房产税应按照实际租金收入乘以12%来计算申报缴纳，如果租金减为零，则房产税也为零。

429. 自用房产出租该如何缴纳房产税

某供电企业有一栋六层的综合楼，2019年将其中的三层办公楼对外出租，请问对于这种部分出租房产的情况是按从价计征还是从租计征房产税？若双方约定了1个月的免租期，免收租金期间应该如何缴纳房产税?

答：根据《中华人民共和国房产税暂行条例》（国发〔1986〕90号）第三条规定，“房产税依照房产原值一次减除10%至30%后的余值计算缴纳。具体减除幅度，由省、自治区、直辖市人民政府规定。没有房产原值作为依据的，由房产所在地税务机关参考同类房产核定。房产出租的，以房产租金收入为房产税的计税依据。”第四条规定：“房产税的税率，依照房产余值计算缴纳的，税率为1.2%；依照房产租金收入计算缴纳的，税率为12%。”

根据《财政部 国家税务总局关于安置残疾人就业单位城镇土地使用税等政策的通知》（财税〔2010〕121号）第二条规定，“对出租房产，租赁双方签订的租赁合同约定有免收租金期限的，免收租金期间由产权所有人按照房产原值缴纳房产税。”

根据上述规定，房产税只有在无租和自用的情况下是从价计征的，房产出租的，应当从租计征房产税。因此，公司这种部分出租房产的情况应以房产租金收入为计税依据计征房产税，免收租金期间由产权所有人按照房产原值缴纳房产税。

430. 投资性房地产未出租部分是否需要缴纳房产税

某供电企业2020年将其开发建成的商业房地产由库存商品开发产品、生产成本开发成本转入投资性房地产成本，对投资性房地产未出租部分是否需要缴纳房产税?

答：根据《中华人民共和国房产税暂行条例》（国发〔1986〕90号）第一条规定，“房产税在城市、县城、建制镇和工矿区征收。”根据上述规定，房产税在房产税征税范围内实行普遍征收原则。

根据《关于房产税、城镇土地使用税有关政策规定的通知》（国税发〔2003〕89号）第一条规定，“关于房地产开发企业开发的商品房征免房产税问题。鉴于房地产开发企业开发的商品房在出售前，对房地产开发企业而言是一种产品，因此，对房地产开发企业建造的商品房，在售出前，不征收房产税；但对售出前房地产开发企业已使用或出租、出借的商品房应按规定征收房产税。”

《企业会计准则第3号——投资性房地产》第二条规定，“投资性房地产，是指为赚取租金或资本增值，或两者兼有而持有的房地产。”房地产公司将其持有的房产在会计账目上从开发成本、库存商品转入投资性房地产会计科目，按投资性房地产进行管理和核算，并且房地产价值随市场变化产生了损益，实际上构成对房产的实际使用。

根据上述规定，供电企业应对投资性房地产未出租部分缴纳房产税。

431. 新增房屋只有已办证的房产才需要缴纳房产税吗

某供电企业委托A建筑公司建造一栋办公楼，2020年3月已办理竣工决算并且投入使用，2020年9月办理产权证。该供电公司依据“房产税由产权所有人缴纳”的规定，认为只有取得了产权证才会发生房产税纳税义务，因此2020年10月才开始申报缴纳该幢办公楼的房产税，该供电企业房产税是否缴纳正确?

答：根据《财政部 税务总局关于房产税若干具体问题解释和暂行规定》

（财税地字〔1986〕8 号）第十九条的规定，“纳税人委托施工企业建设的房屋，从办理验收手续之次月起征收房产税。纳税人在办理验收手续前已使用或出租、出借的新建房屋，应按规定征收房产税。”

根据上述规定，取得房产证并不是成为发生房产税纳税义务的前提条件，按照实质重于形式的原则，如果房产已经验收或者在验收前就已交付使用，就应当进行房产税纳税申报，从 2020 年 4 月开始计提缴纳房产税。

432. 新建办公楼地下建筑物及地下车位等地下部分应该如何缴纳房产税

某供电企业 2020 年 12 月新建成一幢办公楼，为方便职工停车，地下一层为职工活动场所及地下二层为停车场，请问该办公楼的地下部分该如何缴纳房产税？

答：根据《财政部 国家税务总局关于具备房屋功能的地下建筑征收房产税的通知》（财税〔2005〕181 号）第二条规定，“自用的地下建筑，按以下方式计税：

1. 工业用途房产，以房屋原价的 50%—60% 作为应税房产原值。应纳房产税的税额 = 应税房产原值 × ［1 － （10% －30%）］ ×1.2%。

2. 商业和其他用途房产，以房屋原价的 70%—80% 作为应税房产原值。应纳房产税的税额 = 应税房产原值 × ［1 － （10% －30%）］ ×1.2%。

房屋原价折算为应税房产原值的具体比例，由各省、自治区、直辖市和计划单列市财政和地方税务部门在上述幅度内自行确定。（目前浙江省对地下建筑减征比例分别为：工业用途房产 60%，商业和其他用途房产 80%）

3. 对于与地上房屋相连的地下建筑，如房屋的地下室、地下停车场、商场的地下部分等，应将地下部分与地上房屋视为一个整体按照地上房屋建筑的有关规定计算征收房产税。”

根据上述规定，该办公楼地下部分属于与地上房屋相连的地下建筑，应与地上房屋视为一个整体按照地上房屋建筑的有关规定计算缴纳房产税。

433. 闲置不用的办公楼是否需要缴纳房产税

某供电企业原办公大楼由于公司 2020 年搬入新办公楼后，其原有的办公楼闲置不用，请问是否需要继续缴纳房产税?

答：根据《财政部 税务总局关于房产税若干具体问题的解释和暂行法规》(财税地字〔1986〕8号) 第十六条规定，“经有关部门鉴定，对毁损不堪居住的房屋和危险房屋，在停止使用后，可免征房产税。”

根据上述规定，企业原有办公楼并非毁损不堪居住的房屋和危险房屋，企业闲置不用的办公楼不能免缴房产税，应正常缴纳。

434. 房屋转租收入如何缴纳房产税

某电力企业2020年3月将一处房产以50万元/年租给A公司，A企业于2020年11月又将该房产转租给B公司，双方签订的租赁合同上记载租金金额60万元，请问房屋转租收入，是否需要缴纳房产税?

答：根据《中华人民共和国房产税暂行条例》(国发〔1986〕90号) 第二条规定，“房产税由产权所有人缴纳。产权属于全民所有的，由经营管理的单位缴纳。产权出典的，由承典人缴纳。产权所有人、承典人不在房产所在地的，或者产权未确定及租典纠纷未解决的，由房产代管人或者使用人缴纳。

前款列举的产权所有人、经营管理单位、承典人、房产代管人或者使用人，统称为纳税义务人（以下简称纳税人）。”

根据上述规定，由于转租者不是产权所有人，因此对转租者取得的房产转租收入不征收房产税，房产税应按照50万元为基础计算缴纳，A企业将写字楼转租取得的收入不需要缴纳房产税，但需要缴纳增值税。

435. 将无租使用的房屋对外出租应当如何缴纳房产税

某供电企业无租使用其母公司的房屋，同时又将部分无租使用的房屋对外出租，请问对无租使用的房屋应当如何缴纳房产税?

答：根据《财政部 国家税务总局关于房产税、城镇土地使用税有关问题的通知》(财税〔2009〕128号) 第一条规定，“无租使用其他单位房产的应税单位和个人，依照房产余值代缴纳房产税。”

根据《中华人民共和国房产税暂行条例》(国发〔1986〕90号) 第三条规定，“房产出租的，以房产租金收入为房产税的计税依据。”

根据上述规定，企业对其无租使用房屋部分，应按照房产余值代为缴纳房产税。对出租部分，应按房产租金收入计算缴纳房产税。

436. 上划变电站缴纳房产税的处理

某供电企业上划给市公司的110KV变电站，存在由县公司缴纳房产税的情况，请问这种做法是否可行?

答：根据《中华人民共和国房产税暂行条例》（国发〔1986〕90号）第二条规定，“房产税由产权所有人缴纳。产权属于全民所有的，由经营管理的单位缴纳。产权出典的，由承典人缴纳。产权所有人、承典人不在房产所在地的，或者产权未确定及租典纠纷未解决的，由房产代管人或者使用人缴纳。前款列举的产权所有人、经营管理单位、承典人、房产代管人或者使用人，统称为纳税义务人（以下简称纳税人）。”第九条规定，“房产税由房产所在地的税务机关征收。”

根据上述规定，由于110KV变电站产权归属于市公司，但并不在变电站所在地，若县公司作为变电站的代管人，则负有缴纳房产税的义务。

437. 在自有土地上建造房产应如何计算缴纳房产税

某供电企业2020年5月在其自有土地上委托施工单位新建办公楼自用，至2020年10月办理竣工验收手续并且投入使用，容积率低于0.5，请问该办公楼如何计算缴纳房产税？土地款是否需要缴纳房产税?

答：根据《财政部 国家税务总局关于安置残疾人就业单位城镇土地使用税等政策的通知》（财税〔2010〕121号）第三条规定，“对按照房产原值计税的房产，无论会计上如何核算，房产原值均应包含地价，包括为取得土地使用权支付的价款、开发土地发生的成本费用等。宗地容积率低于0.5的，按房产建筑面积的2倍计算土地面积并据此确定计入房产原值的地价。”

根据《财政部 国家税务总局检发〈关于房产税若干具体问题的解释和暂行法规〉、〈关于车船使用税若干具体问题的解释和暂行法规〉的通知》（财税地字〔1986〕第8号）第十九条规定，“纳税人自建的房屋，自建成之次月起征收房产税；纳税人委托施工企业建设的房屋，从办理验收手续之次月起征收房产税；纳税人在办理验收手续前已使用或出租、出借的新建房屋，应按规定征收房产税。”

根据上述规定，公司应按房屋建筑面积的2倍确定土地价值并入办公楼房屋价值，计税基础应包含为取得土地使用权支付的价款、开发土地发生的成本费用等，于2019年11月开始计算缴纳房产税。

438. 用于办公使用的房产，计征房产税时如何确定房产原值

某供电企业2018年开始新建一栋办公楼，该办公楼于2020年12月完工并用于办公，请问计征房产税时，如何确定房产原值？

答：根据《财政部 国家税务总局关于房产税城镇土地使用税有关问题的通知》（财税〔2008〕152号）第一条规定，“对依照房产原值计税的房产，不论是否记载在会计账簿固定资产科目中，均应按照房屋原价计算缴纳房产税。房屋原价应根据国家有关会计制度规定进行核算。对纳税人未按国家会计制度规定核算并记载的，应按规定予以调整或重新评估。”

另根据《中华人民共和国房产税暂行条例》（国发〔1986〕90号）第三条规定，“房产税依照房产原值一次减除10%至30%后的余值计算缴纳。具体减除幅度，由省、自治区、直辖市人民政府规定；没有房产原值作为依据的，由房产所在地税务机关参考同类房产核定。”

根据上述规定，公司应当以房产原值计征房产税，房产原值原则上取自会计账簿固定资产科目记载金额，若无法确定房产原值，则由所在地税务机关参考同类房产核定。

439. 融资租赁房产如何缴纳房产税

某电网公司2020年1月通过融资租赁方式租入一幢办公楼，请问该房产是否需要缴纳房产税，如何缴纳？

答：根据《财政部 国家税务总局关于房产税城镇土地使用税有关问题的通知》（财税〔2009〕128号）第三条的规定，“融资租赁的房产，由承租人自融资租赁合同约定开始日的次月起依照房产余值缴纳房产税。合同未约定开始日的，由承租人自合同签订的次月起，依照房产余值缴纳房产税。”按原

规定，融资租赁房产按房产余值缴纳房产税，纳税人由各地税务机关自定。据了解，大部分地区都规定由承租人缴纳，也有少数地区规定由出租人缴纳，这种政策执行当中的不一致不利于税收公平，也不利于税制规范，应统一予以明确。实际上，房产融资租赁是承租人分期付款购买房产的一种形式，出租人提供的只是金融信贷服务，因此房产融资租赁期间的纳税人应为房产承租人。

根据上述规定，电力公司融资租赁房产的行为需要缴纳房产税，房产的承租人应依照房产余值缴纳房产税。

440. 在基建工地上的临时性房屋是否应按规定缴纳房产税

某供电公司在基建工地上搭建临时性房屋，供建设期间工人住宿、休息等使用，至 2020 年 5 月 31 日该项目完工，供电公司将临时性房屋自 2020 年 6 月 1 日转让给了 A 建筑公司，A 公司作为临时办公用房使用，请问该临时性房屋是否应缴纳房产税？

答：根据《财政部 国家税务总局检发〈关于房产税若干具体问题的解释和暂行法规〉、〈关于车船使用税若干具体问题的解释和暂行法规〉的通知》（财税地字〔1986〕第 8 号）第二十一条规定，“凡是在基建工地为基建工地服务的各种工棚、材料棚、休息棚和办公室、食堂、茶炉房、汽车房等临时性房屋，不论是施工企业自行建造还是由基建单位出资建造交施工企业使用的，在施工期间，一律免征房产税。但是，如果在基建工程结束以后，施工企业将这种临时性房屋交还或者估价转让给基建单位的，应当从基建单位接收的次月起，依照规定征收房产税。”

根据上述规定，供电公司无须缴纳房产税，但 A 公司应自受让使用临时性房屋的次月即 2020 年 7 月开始申报缴纳房产税。

441. 公司房产税从价计征变更为从租计征

某电力实业公司将一栋自有的写字楼出租给某科技公司，年租金 200 万元，请问企业由从价计征的房产税变更为从租计征房产税需要什么资料？去哪里办理？

答：根据《中华人民共和国房地产暂行条例》（国发〔1986〕90 号）第

三条规定，“房产税依照房产原值一次减除10%至30%后的余值计算缴纳。具体减除幅度，由省、自治区、直辖市人民政府规定。没有房产原值作为依据的，由房产所在地税务机关参考同类房产核定。房产出租的，以房产租金收入为房产税的计税依据。”

房产原值是指纳税人按照财务会计制度规定，在账簿记载的房产原值。对纳税人未按财务会计制度规定记载，房产原值不实和没有原值的房产，由房产所在地税务机关参考同时期的同类房产核定。

根据上述规定，企业购买的房产若出租使用，可以变更为从租计征房产税。需要在电子税务局城镇土地使用税房产税税源信息采集模块维护从租的税源信息，即可以以从租方式计征房产税。

442. 自有房屋维修和旧房改扩建的涉税处理

某供电企业2020年6月发生自有房屋修理费用10万元，请问是否需要就该笔修理支出增加计提房产税?

答：根据《中华人民共和国企业所得税法》（中华人民共和国主席令第六十三号）第二章第十三条规定，“在计算应纳税所得额时，企业发生的下列支出作为长期待摊费用，按照规定摊销的，准予扣除：（一）已足额提取折旧的固定资产的改建支出；（二）租入固定资产的改建支出；（三）固定资产的大修理支出；（四）其他应当作为长期待摊费用的支出。”

《中华人民共和国企业所得税法实施条例》（中华人民共和国国务院令第512号）第六十九条规定，“企业所得税法第十三条第三项所称固定资产的大修理支出，是指同时符合下列条件的支出：（一）修理支出达到取得固定资产时的计税基础50%以上；（二）修理后固定资产的使用年限延长2年以上；企业所得税法第十三条第（三）项规定的支出，按照固定资产尚可使用年限分期摊销。”

《国家税务总局关于进一步明确房屋附属设备和配套设施计征房产税有关问题的通知》（国税发〔2005〕173号）第一条的规定，“为了维持和增加房屋的使用功能或使房屋满足设计要求，凡以房屋为载体，不可随意移动的附属设备和配套设施，如给排水、采暖、消防、中央空调、电气及智能化楼宇设备等，无论在会计核算中是否单独记账与核算，都应计入房产原值，计征房产税。”

根据上述规定，对于旧房的更新改造（改扩建）支出应该予以资本化，增加房产的账面价值，对于旧房的维修费，应该在发生时计入当期费用。如公司自有房屋发生的修理费用支出满足资本化条件的，则计入固定资产原值，计征房产税；达不到资本化条件的，则将该项支出费用化，不计征房产税。

443. 房屋大修期间是否需要缴纳房产税

某电网企业由于经营管理的需要，计划于 2020 年对目前使用的一幢建筑进行改造升级，该建筑的房屋权属为自有产权。根据设计测算，进行一次全面的装修改造，预计需要 6 个月，请问在装修期间是否需要缴纳房产税？

答：根据《国家税务总局关于房产税部分行政审批项目取消后加强后续管理工作的通知》（国税函〔2004〕839 号）规定：

“一、纳税人因房屋大修导致连续停用半年以上的，在房屋大修期间免征房产税，免征税额由纳税人在申报缴纳房产税时自行计算扣除，并在申报表附表或备注栏中作相应说明。

二、纳税人房屋大修停用半年以上需要免征房产税的，应在房屋大修前向主管税务机关报送相关的证明材料，包括大修房屋的名称、座落地点、产权证编号、房产原值、用途、房屋大修的原因、大修合同及大修的起止时间等信息和资料，以备税务机关查验。具体报送材料由各省、自治区、直辖市和计划单列市地方税务局确定。”

根据上述规定，如果公司房屋需要进行大修、装修、改造等预计停用半年以上的，在进行大修、装修、改造等业务前需要向主管税务机关报关相关证明材料。在申报纳税时便可免征计算扣除房屋大修、装修、改造等业务停止使用期间的房产税。

444. 仓库内的消防设施以及仓库外的围墙、道路是否应计入房产原值计征房产税

某供电企业 2020 年新建一处仓库用于储藏原料物资，请问仓库中配置的消防设施及仓库外的围墙、道路是否应计入房产原值计征房产税？

答：根据《国家税务总局关于进一步明确房屋附属设备和配套设施计征房产税有关问题的通知》（国税发〔2005〕173号）第一条的规定，“为了维持和增加房屋的使用功能或使房屋满足设计要求，凡以房屋为载体，不可随意移动的附属设备和配套设施，如给排水、采暖、消防、中央空调、电气及智能化楼宇设备等，无论在会计核算中是否单独记账与核算，都应计入房产原值，计征房产税。”

《财政部 税务总局关于房产税和车船使用税几个业务问题的解释与规定》（财税地字〔1987〕3号）第一条规定，“‘房产’是以房屋形态表现的财产。房屋是指有屋面和围护结构（有墙或两边有柱），能够遮风避雨，可供人们在其中生产、工作、学习、娱乐、居住或储藏物资的场所。独立于房屋之外的建筑物，如围墙、烟囱、水塔、变电塔、油池油柜、酒窖菜窖、酒精池、糖蜜池、室外游泳池、玻璃暖房、砖瓦石灰窑以及各种油气罐等，不属于房产。”

根据上述规定，若企业配置的是以房屋为载体、不可以随意移动的消防设施，属于应缴纳房产税的配套设施，应纳入房产原值缴纳房产税；如果是可以随意移动的灭火器材，则不需要缴纳房产税。仓库外的围墙及道路不属于房产，不需要缴纳房产税。

445. 将自有房产的外墙面出租是否按租金收入缴纳房产税

某供电企业2020年9月将其一幢自有房产的外墙面出租，请问是否需要按租金收入缴纳房产税？

答：根据《财政部 国家税务总局关于房产税和车船使用税几个业务问题的解释与规定》（财税地字〔1987〕第3号）第一条规定，“‘房产’是以房屋形态表现的财产。房屋是指有屋面和围护结构（有墙或两边有柱），能够遮风避雨，可供人们在其中生产、工作、学习、娱乐、居住或储藏物资的场所。独立于房屋之外的建筑物，如围墙、烟囱、水塔、变电塔、油池油柜、酒窖菜窖、酒精池、糖蜜池、室外游泳池、玻璃暖房、砖瓦石灰窑以及各种油气罐等，不属于房产。”

根据上述规定，自有房产的外墙面出租不属于房产出租，不需要按照租金收入缴纳房产税。

446. 公司缴纳的房产税列入营业外支出应如何调整

某电网企业2020年将一栋写字楼对外出租，但会计在做账的时候将所交的房产税列入了营业外支出，请问公司在纳税调整中是否全部调增，具体列入哪一项？

答：根据《中华人民共和国房产税暂行条例》（国发〔1986〕90号）第二条规定，"房产税由产权所有人缴纳。产权属于全民所有的，由经营管理的单位缴纳。产权出典的，由承典人缴纳。产权所有人、承典人不在房产所在地的，或者产权未确定及租典纠纷未解决的，由房产代管人或者使用人缴纳。"

根据《财政部关于印发〈增值税会计处理规定〉的通知》（财会〔2016〕22号）规定，"'税金及附加'科目核算企业经营活动发生的消费税、城市维护建设税、资源税、教育费附加及房产税、土地使用税、车船使用税、印花税等相关税费。按照企业所得税法的规定，企业实际发生的与取得收入有关的、合理的支出，包括成本、费用、税金、损失和其他支出，准予在计算应纳税所得额时扣除。"

根据以上规定，建议公司仅做会计调整，将列入营业外支出的房产税计入"税金及附加"科目，按规定在企业所得税税前扣除。

447. 用彩钢网搭建用于存放物资的货棚是否需要缴纳房产税

某电力工程安装企业2020年5月由于施工需要，用彩钢网搭建了一个用于存放物资的货棚，请问该货棚是否需要缴纳房产税？

答：根据《财政部 税务总局关于房产税和车船使用税几个业务问题的解释与规定》（财税地字〔1987〕3号）第一条的规定，"'房产'是以房屋形态表现的财产。房屋是指有屋面和围护结构（有墙或两边有柱），能够遮风避雨，可供人们在其中生产、工作、学习、娱乐、居住或储藏物资的场所。"

根据《财政部 国家税务总局检发〈关于房产税若干具体问题的解释和暂行法规〉、〈关于车船使用税若干具体问题的解释和暂行法规〉的通知》（财税地字〔1986〕第8号）第二十一条规定，"凡是在基建工地为基建工地服务的各种工棚、材料棚、休息棚和办公室、食堂、茶炉房、汽车房等临时性房屋，不论是施工企业自行建造还是由基建单位出资建造交施工企业使用的，在施工期间，一律免征房产税。但是，如果在基建工程结束以后，施工企业将这种临时性房屋交还或者估价转让给基建单位的，应当从基建单位接收的次月起，依照规定征收房产税。”

根据上述规定，企业用彩钢网搭建的货棚符合文件规定的房产定义，需要缴纳房产税，但如果是在基建工地搭建的用于基建服务的临时性房屋，在施工期间可以免征房产税。

448. 企业内部的体育场占地能否适用房产税和城镇土地使用税的减免

某电网企业 2020 年 7 月新建一大型体育场馆，并由企业拥有并运营管理，请问企业内部的体育场占地能否适用房产税和城镇土地使用税的减免?

答：根据《财政部 国家税务总局关于体育场馆房产税和城镇土地使用税政策的通知》（财税〔2015〕130 号）第三条规定，“企业拥有并运营管理的大型体育场馆，其用于体育活动的房产、土地，减半征收房产税和城镇土地使用税。”

根据上述规定，企业新建该体育场馆中用于体育活动的房产、土地，减半征收房产税和城镇土地使用税。

449. 房产因意外拆除是否终止缴纳房产税

某供电企业位于郊区的一座仓库因突发火灾毁损严重，公司决定于 2020 年 11 月将其拆除，请问该仓库的房产税纳税义务终止时间是什么时候?

答：根据《财政部 国家税务总局关于房产税 城镇土地使用税有关问题的通知》（财税〔2008〕152 号）第三条规定，“纳税人因房产、土地的实物或权利状态发生变化而依法终止房产税、城镇土地使用税纳税义务的，其应纳税款的计算应截止到房产、土地的实物或权利状态发生变化的当月末。”

根据上述规定，公司的仓库、厂房于 2020 年 11 月拆除，房产税纳税义务终止时间是到 11 月末。

第五章　印花税

450. 未实际执行的合同涉税处理

某供电企业2020年1月签订一份合同，合同的金额为300万元，公司一次贴足印花。该合同因特殊原因未执行或执行较少，可以申请退税吗?

答：根据《中华人民共和国印花税暂行条例施行细则》（财税字〔1988〕255号）第二十四条规定，“凡多贴印花税票者，不得申请退税或者抵用。”

根据《国家税务总局关于印花税若干具体问题的规定》（国税地字〔1988〕25号）第七条规定，“依照印花税暂行条例法规，合同签订时即应贴花，履行完税手续。因此，不论合同是否兑现或能否按期兑现，都一律按照法规贴花。”

根据上述规定，不论合同是否兑现或能否按期兑现，企业都一律按照法规贴花；若合同未执行或执行较少，均不可申请退税。

451. 能否退还错缴多缴的印花税

某供电企业在2020年对一份加工承揽合同开展印花税申报的时候，将合同金额50万元错输入为500万元，导致多缴印花税2250元，请问能否到税务机关申请印花税退税?

答：根据《中华人民共和国印花税暂行条例》（中华人民共和国国务院令第11号）第五条规定，“印花税实行由纳税人根据规定自行计算应纳税额，购买并一次贴足印花税票（以下简称贴花）的缴纳办法。为简化贴花手续，应纳税额较大或者贴花次数频繁的，纳税人可向税务机关提出申请，采取以缴款书代替贴花或者按期汇总缴纳的办法。”

根据《中华人民共和国印花税暂行条例施行细则》（财税字〔1988〕255号）第二十一条规定，“一份凭证应纳税额超过五百元的，应当由纳税人向经管税务机关申请填写缴款书或者完税证代替贴花。第二十四条规定，凡多贴印花税票者，不得申请退税或者抵用。”

根据上述规定，印花税暂行条例施行细则第二十四条指采用贴花缴纳印花税的情况，本例采用缴款书缴纳印花税，不适用第二十四条规定，因此案例中多交的2250元可以与税务局协商办理退税。

452. 核定征收印花税的处理

某供电企业按照经法系统导出的合同分类别计提印花税，该方法工作量大且容易遗漏或错报，请问能否按照营业收入的合理比例核定征收?

答：根据《国家税务总局关于进一步加强印花税征收管理有关问题的通知》（国税函〔2004〕150号）第四条规定，“为加强印花税征收管理，纳税人有下列情形的，地方税务机关可以核定纳税人印花税计税依据（一）未按规定建立印花税应税凭证登记簿，或未如实登记和完整保存应税凭证的；（二）拒不提供应税凭证或不如实提供应税凭证致使计税依据明显偏低的；（三）采用按期汇总缴纳办法的，未按地方税务机关规定的期限报送汇总缴纳印花税情况报告，经地方税务机关责令限期报告，逾期仍不报告的或者地方税务机关在检查中发现纳税人有未按规定汇总缴纳印花税情况的。”

根据上述规定，公司按规定建立印花税应税凭证登记簿，做好印花税计征台账工作，若有以上情形，地方税务机关可以核定纳税人印花税计税依据。

453. 计税金额不明的技术合同的涉税处理

某供电公司2020年1月与其供应商签署了一份物资采购框架合同，合同中无具体约定相关金额，等到年底时统一结算，请问如何缴纳印花税?

答：根据《中华人民共和国印花税暂行条例》（中华人民共和国国务院令第11号）第二条规定，“下列凭证为应纳税凭证：1. 购销、加工承揽、建设工程承包、财产租赁、货物运输、仓储保管、借款、财产保险、技术合同或者具有合同性质的凭证；2. 产权转移书据；3. 营业账簿；4. 权利、许可证照；5. 经财政部确定征税的其他凭证。”

根据《中华人民共和国印花税暂行条例施行细则》（财税字〔1988〕255号）第十条规定，“印花税只对税目税率表中列举的凭证和经财政部确定征税的其他凭证征税。”

根据《国家税务总局关于印花税若干具体问题的规定》（国税地字〔1988〕25 号）第四条规定，“有些合同在签订时无法确定计税金额，如技术转让合同中的转让收入，是按销售收入的一定比例收取或是按实现利润分成的；财产租赁合同，只是规定了月（天）租金标准而却无租赁期限的。对这类合同，可在签订时先按定额 5 元贴花，以后结算时再按实际金额计税，补贴印花。”

根据上述规定，各类凭证不论以何种形式或名称书立，只要其性质属于条例中列举征税范围内的凭证，均应照章征税。如果无法确定计税金额的，可参照国税地字〔1988〕25 号第四条规定，在签订时先按定额 5 元贴花，结算时按实际金额计税，补贴印花。

454. 印花税的计税依据是否包含增值税

财税〔2016〕43 号文件对营改增后的契税、房产税、土地增值税、个人所得税的计税依据作出了规定，请问，营改增后合同印花税的计税依据是否包含增值税？合同中价税分开的与价税在一起的如何计算印花税？

答：根据国家税务总局 2016 年 4 月 25 日视频会议有关政策口径（委托代征组发言材料）第四点关于印花税计税依据问题的解释如下，“这次两部委下发的《通知》［即《财政部国家税务总局关于营改增后契税房产税土地增值税个人所得税计税依据问题的通知》（财税〔2016〕43 号）］中没有提到印花税计税依据问题。主要是营改增之前，这一问题就已明确，没有变化。各地执行口径仍按照印花税条例规定，依据合同所载金额确定计税依据。合同中所载金额和增值税分开注明的，按不含增值税的合同金额确定计税依据，未分开注明的，以合同所载金额为计税依据。”

根据上述解释，印花税的计税依据是合同所载金额。如果合同记载的金额是含税价，则按照含税价格计算印花税。如果合同记载的金额是价税分离的，那么就按照不含增值税金额确定计税依据。

455. 组织员工外出旅游签订的旅游合同是否需要缴纳印花税

某供电企业准备2020年10月国庆期间组织员工外出旅游，请问和旅行社签订的旅游合同是否需要缴纳印花税？

答：根据《中华人民共和国印花税暂行条例》（中华人民共和国国务院令第11号）第二条规定，“下列凭证为应纳税凭证：1. 购销、加工承揽、建设工程承包、财产租赁、货物运输、仓储保管、借款、财产保险、技术合同或者具有合同性质的凭证；2. 产权转移书据；3. 营业账簿；4. 权利、许可证照；5. 经财政部确定征税的其他凭证。”根据《中华人民共和国印花税暂行条例施行细则》（财税字〔1988〕255号）第十条规定：“印花税只对税目税率表中列举的凭证和经财政部确定征税的其他凭证征税。”

根据上述规定，旅游合同不在条例所列举凭证的范畴之列，企业和旅行社签订的旅游合同不需要缴纳印花税。

456. 开展融资租赁业务签订融资租赁合同如何缴纳印花税

某电网企业2020年6月开展融资租赁业务，请问其签订的融资租赁合同如何缴纳印花税？

答：根据《财政部 国家税务总局关于融资租赁合同有关印花税政策的通知》（财税〔2015〕144号）第一条规定，“对开展融资租赁业务签订的融资租赁合同（含融资性售后回租），统一按照其所载明的租金总额依照‘借款合同’税目，按万分之零点五的税率计税贴花。第二条规定：在融资性售后回租业务中，对承租人、出租人因出售租赁资产及购回租赁资产所签订的合同，不征收印花税。”

根据上述规定，企业开展融资租赁业务签订的合同应按照租金总额，依照借款合同按万分之零点五的税率计税贴花。

457. 框架合同的购销行为如何缴纳印花税

某电网企业2020年1月与某火电供电企业签订了一份购电合同，合同中只约定了相关购电单价（含税），未约定总价。该合同应如何缴纳印花税？

答：根据《国家税务总局关于印花税若干具体问题的规定》（国税地字〔1988〕25号）第四条规定，“有些合同在签订时无法确定计税金额，如技术转让合同中的转让收入，是按销售收入的一定比例收取或是按实现利润分成的；财产租赁合同，只是规定了月（天）租金标准却无租赁期限的。对这类合同，可在签订时先按定额5元贴花，以后结算时再按实际金额计税，补贴印花。”

根据上述规定，企业可以先按5元贴花，以后结算时再按实际金额计税，补贴印花。

458. 监理合同是否按技术咨询合同缴纳印花税

某电网企业2020年与某家工程咨询公司签订了工程监理合同，该合同是否按技术咨询合同缴纳印花税？

答：根据《国家税务局关于对技术合同征收印花税问题的通知》（国税地字〔1989〕第34号）第二条规定，“技术咨询合同是当事人就有关项目的分析、论证、评价、预测和调查订立的技术合同。有关项目包括：1. 有关科学技术与经济、社会协调发展的软科学研究项目；2. 促进科技进步和管理现代化，提高经济效益和社会效益的技术项目；3. 其他专业项目。”

而建设工程监理是指具有相关资质的监理单位受建设单位（项目法人）的委托，依据国家批准的工程项目建设文件等相关规定，代替建设单位对承建单位的工程建设实施监控的一种专业化服务活动。

根据上述规定，监理合同并不属于“技术合同”税目中的技术咨询合同，也不属于印花税暂行条例中列举的征税范围，不缴纳印花税。

459. 审计、法律、税务合同是否缴纳印花税

某电网企业2020年发生税务咨询费用2万元，审计费用5万元，法律顾问费用10万元，并分别签订了相关合同，请问上述审计、法律、税务合同是否需要缴纳印花税？

答：根据《国家税务局关于对技术合同征收印花税问题的通知》（国税地

字〔1989〕第34号）第二条规定，“关于技术咨询合同的征税范围问题。技术咨询合同是当事人就有关项目的分析、论证、评价、预测和调查订立的技术合同。有关项目包括：1. 有关科学技术与经济、社会协调发展的软科学研究项目；2. 促进科技进步和管理现代化，提高经济效益和社会效益的技术项目；3. 其他专业项目。对属于这些内容的合同，均应按照‘技术合同’税目的规定计税贴花。至于一般的法律、法规、会计、审计等方面的咨询不属于技术咨询，其所立合同不贴印花。”

根据上述规定，企业签订的审计、法律、税务合同合同不需要缴纳印花税。

460. 签订租赁合同代收物业管理费是否合并缴纳印花税

某供电企业2020年将其办公楼10层出租，签订的租赁合同上分别记载租金金额和物业管理费金额，并注明物业管理费是代物业管理公司收取，请问物业管理费是否需要合并到租赁费中一起缴纳印花税?

答：根据《中华人民共和国印花税暂行条例施行细则》（财税字〔1988〕255号）第十条规定，“印花税只对税目税率表中列举的凭证和经财政部确定征税的其他凭证征税。”第十七条规定，“同一凭证，因载有两个或者两个以上经济事项而适用不同税目税率，如分别记载金额的，应分别计算应纳税额，相加后按合计税额贴花；如未分别记载金额的，按税率高的计税贴花。”

根据上述规定，因企业签订的租赁合同应当分别记载租金金额和物业管理费金额。由于物业管理费不属于印花税税目税率表中列举项目，不缴纳印花税，该企业所签合同应只对房屋租金部分，按财产租赁合同上记载租赁金额的1‰贴花。

461. 从关联方取得借款签订借款合同是否需要缴纳印花税

某电网企业2020年1月从关联方取得借款，请问该关联方借款签订的借款合同是否需要缴纳印花税?

答：根据《中华人民共和国印花税暂行条例》（中华人民共和国国务院令第11号）附件中第八条规定，“借款合同是指银行及其他金融组织和借款人（不包括银行同业拆借）所签订的借款合同，并按借款金额的万分之零点五贴花。”

根据上述规定，企业与银行或其他金融机构签订的借款合同需要缴纳印花税，企业间借款不需要缴纳印花税。

462. 统借统还合同是否需要缴纳印花税

某电网公司与分公司签订统借统还合同，2020 年 1 月 18 日，电力公司向银行借款 8000 万元，当日将其中的 3000 万元以统借统还的形式借给分公司，请问该统借统还合同是否需要缴纳印花税？

答：根据《中华人民共和国印花税暂行条例》（中华人民共和国国务院令第 11 号）第二条规定，“下列凭证为应纳税凭证：1. 购销、加工承揽、建设工程承包、财产租赁、货物运输、仓储保管、借款、财产保险、技术合同或者具有合同性质的凭证；2. 产权转移书据；3. 营业账簿；4. 权利、许可证照；5. 经财政部确定征税的其他凭证。”

根据《暂行条例》附件印花税税目税率表，借款合同是指银行及其他金融组织和借款人（不包括银行同业拆借）所签订的借款合同。

根据《中华人民共和国印花税暂行条例施行细则》（财税字〔1988〕255 号）第十条规定，“印花税只对税目税率表中列举的凭证和经财政部确定征税的其他凭证征税。”

根据上述规定，金融组织与统借方签订的借款合同需要缴纳印花税，统借方与资金使用方（各分公司）签订的统借统还合同不属于印花税暂行条例中列举的征税范围，不缴纳印花税。

463. 委托贷款合同是否需要缴纳印花税

某电网企业与某银行签订委托贷款合同，委托该银行将某笔款项贷给合同注明的某集体企业，该银行不承担确保款项安全的责任，只收取一定手续费，然后由该银行与集体企业签订委托贷款合同。委托贷款合同需要缴纳印花税吗？

答：根据《中华人民共和国印花税暂行条例》（中华人民共和国国务院令第 11 号）第二条规定，“下列凭证为应纳税凭证：1. 购销、加工承揽、建设工程承包、财产租赁、货物运输、仓储保管、借款、财产保险、技术合同或者具有合同性质的凭证；2. 产权转移书据；3. 营业账簿；4. 权利、许可证照；5. 经财政部确定征税的其他凭证。”

根据《暂行条例》附件印花税税目税率表，借款合同是指银行及其他金融组织和借款人（不包括银行同业拆借）所签订的借款合同。

根据《中华人民共和国印花税暂行条例施行细则》（财税字〔1988〕255号）第十条规定，“印花税只对税目税率表中列举的凭证和经财政部确定征税的其他凭证征税。”

根据上述规定，供电企业与金融部门签订的委托借款协议，以及供电企业与非金融企业签订的借款协议，均不属于《印花税暂行条例》所列举的征税合同，不征收印花税。

464. 签订合同后因故未履行是否可以免予贴花

某供电企业2020年5月因工程施工与林某签订房屋租赁合同，后因故未履行，请问是否可以免予贴花？

答：根据《中华人民共和国印花税暂行条例》（中华人民共和国国务院令第11号）第七条规定，“应纳税凭证应当于书立或者领受时贴花。”

根据《中华人民共和国印花税暂行条例施行细则》（财税字〔1988〕255号）第十四条规定，“条例第七条所说的书立或者领受时贴花，是指在合同签订时、书据立据时、账簿启用时和证照领受时贴花。如果合同在国外签订的，应在国内使用时贴花。”

根据《国家税务总局关于印花税若干具体问题的规定》（国税地字〔1988〕25号）第七条规定，“依照印花税暂行条例法规，合同签订时即应贴花，履行完税手续。不论合同是否兑现或能否按期兑现，都一律按照法规贴花。”

根据上述规定，企业应于合同订立时予以贴花，即使合同未履行也不可以免予贴花。

465. 线路检修合同应按什么税目缴纳印花税

某供电企业与集体企业签订了2020年的线路检修合同，请问该合同应按什么税目缴纳印花税?

答:根据《中华人民共和国印花税暂行条例》(中华人民共和国国务院令第 11 号)附件印花税税目税率表的规定,"加工承揽合同包括加工、定作、修缮、修理、印刷、广告、测绘、测试等合同,由立合同人按加工或承揽收入万分之五贴花。"

根据上述规定,线路检修合同应按加工承揽合同缴纳印花税。

466. 境外签订的建设工程承包合同是否需要缴纳印花税

某电网公司 2020 年 3 月开展境外业务,并在境外与对方签订了建设工程承包合同,请问企业在中国境外签订的建设工程承包合同是否需要缴纳印花税?

答:根据《中华人民共和国印花税暂行条例》(中华人民共和国国务院令第 11 号)第七条规定,"纳税凭证应当于书立或者领受时贴花。"

根据《中华人民共和国印花税暂行条例施行细则》(财税字〔1988〕255 号)第十四条规定,"书立或者领受时贴花,是指在合同的签订时、书据的立据时、账簿的启用时和证照的领受时贴花。如果合同在国外签订的,应在国内使用时贴花。"

根据上述规定,建设工程承包合同(包括总包合同、分包合同和转包合同)属于印花税应纳税凭证。对于签订人在中国境外签订的建设工程承包合同不征收印花税,将合同带入境内使用时则需要按规定缴纳印花税。

467. 三方合同应当如何贴花

某电网公司 2019 年 8 月与另外两家 B、C 公司签订一份三方合同,合同约定由 B 公司向 C 公司提供机器设备和技术资料,由电网公司向 C 公司提供该设备后续的技术服务。请问电网公司能否只就提供技术服务的部分贴花?

答:根据《中华人民共和国印花税暂行条例》(中华人民共和国国务院令第 11 号)第二条规定,"下列凭证为应纳税凭证:1. 购销、加工承揽、建设工程承包、财产租赁、货物运输、仓储保管、借款、财产保险、技术合同或者具有合同性质的凭证;2. 产权转移书据;3. 营业账簿;4. 权利、许可证照；5. 经财政部确定征税的其他凭证。”第八条规定，“同一凭证，由两方或者两方以上当事人签订并各执一份的，应当由各方就所执的一份各自全额贴花。”

根据上述规定，B公司只就机器设备部分贴花，电网公司只就提供技术服务部分贴花，C公司需两项合计贴花。

468. 一般纳税人能否享受小微企业借款合同印花税优惠

某电力技术企业是增值税一般纳税人，2020年符合小微企业标准，与银行签订借款合同1000万元，请问能否也享受签订的借款合同免征印花税优惠？

答：根据《财政部 税务总局关于支持小微企业融资有关税收政策的通知》（财税〔2017〕77号）第二条规定，“自2020年1月1日至2020年12月31日，对金融机构与小型企业、微型企业签订的借款合同免征印花税。”

根据上述规定，只要企业符合《中小企业划型标准规定》（工信部联企业〔2011〕300号）的小型企业和微型企业标准，不管是小规模还是一般纳税人，都能享受该税收优惠。因此，企业跟银行签订的借款合同可以享受免征印花税优惠。

469. 财产保险合同适用的印花税率

某供电企业2020年3月与英大泰和财产保险股份有限公司签订了一份价值600万元的财产保险合同，请问公司是否需要缴纳印花税？财产保险合同适用的印花税率是多少？

答：根据《国家税务局地方税管理司关于改变保险合同计税依据适用范围的批复》（国税地函发〔1990〕20号）规定，“《关于改变保险合同印花税计税办法的通知》（国税函发〔1990〕428号）中第一条‘对印花税暂行条例中列举征税的各类保险合同，其计税依据由投保金额改为保险费收入。’是指保险合同的应税金额由按投保方的‘投保金额’计算改为按承保方的‘保险费收入’计算，并不改变其纳税人和缴纳方法。”

根据《中华人民共和国印花税暂行条例》（中华人民共和国国务院令第

11号）附件规定，“财产保险合同印花税征税范围包括财产、责任、保证、信用等保险合同。立合同人按保险费收入千分之一贴花。单据作为合同使用的，按合同贴花。”

根据上述规定，签订保险合同的投保方和承保方对各自所持的保险合同，均应按其保险费金额计税贴花。因此，公司应按保险费收入金额的千分之一贴花。

470. 企业接受委托加工产品且提供原材料如何缴纳印花税

某电力设备制造企业是一家电力设备生产企业，2020年2月公司接受委托加工一批设备，但原材料由电力设备制造企业自己提供，合同记载的加工费金额和原材料金额合计150万元，请问印花税如何缴纳？

答：根据《国家税务局关于印花税若干具体问题的规定》（国税地字〔1988〕25号）第一条规定，“由受托方提供原材料的加工、定作合同，凡在合同中分别记载加工费金额与原材料金额的，应分别按‘加工承揽合同’、‘购销合同’计税，两项税额相加数，即为合同应贴印花；合同中不划分加工费金额与原材料金额的，应按全部金额，依照‘加工承揽合同’计税贴花。”

根据上述规定，合同未分别记载加工费金额与原材料金额的，应按全部金额，依照“加工承揽合同”计税贴花。

471. 企业应如何建立《印花税应纳税凭证登记簿》

某供电企业在2020年税务自查中发现公司部分印花税计算错误，特别是未标明合同金额的印花税在确定金额后没有补交印花税，且公司没有建立印花税登记簿，请问企业应如何建立《印花税应纳税凭证登记簿》，该登记簿应包括哪些内容？

答：根据《关于发布〈印花税管理规程（试行）〉的公告》（国家税务总局公告2016年第77号）第二章第五条规定，“纳税人应当如实提供、妥善保存印花税应纳税凭证（以下简称‘应纳税凭证’）等有关纳税资料，统一设置、登记和保管《印花税应纳税凭证登记簿》（以下简称《登记簿》），及时、准确、完整记录应纳税凭证的书立、领受情况。《登记簿》的内容包括：应纳税凭证种类、应纳税凭证编号、凭证书立各方（或领受人）名称、书立（领受）时间、应纳税凭证金额、件数等。”

根据上述规定，企业应按照以上规定设立印花税登记簿。

472. 股东认缴出资应于何时缴纳印花税

某电网企业是一家2020年刚刚成立的公司，在公司设立过程中，2020年A股东认缴出资2亿元，B股东认缴出资1亿元，C股东认缴出资1亿元，请问股东认缴出资应于何时缴纳印花税？

答：根据《中华人民共和国印花税暂行条例施行细则》（财税字〔1988〕255号）第七条规定，“税目税率表中的记载资金的账簿，是指载有固定资产原值和自有流动资金的总分类账簿，或者专门设置的记载固定资产原值和自有流动资金的账簿。其他账簿，是指除上述账簿以外的账簿，包括日记账簿和各明细分类账簿。”

根据《国家税务总局关于资金帐簿印花税问题的通知》（国税发〔1994〕25号）第一条规定，“生产经营单位执行‘两则’后，记载资金的帐簿的印花税计税依据为实收资本与资本公积两项的合计金额。”

根据《企业会计制度》的规定，“企业的实收资本是指投资者按照企业章程，或合同、协议的约定，实际投入企业的资本，尚未实际缴付时，企业会计处理并不确认实收资本或资本资金，因此计税依据也为零。待投资人实际投入资本时，企业再行作会计处理、缴纳印花税并贴花。”

根据上述规定，印花税税目“记载资金的账簿”的课税对象是账簿记载的资本金数额，投资人认缴资本尚未实际缴付时，企业账簿并无资金记载，因此暂不缴纳印花税。另外，印花税具有行为税的性质，因此企业对实收资本或资本公积作会计处理时，需严格按照会计准则规定执行，否则若存在会计差错作错误更正冲减的，一方面已经缴纳印花税的不予退税，另一方面尚未缴纳的也存在很大的补缴印花税风险。

473. 股东撤资后再增资如何缴纳印花税

某电网企业是一家2018年刚刚成立的公司，在公司设立过程中，2019年某股东出资 2 亿元，公司按照万分之五缴纳了印花税。2020 年 5 月该股东放弃投资，从公司撤出全部投资 2 亿元，并由另一位投资人重新出资，请问对于股东第二次出资行为公司是否需缴纳印花税?

答：根据《国家税务总局关于资金帐簿印花税问题的通知》（国税发〔1994〕25 号）规定，记载资金的帐簿的印花税计税依据改为实收资本与资本公积两项的合计金额。

根据《中华人民共和国印花税暂行条例施行细则》（财税字〔1988〕255 号）第八条规定，“记载资金的账簿按固定资产原值和自有流动资金总额贴花后，以后年度资金总额比已贴花资金总额增加的，增加部分应按规定贴花。”第二十四条规定，“凡多贴印花税票者，不得申请退税或者抵用”

根据上述规定，印花税的课税对象为“记载资金的账簿”，企业按照 2 亿元的计税依据贴花后，已贴花金额即为 2 亿元，即意味着该账簿的最大金额为 2 亿元，在该限额范围内有增减变化的，均不再重复贴花。若后续出资继续增加超过 2 亿元的，需补充贴花缴纳印花税，撤回投资的，已缴印花税不予退还。因此，企业第二次出资行为中，企业实收资本和资本公积的合计金额虽然增加了 2 亿元，但不需要缴纳印花税。对于第一次出资再撤资的，已缴印花税也不予退还。

474. 记载资金的营业账簿变动的涉税处理

某电网企业记载资金的营业账簿，以“实收资本”和“资本公积”的两项合计金额为计税依据。如上述科目 2019 年期初余额为 1000 万元，均已经计税贴花，2019 年发生资产上划出 200 万元，2019 年期末余额为 800 万元。2020 年由于其他原因导致上述两个科目增加 500 万元。请问 2020 年是按照 500 万元计提印花税，还是按照 300 万元计提印花税?

答：根据《国家税务总局关于资金账簿印花税问题的通知》（国税发〔1994〕25 号）第二条的规定，“企业执行‘两则’启用新账簿后，其‘实收资本’和‘资本公积’两项的合计金额大于原已贴花资金的，就增加的部分补贴印花。”

根据上述规定，企业 2020 年合计金额 1300 万元，2019 年原已贴花金额为 1000 万元，因此只要就增加的 300 万元计提贴花即可。

第六章　城镇土地使用税

475. 取得土地使用证前如何确定城镇土地使用税的占地面积

某供电企业 2020 年 3 月取得一块土地用于建造营业大厅，目前还未取得土地使用证，请问在计算申报城镇土地使用税时该如何确定占地面积?

答：根据《中华人民共和国城镇土地使用税暂行条例》（中华人民共和国国务院令第 17 号）第三条规定，“土地使用税以纳税人实际占用的土地面积为计税依据，依照法规税额计算征收。前款土地占用面积的组织测量工作，由省、自治区、直辖市人民政府根据实际情况确定。”

根据《关于土地使用税若干具体问题的解释和暂行规定》（国税地字〔1988〕第 15 号）第六条规定，“纳税人实际占用的土地面积，是指由省、自治区、直辖市人民政府确定的单位组织测定的土地面积。尚未组织测量，但纳税人持有政府部门核发的土地使用证书的，以证书确认的土地面积为准；尚未核发土地使用证书的，应由纳税人据实申报土地面积。”

根据上述规定，企业在取得土地使用证前应按照据实申报的土地面积计算缴纳城镇土地使用税，待取得土地使用证后再作调整。

476. 合同未约定交付时间应如何申报缴纳土地使用税

某电力实业企业 2020 年 9 月通过招拍挂取得一处土地，合同未约定交付时间，请问应何时申报缴纳土地使用税?

答：根据《财政部 国家税务总局关于房产税、城镇土地使用税有关政策的通知》（财税〔2006〕186 号）规定，“二、关于有偿取得土地使用权城镇土地使用税纳税义务发生时间问题。以出让或转让方式有偿取得土地使用权的，应由受让方从合同约定交付土地时间的次月起缴纳城镇土地使用税；合同未约定交付土地时间的，由受让方从合同签订的次月起缴纳城镇土地使用税。”

根据上述规定，企业应在合同签订的次月，即2020年10月起缴纳城镇土地使用税。

477. 闲置土地是否需要缴纳城镇土地使用税

某电力实业企业2020年8月购买一块土地准备新建房屋用于生产经营，土地已经交付但实际未使用，目前闲置的该块土地是否需要缴纳城镇土地使用税?

答：根据《财政部 国家税务总局关于房产税、城镇土地使用税有关政策的通知》（财税〔2006〕186号）的规定，“以出让或转让方式有偿取得土地使用权的，应由受让方从合同约定交付土地时间的次月起缴纳城镇土地使用税；合同未约定交付土地时间的，由受让方从合同签订的次月起缴纳城镇土地使用税。”

根据上述规定，该土地应当正常缴纳城镇土地使用税。

478. 没有产权证的地下车位是否需要缴纳城镇土地使用税

某电力实业企业2020年8月新建一个独立地下仓库，但没有取得产权证，请问是否需要缴纳城镇土地使用税?

答：根据《财政部 国家税务总局关于房产税、城镇土地使用税有关问题的通知》（财税〔2009〕128号）第四条规定，“对在城镇土地使用税征税范围内单独建造的地下建筑用地，按规定征收城镇土地使用税。其中，已取得地下土地使用权证的，按土地使用权证确认的土地面积计算应征税款；未取得地下土地使用权证或地下土地使用权证上未标明土地面积的，按地下建筑垂直投影面积计算应征税款。对上述地下建筑用地暂按应征税款的50%征收城镇土地使用税。”

根据上述规定，该独立地下仓库未取得产权证，应按地下建筑垂直投影面积计算缴纳城镇土地使用税，并可享受减半征收的优惠。

479. 无偿使用政府部门的土地是否需要缴纳城镇土地使用税

2020年初，政府部门将一块闲置土地无偿提供给某供电公司使用，请问企业是否需要计算缴纳该块土地的城镇土地使用税？

答：根据《国家税务局关于印发〈关于土地使用税若干具体问题的补充规定〉的通知》（国税地字〔1989〕140号）第一条规定，“对免税单位无偿使用纳税单位的土地（如公安、海关等单位使用铁路、民航等单位的土地），免征土地使用税；对纳税单位无偿使用免税单位的土地，纳税单位应照章缴纳土地使用税。”

根据上述规定，企业无偿使用政府部门的土地需要缴纳城镇土地使用税。

第七章　车辆购置税和车船税

480. 外国长期来华定居专家购买自用小汽车申请办理免征车辆购置税需提交哪些资料

某电力实业企业 2020 年聘请了一位外国技术专家，期间一直居住在中国，2020 年 2 月该专家进口了自用小汽车一辆，请问申请办理免征车辆购置税需提交哪些资料？

答：根据《国家税务总局关于长期来华定居专家免征车辆购置税有关问题的公告》（国家税务总局公告 2018 年第 2 号）规定，“长期来华定居专家进口 1 辆自用小汽车免征车辆购置税。在办理进口自用小汽车免税手续时，除了按《车辆购置税征收管理办法》（国家税务总局令第 33 号公布，第 38 号修改）规定提供申报资料外，还应当提供国家外国专家局或者其授权单位核发的专家证。‘国家外国专家局或者其授权单位核发的专家证’是指国家外国专家局或者其授权单位，在 2017 年 3 月 31 日以前，核发的专家证，或者在青岛等试点地区核发的相关证件；在 2017 年 4 月 1 日以后，国家外国专家局或者其授权单位核发的 A 类和 B 类《外国人工作许可证》。”

根据上述规定，该专家进口 1 辆自用小汽车，在办理车辆购置税免（减）税手续时，除应如实填写纳税申报表和“车辆购置税免（减）税申报表”，提供纳税人身份证明、车辆价格证明、车辆合格证明及税务机关要求提供的其他资料，同时还应提供 A 类或 B 类“外国人工作许可证”。

481. 新能源汽车享受免征车辆购置税优惠的条件

某供电企业准备于 2020 年 4 月购买一辆新能源汽车接送职工上下班，请问是否可享受免征车辆购置税优惠？

答：根据《财政部 税务总局 工业和信息化部 科技部关于免征新能源汽车车辆购置税的公告》（财政部公告2017年第172号）规定，“一、自2018年1月1日至2020年12月31日，对购置的新能源汽车免征车辆购置税。

二、对免征车辆购置税的新能源汽车，通过发布《免征车辆购置税的新能源汽车车型目录》（以下简称《目录》）实施管理。2017年12月31日之前已列入《目录》的新能源汽车，对其免征车辆购置税政策继续有效。

三、2018年1月1日起列入《目录》的新能源汽车须同时符合以下条件：

（一）获得许可在中国境内销售的纯电动汽车、插电式（含增程式）混合动力汽车、燃料电池汽车。

（二）符合新能源汽车产品技术要求（附件1）。

（三）通过新能源汽车专项检测，达到新能源汽车产品专项检验标准（附件2）。

（四）新能源汽车生产企业或进口新能源汽车经销商（以下简称企业）在产品质量保证、产品一致性、售后服务、安全监测、动力电池回收利用等方面符合相关要求（附件3）。

财政部、税务总局、工业和信息化部、科技部根据新能源汽车标准体系发展、技术进步和车型变化等情况，适时调整列入《目录》的新能源汽车条件。”

根据上述规定，该企业2020年4月购买的新能源汽车符合免征车辆购置税的条件，可以享受车辆购置税优惠。

482. 购入免征车船税的新能源车辆如何办理减免税手续

某供电企业2020年11月购入一辆属于免征车船税范围的新能源车辆，请问该车辆车船税的减免税手续是直接在保险公司办理还是需要去税务机关办理并出具相关证明？

答：根据《国家税务总局 中国保险监督管理委员会关于机动车车船税代收代缴有关事项的公告》（国家税务总局 中国保险监督管理委员会公告2011年第75号）的规定，“在财政部、国家税务总局会同汽车行业主管部门公布了享受车船税优惠政策的节约能源、使用新能源的车型目录后，对纳入车型目录的机动车，保险机构销售交强险时，根据车型目录的规定免征或减征车船税。”

根据上述规定，企业可以直接在保险公司办理减免税手续，免征车船税。

483. 由保险公司代收代缴车船税是否应取得完税凭证

某供电企业因公需要于2020年8月购买了一辆小客车，保险公司代收代缴了车船税，没有开车船税完税凭证，而是只在增值税发票上面注明了车船税信息，这样可以吗?

答：根据《国家税务总局关于保险机构代收车船税开具增值税发票问题的公告》（国家税务总局公告2016第51号）规定，“保险机构作为车船税扣缴义务人，在代收车船税并开具增值税发票时，应在增值税发票备注栏中注明代收车船税税款信息。具体包括：保险单号、税款所属期（详细至月）、代收车船税金额、滞纳金金额、金额合计等。该增值税发票可作为纳税人缴纳车船税及滞纳金的会计核算原始凭证。”

根据上述规定，公司应以保险公司开具的增值税发票作为车船税会计核算原始凭证。

484. 已代收车船税的车辆是否还需要重新缴纳车船税

某供电企业因公需要于2020年10月在杭州购买了一辆轿车，已由购买地保险公司代收代缴了车船税，随后在温州进行了车辆登记，请问在车辆登记地是否还需要重新缴纳车船税?

答：根据《国家税务总局关于发布〈车船税管理规程（试行）〉的公告》（国家税务总局公告2015年第83号）第二十一条规定，“纳税人在车辆登记地之外购买机动车第三者责任强制保险，由保险机构代收代缴车船税的，凭注明已收税款信息的机动车第三者责任强制保险单或保费发票，车辆登记地的主管税务机关不再征收该纳税年度的车船税，已经征收的应予退还。”

根据上述规定，公司不需要在车辆登记地重新缴纳车船税。

485. 车辆购置税计税价格是否包含车辆装饰费

某供电企业2020年2月购置一辆2.0升的乘用小汽车，价值15万元，4S店强制要求购买2000元的车内装饰，该车内装饰费用是否应并入车量购置税计税价格?

答：根据《车辆购置税征收管理办法》（国家税务总局令第33号）第九条规定，“纳税人购买自用的应税车辆，计税价格为纳税人购买应税车辆而支付给销售者的全部价款和价外费用，不包含增值税税款。

第十条规定，价外费用是指销售方价外向购买方收取的基金、集资费、违约金（延期付款利息）和手续费、包装费、储存费、优质费、运输装卸费、保管费以及其他各种性质的价外收费，但不包括销售方代办保险等而向购买方收取的保险费，以及向购买方收取的代购买方缴纳的车辆购置税、车辆牌照费。”

根据上述规定，4S店收取的车辆装饰费应并入计税价格征收车辆购置税。

486. 购车返还车辆购置税的政策规定

某供电企业2020年8月购买了一辆公务用车，登记人手机收到一条短信说购车可以返还3%的车辆购置税，请问现在有这样的政策吗?

答：根据《国家税务总局关于修改〈车辆购置税征收管理办法〉的决定》（国家税务总局令第38号）第十五条规定，（一）车辆退回企业或者经销商的；（二）符合免税条件的没有固定装置的非运输车辆但已征税的；（三）其他依据法律法规规定应予退税的情形。”

根据上述规定，如果不属于以上情形的，购车已缴纳的车辆购置税是没有退税政策的。

487. 因质量原因被召回是否可以申请退还已缴纳的车船税

某供电企业2020年初购置一辆汽车，因汽车生产厂家质量原因，该款车型被经销商召回，但本年度车船税已经缴纳，请问纳税人是否可以申请退还已缴纳的车船税?

答：根据《国家税务总局关于车船税征管若干问题的公告》（国家税务总局公告2013年第42号）规定，“已经缴纳车船税的车船，因质量原因，车船被退回生产企业或者经销商的，纳税人可以向纳税所在地的主管税务机关申请退还自退货月份起至该纳税年度终了期间的税款。退货月份以退货发票所载日期的当月为准。”

根据上述规定，公司可申请退税。

488. 购买二手车辆是否需要再次缴纳车辆购置税

某供电公司2020年2月购买了一辆二手客车，用于作为接送职工上下班车，请问是否需要缴纳车辆购置税？是否需要重新办理车辆购置税免税？

答：根据《中华人民共和国车辆购置税暂行条例》（中华人民共和国国务院令第294号）第八条规定，“车辆购置税实行一次征收制度。购置已征车辆购置税的车辆，不再征收车辆购置税。”

根据《国家税务总局关于修改〈车辆购置税征收管理办法〉的决定》（国家税务总局令第38号）第二十四规定，“购买二手车时，购买者应当向原车索要完税证明。”

根据《车辆购置税征收管理办法》（国家税务总局令第33号）第六条规定，“免税车辆发生转让，但仍属于免税范围的，受让方应当自购买或取得车辆之日起60日内到主管税务机关重新申报免税。”

根据上述规定，企业购买已交纳车辆购置税的二手客车不需要再缴一次车辆购置税，但需要重新办理申报缴税或免税手续。

489. 缴纳车辆购置税时购车款低于最低计税价格的处理

某供电企业2020年6月购买了一辆公务小轿车，请问在缴纳车辆购置税时，要求计算税款的销售额比实际购车金额略大，是什么原因？

答：根据《中华人民共和国车辆购置税暂行条例》（中华人民共和国国务院令第294号）第七条规定，“国家税务总局参照应税车辆市场平均交易价格，规定不同类型应税车辆的最低计税价格。纳税人购买自用或者进口自用应税车辆，申报的计税价格低于同类型应税车辆的最低计税价格，又无正当理由的，按照最低计税价格征收车辆购置税。”

根据上述规定，如果购车款低于最低计税价格，需要按照最低计税价格计算征收车辆购置税。

490. 2021 年能否继续享受 1.6 升以下车购税的减征优惠

某供电企业 2021 年 1 月购买了一辆 1.6 升的乘用车，请问还能继续享受 1.6 升以下车购税的减征优惠吗?

答：根据《财政部 国家税务总局关于减征 1.6 升及以下排量乘用车车辆购置税的通知》(财税〔2016〕136 号) 第一条规定，“自 2017 年 1 月 1 日起至 12 月 31 日止，对购置 1.6 升及以下排量的乘用车减按 7.5% 的税率征收车辆购置税。自 2018 年 1 月 1 日起，恢复按 10% 的法定税率征收车辆购置税。”第三条规定：“乘用车购置日期按照《机动车销售统一发票》或《海关关税专用缴款书》等有效凭证的开具日期确定。”

根据上述规定，“机动车销售统一发票”或“海关关税专用缴款书”开票日期在 2017 年 12 月 31 日之前的纳税人，2018 年办理新车申报缴税可继续享受 1.6 升及以下排量的乘用车减按 7.5% 的税率征收车辆购置税的优惠政策(应当注意，按照现行《车辆购置税征收管理办法》规定，纳税人购买自用应税车辆的，应自购买之日起 60 日内申报纳税)。因此，公司 2021 年购买的该乘用车不能继续享受 1.6 升以下车购税的减征优惠。

491. 车辆因故被盗能否申请退回已缴纳的车船税

某供电企业 2021 年 3 月购置的一辆汽车因司机疏忽被盗，本年度车船税已经缴纳，请问能否申请退回已缴纳的车船税?

答：根据《中华人民共和国车船税法实施条例》(中华人民共和国国务院令第 611 号) 第十九条的规定，“在一个纳税年度内，已完税的车船被盗抢、报废、灭失的，纳税人可以凭有关管理机关出具的证明和完税凭证，向纳税所在地的主管税务机关申请退还自被盗抢、报废、灭失月份起至该纳税年度终了期间的税款。”

根据上述规定，纳税人被盗的车辆可以凭有关管理机关出具的证明和已缴车船税的完税凭证，向纳税所在地的主管税务机关申请退还自被盗月份起至本纳税年度终了期间的税款。

第八章　契　税

492. 政策性拆迁过程中资产置换的涉税处理

某供电企业 2021 年 3 月因企业政策性拆迁被征用一处房产，采取资产置换方式补贴，该房屋产权发生转移，请问是否需相应缴纳契税?

答：根据《中华人民共和国契税暂行条例》（中华人民共和国国务院令第 224 号）第四条第（三）项规定，“土地使用权交换、房屋所有权交换的契税计税依据，为所交换的土地使用权、房屋的价格的差额。”

根据《中华人民共和国契税暂行条例细则》（财法字〔1997〕52 号）第十条规定，“土地使用权交换、房屋交换，交换价格不相等的，由多交付货币、实物、无形资产或者其他经济利益的一方缴纳税款。交换价格相等的，免征契税。土地使用权与房屋所有权之间相互交换，按照前款征税。”

根据上述规定，土地使用权交换、房屋交换，交换价格不相等的，由多交付货币、实物、无形资产或者其他经济利益的一方缴纳税款。交换价格相等的，免征契税。根据业务实际，在政策性搬迁业务中，若涉及差价，一般由政府支付，因此企业无须缴纳契税。

493. 获取转让的在建工程是否需要缴纳契税

某电力实业企业于 2020 年 12 月通过拍卖取得一项在建工程共计 40000 平方米，价值 2 亿元（含土地成本），请问获取该在建工程需要缴纳契税吗?

答：根据《财政部 国家税务总局关于土地使用权转让契税计税依据的批复》（财税〔2007〕162 号）规定，“根据国家土地管理相关法律法规和《中华人民共和国契税暂行条例》及其实施细则的规定，土地使用者将土地使用权及所附建筑物、构筑物等（包括在建的房屋、其他建筑物、构筑物和其他附着物）转让给他人的，应按照转让的总价款计征契税。”

根据上述规定，公司拍卖取得在建工程，属于土地使用者将土地使用权及所附建筑物、构筑物等（包括在建的房屋、其他建筑物、构筑物和其他附着物）转让给他人，取得方应就转让的总价款缴纳契税。

494. 母子公司之间不动产划转是否需要缴纳契税

某供电企业在 2021 年 5 月向其子公司转让了一处房产，请问是否需要缴纳契税?

答：根据《财政部 税务总局关于继续执行企业 事业单位改制重组有关契税政策的公告》（财政部 税务总局公告 2021 年第 17 号）第六条规定，“同一投资主体内部所属企业之间土地、房屋权属的划转，包括母公司与其全资子公司之间，同一公司所属全资子公司之间，同一自然人与其设立的个人独资企业、一人有限公司之间土地、房屋权属的划转，免征契税。”

根据上述规定，母公司对百分百控股的子公司进行不动产资产划转，免征契税。

第九章 耕地占用税

495. 未经批准占用耕地结算补税时是否加收滞纳金

某供电企业2020年10月未经批准占用一块土地，公司先按主管地税机关规定核定征收耕地占用税，请问待应税面积确定后，结算补税时是否加收滞纳金？

答：根据《国家税务总局关于发布〈耕地占用税管理规程（试行）〉的公告》（国家税务总局公告2016年第2号）第三十七条规定，“纳税人未经批准占用应税土地，应税面积不能及时准确确定的，主管地税机关可根据实际占地情况核定征收耕地占用税，待应税面积准确确定后结清税款，结算补税不加收滞纳金。”

根据上述规定，企业待应税面积准确确定后结清税款，结算补税不加收滞纳金。

496. 建设电网设施占用耕地是否需要缴纳耕地占用税

某供电企业2020年为建设一座110KV变电所占用耕地2000平方米，已取得国土管理部门的同意，请问需要缴纳耕地占用税吗？

答：根据《中华人民共和国耕地占用税法》（中华人民共和国主席令十三届第十八号）第二条规定，“在中华人民共和国境内占用耕地建设建筑物、构筑物或者从事非农业建设的单位和个人，为耕地占用税的纳税人，应当依照本法规定缴纳耕地占用税。”第七条规定，“军事设施、学校、幼儿园、社会福利机构、医疗机构占用耕地，免征耕地占用税；农村居民在规定用地标准以内占用耕地新建自用住宅，按照当地适用税额减半征收耕地占用税；其中农村居民经批准搬迁，新建自用住宅占用耕地不超过原宅基地面积的部分，免征耕地占用税；农村烈士遗属、因公牺牲军人遗属、残疾军人以及符合农村最低生活保障条件的农村居民，在规定用地标准以内新建自用住宅，免征耕地占用税；根据国民经济和社会发展的需要，国务院可以规定免征或者减征耕地占用税的其他情形，报全国人民代表大会常务委员会备案。”

根据上述规定，电网建设占用耕地不属于免征耕地占用税的情形，应根据实际占用的耕地面积计算缴纳耕地占用税。

第十章　城建税和教育费附加

497. 减免增值税时相关城建税能否退还

某供电企业2020年享受减免增值税优惠并退税，请问已缴的城市维护建设税能否退还?

答:《财政部关于城市维护建设税几个具体业务问题的补充规定》(财税〔1985〕143号)第三条规定，“对出口产品退还产品税、增值税的，不退还已纳的城市维护建设税。对由于减免产品税、增值税、营业税而发生的退税，同时退还已纳的城市维护建设税。”

根据上述规定，企业由于减免增值税而发生的退税，相应的城市维护建设税可以退还。

498. 国家重大水利工程建设的免税范围

某电网企业参与某国家重大水利工程建设，根据规定可减免城市维护建设税和教育费附加，请问是否包含地方教育费附加?

答：根据《财政部 国家税务总局关于免征国家重大水利工程建设基金的城市维护建设税和教育费附加的通知》(财税〔2010〕44号)的规定，“经国务院批准，为支持国家重大水利工程建设，对国家重大水利工程建设基金免征城市维护建设税和教育费附加。”

根据上述规定，企业可同步减免地方教育附加。

499. 跨地区提供建筑服务如何缴纳城市维护建设税

某电力工程安装企业 2020 年 10 月跨地区提供建筑服务，请问应当如何缴纳相应的城市维护建设税?

答：根据《财政部 国家税务总局关于纳税人异地预缴增值税有关城市维护建设税和教育费附加政策问题的通知》（财税〔2016〕74 号）第一条规定，“纳税人跨地区提供建筑服务、销售和出租不动产的，应在建筑服务发生地、不动产所在地预缴增值税时，以预缴增值税税额为计税依据，并按预缴增值税所在地的城市维护建设税适用税率和教育费附加征收率就地计算缴纳城市维护建设税和教育费附加。”第二条规定：“预缴增值税的纳税人在其机构所在地申报缴纳增值税时，以其实际缴纳的增值税税额为计税依据，并按机构所在地的城市维护建设税适用税率和教育费附加征收率就地计算缴纳城市维护建设税和教育费附加。”

根据上述规定，公司对于预缴的增值税和实际缴纳的增值税应当分别按预缴增值税所在地和机构所在地税率缴纳城市维护建设税。

500. 一般纳税人每月销售收入不到 10 万元能否免征教育费附加、地方教育附加、水利建设基金

某电网企业成立于2020 年，属于增值税一般纳税人，由于业务较少，每月销售收入均达不到 10 万元，请问能否享受免征教育费附加、地方教育附加、水利建设基金的政策优惠?

答：根据《财政部 国家税务总局关于扩大有关政府性基金免征范围的通知》（财税〔2016〕12 号）第一项规定，“将免征教育费附加、地方教育附加、水利建设基金的范围，由现行按月纳税的月销售额或营业额不超过 3 万元（按季度纳税的季度销售额或营业额不超过 9 万元）的缴纳义务人，扩大到按月纳税的月销售额或营业额不超过 10 万元（按季度纳税的季度销售额或营业额不超过 30 万元）的缴纳义务人。”

根据上述规定，该优惠政策不仅小规模适用，一般纳税人也同样适用。企业 2020 年可享受教育费附加、地方教育附加、水利建设基金的政策优惠。

后　记

企业涉税业务具有政策性、专业性和复杂性等特点，而电网企业的涉税业务处理又具有相应的行业特性，企业涉税业务的操作处理是否规范，直接影响企业依法纳税申报合规性、准确性、完整性和涉税风险的可控性。而我们编写本书的目的是为帮助企业准确掌握和及时适用各项税收政策，确保企业财务人员涉税业务的操作处理正确无误，让企业能够在依法执行税收法律法规和享受相关税收优惠政策的同时，有效控制和防范企业的涉税风险。

本书在编写过程中，充分运用现行的税收法律、法规和政策，从增值税、企业所得税、个人所得税、房产税、印花税、城镇土地使用税、车辆购置税、车船税、契税、耕地占用税、城建税和教育费附加等税费政策适用性的角度，结合企业特别是电网行业的财税实务，对相关涉税业务进行梳理，共收集500个涉税业务问题，以问答形式，对政策的理解和适用作了详细解答，并明确了税收实务的操作处理要求，具有很强的指导性、实用性和操作性，以便广大企业财务人员参考适用，精准施策，规范操作。

希望本书能够成为广大企业财务人员的实用手册，相信您在阅读完本书后，会对税收法规政策有较深的理解和较好的把握，衷心希望本书对您的工作有较大的帮助。

本书在编写过程中得到了浙江正瑞会计师事务所有限公司等单位的大力支持，浙江正瑞会计师事务所有限公司的有关财税专家对本书初稿提出许多宝贵的修改意见，为本书的最终出版夯实了基础。在此，对浙江正瑞会计师事务所有限公司及相关专家的大力支持和辛勤付出致以诚挚的谢意！

由于时间仓促，编者水平有限，本书不足之处在所难免，恳请批评指正，我们会不断地改进！

编者

2021年6月